Heraus

Deutsche Erstausgabe 1988

Originalausgaben:
Teil 1 – »Heal Thyself«
Teil 2 – »Blomstermedicin efter dr. Bachs metode«
© 1977 by Jens-Erik Risom Petersen
Teil 3 – »Ye Suffer From Yourselves«
Teil 4 – »Free Thyself«
Aus dem Englischen übersetzt von Karl Friedrich Hörner.
Teil 2 (mit Ausnahme der Original-Bach-Texte) wurde aus dem Dänischen übersetzt von Giovanni Dellefant. Der Text von Teil 3 und 4 sowie die Fotos wurden aus Gregory Vlamis: »Die heilenden Energien der Bach-Blüten« mit freundlicher Genehmigung des Aquamarin Verlags übernommen.
Umschlaggestaltung Susannah zu Knyphausen
Satz IBV Satz- und Datentechnik GmbH, Berlin
Druck und Bindung Ebner Ulm
Printed in Germany 10 9
ISBN 3-426-76016-9

Dr. Edward Bach

Jens-Erik R. Petersen:

Heile dich selbst mit den Bach-Blüten

Aus dem Englischen von Karl Friedrich Hörner

Knaur

INHALT

TEIL 1

Edward Bach

HEILE DICH SELBST

Dieses Buch ist all jenen gewidmet,
die leiden oder in Not sind.

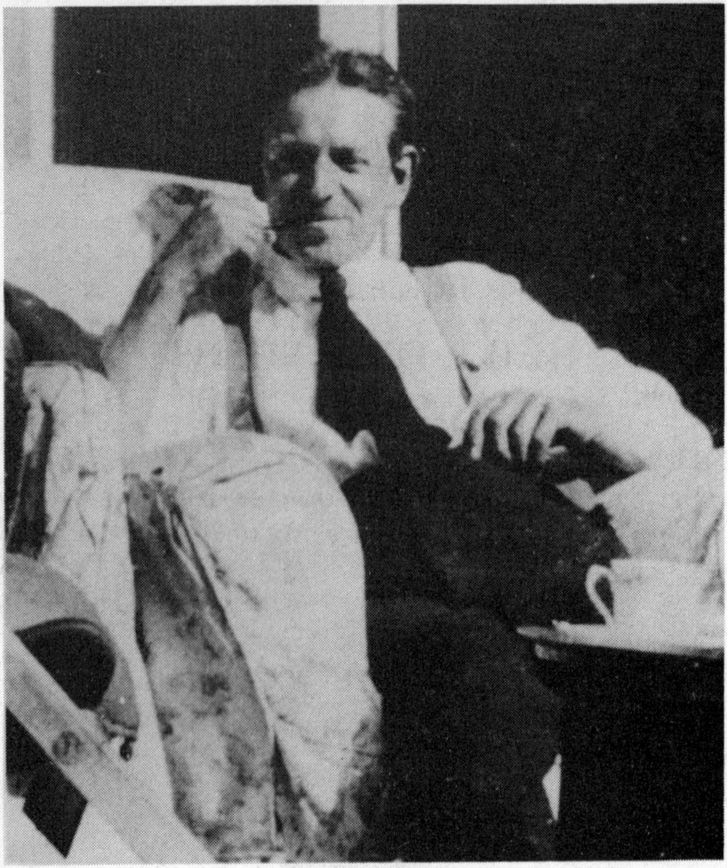

Dr. Edward Bach, 1921

KAPITEL I

Es ist nicht die Absicht dieses Buches vorzugeben, daß die Heilkunst überflüssig sei – weit davon entfernt –, es besteht jedoch die bescheidene Hoffnung, daß es denen, die leiden, ein Führer sein wird, den wahren Ursprung ihrer Krankheiten in sich selbst zu suchen, so daß sie zu ihrer eigenen Heilung beitragen können. Darüber hinaus besteht die Hoffnung, daß jene, die in medizinischen Berufen und in religiösen Orden zum Wohle der Menschen wirken, angeregt werden, ihre Anstrengungen zur Linderung des menschlichen Leidens zu verdoppeln und somit das Herannahen jenes Tages zu beschleunigen, an dem der Sieg über die Krankheit vollkommen sein wird.
Der Hauptgrund für das Scheitern der modernen medizinischen Wissenschaft liegt darin, daß sie sich mit Auswirkungen, aber nicht mit Ursachen befaßt. Viele Jahrhunderte lang wurde das Wesen der Krankheit vom Materialismus verdeckt und ihr hierdurch das Feld überlassen, ihr Werk der stetigen Zerstörung auszuweiten, da sie nicht an ihrer Wurzel bekämpft wurde. So befand sich die Krankheit in einer ähnlichen Situation wie ein Feind, der sich, stark bewaffnet, in den Bergen verschanzt hat, von wo aus er das umliegende Land angreift und verheert, während die betroffenen Menschen sich gar nicht um die feindliche Festung kümmern, sondern sich damit begnügen, die zerstörten Häuser wieder aufzubauen und die Toten zu begraben, die den Überfällen der Plünderer zum Opfer gefallen sind. Allgemein gesprochen stellt sich die Situation der heutigen Medizin folgendermaßen dar: Sie begnügt sich mit dem Zusammenflicken der Verletzten und dem Begraben der Erschlagenen, ohne auch nur einen Augenblick an das Bollwerk zu denken.

Krankheit wird sich mit den derzeitigen materialistischen Methoden nie heilen oder ausrotten lassen, aus dem einfachen Grunde, weil Krankheit nicht materiellen Ursprungs ist. Was wir als Krankheit kennen, ist letztlich im Körper als Endprodukt des Wirkens tiefer und anhaltender Kräfte entstanden. Selbst wenn materielle Behandlung scheinbar zum Erfolg führt, bedeutet dies nicht mehr als eine vorübergehende Linderung, solange die wirkliche Ursache nicht beseitigt ist. Der moderne Trend in der medizinischen Wissenschaft hat – wegen der Fehldeutung des wahren Wesens der Krankheit und der Konzentration auf eine materialistische Erfassung des physischen Körpers – die Macht der Krankheit gewaltig vermehrt: erstens durch Ablenkung der Gedanken der Menschen von ihrer wahren Ursache und damit von der Suche nach der wirksamen Methode ihrer Bekämpfung und zweitens durch ihre Lokalisierung im Körper und damit durch Abkehr von echter Hoffnung auf Genesung und durch Aufbau eines mächtigen Angstkomplexes vor der Krankheit, den es nie hätte geben sollen.

Krankheit ist ihrem Wesen nach das Ergebnis eines Konfliktes zwischen Seele und Gemüt, und sie wird deshalb nie anders als durch geistige und gedankliche Anstrengungen ausgemerzt werden können. Solche Bemühungen können – wenn sie mit dem rechten Verständnis unternommen werden – Krankheit heilen und verhüten, indem sie jene grundlegenden Faktoren beseitigen, die ihre eigentliche Ursache sind. Keine allein auf den Körper gerichtete Anstrengung vermag mehr, als Schaden nur oberflächlich zu reparieren; aber darin liegt keine Heilung, denn die Ursache ist immer noch wirksam und kann sich jeden Augenblick von neuem manifestieren. In vielen Fällen ist eine scheinbare Genesung sogar schädlich, denn sie verbirgt vor dem Patienten die wahre Ursache seiner Beschwerden, und während er sich

über die wiederhergestellte Gesundheit freut, kann der verursachende Faktor unbeachtet an Kraft gewinnen.
Vergleiche diese Fälle mit jenen, in denen der Patient die schädlichen geistigen oder gedanklichen Kräfte kennt oder erklärt bekommt, die am Wirken sind und die das, was wir Krankheit nennen, im materiellen Körper zum Vorschein gebracht haben. Wenn dieser Patient die Neutralisierung jener Kräfte gezielt in Angriff nimmt, bessert sich seine Gesundheit bereits nach diesem erfolgreichen Beginn; und wenn er seine Bemühungen konsequent durchführt, wird die Krankheit verschwinden. Wahre Heilung geschieht durch den Angriff auf das feindliche Bollwerk und durch Bekämpfung der Ursache des Leidens an seiner Wurzel.
Eine Ausnahme von den materialistischen Methoden der modernen Wissenschaft stellt das System der Homöopathie dar, das von Samuel Hahnemann begründet wurde. Er suchte mit seiner Erkenntnis der wohltuenden Liebe des Schöpfers und der jedem Menschen innewohnenden Göttlichkeit und durch das Studium der gedanklichen Einstellung seiner Patienten zum Leben, zur Umgebung und ihren jeweiligen Krankheiten in den Pflanzen des Feldes und dem Reich der Natur das Heilmittel zu finden, das nicht nur ihren Körper heilen, sondern auch ihre gedankliche Einstellung und Verfassung verändern könnte. Möge seine Wissenschaft von jenen echten Ärzten weiterentwickelt und vervollkommnet werden, die die Liebe zur Menschheit in ihrem Herzen tragen!
Fünfhundert Jahre vor Christus entwickelten einige Ärzte im antiken Indien unter dem Einfluß Buddhas die Heilkunst bis zu einem solchen Grad der Perfektion, daß sie die Chirurgie abschaffen konnten, obschon diese damals bereits so weit entwickelt war wie die Operationskunst unserer Tage, wenn nicht noch weiter. Menschen wie Hippokrates

mit seinen hohen Heilungsidealen, Paracelsus mit seiner Gewißheit der dem Menschen innewohnenden Göttlichkeit und Hahnemann, der erkannte, daß Krankheit ihren Ursprung auf einer Ebene über der körperlichen hat – sie alle wußten viel vom wahren Wesen und Heilen des Leidens. Welch unvorstellbares Leid hätte im Laufe der vergangenen zwanzig oder fünfundzwanzig Jahrhunderte vermieden werden können, hätte man die Lehren dieser auf ihrem Gebiet wahrlich großen Meister befolgt. Aber hier wie auch in anderen Dingen hat der Materialismus die westliche Welt so stark und über so lange Zeit hinweg beeinflußt, daß seine Stimmführer den Rat jener, die die Wahrheit kannten, überhörten.

Denken wir daran: Krankheit, auch wenn sie grausam erscheint, ist im Grunde wohltätig und zu unserem Besten; und wenn wir sie recht verstehen, kann sie uns zu unseren wesentlichen Fehlern führen. Richtig behandelt, wird sie der Anlaß zur Beseitigung jener Fehler und hilft uns, besser zu werden und zu wachsen. Leiden ist ein Korrektiv, es weist uns auf eine Lektion hin, die wir auf unserem Wege nicht begriffen haben, und es kann deshalb nie zum Verschwinden gebracht werden, solange die Lektion nicht gelernt ist. Bei jenen aber, die verständig genug sind, die Bedeutung der Anfangssymptome zu erkennen, kann der Krankheit vorgebeugt werden, bevor sie zum Ausbruch kommt, oder sie kann in ihren früheren Stadien zum Stillstand gebracht werden, wenn die richtigen geistigen und gedanklichen Anstrengungen unternommen werden. Keiner braucht zu verzweifeln, ganz gleich, wie ernst sein Fall ist, denn der Umstand, daß dem Menschen körperliches Leben gewährt bleibt, zeigt an, daß die Seele, die ihn leitet, nicht ohne Hoffnung ist.

KAPITEL II

Um das Wesen der Krankheit zu verstehen, müssen zunächst einige grundlegende Wahrheiten oder Prinzipien anerkannt werden.

Die erste Wahrheit ist, daß der Mensch eine Seele besitzt und daß diese sein wahres Selbst ist: ein mächtiges, göttliches Wesen, ein Kind des Schöpfers aller Dinge. Von dieser Seele stellt der Körper – wenngleich er der irdische Tempel jener Seele ist – nur eine schwache Widerspiegelung dar. Unsere Seele, unsere innewohnende Göttlichkeit, gibt unser Leben für uns vor, wie Er es geordnet wünscht; und sie leitet, schützt und ermutigt uns, soweit wir das zulassen, und ist wachsam und wohlwollend darauf bedacht, uns allezeit zu unserem Besten zu führen. Unser höheres Selbst als Funke des Allmächtigen aber ist unbesiegbar und unsterblich.

Das zweite Prinzip besagt, daß wir, wie wir uns in dieser Welt kennen, Wesen sind, die sich hier unten befinden, um all die Weisheit und Erfahrung zu erlangen, die man sich durch seine Erdenexistenz erwerben kann, um Tugenden zu entwickeln, die uns fehlen, und alles in uns auszulöschen, was falsch ist, um so der Vervollkommnung unseres Wesens entgegenzuschreiten. Die Seele weiß, welche Umgebung und Umstände uns am besten dazu verhelfen können, und deshalb stellt sie uns an den Platz im Leben, der für dieses Ziel der geeignetste ist.

Drittens müssen wir erkennen, daß unsere Zeit auf dieser Welt, die wir das Leben nennen, nur einen kurzen Augenblick in unserer Entwicklungsgeschichte darstellt, so wie ein Schultag im Verhältnis zum ganzen Leben steht. Obgleich wir zur Zeit nur diesen einen Tag überblicken können, sagt uns doch unsere Intuition, daß unser eigentlicher Beginn un-

endlich weit vor unserer Geburt liegt und der Abschluß unserer Entwicklung unendlich weit entfernt ist von unserem Tod. Unsere Seele (unser wahres Wesen) ist unsterblich, und der Körper, den wir bewußt wahrnehmen, ist nur die zeitliche Hülle, wie ein Pferd, das wir besteigen, um eine Wegstrecke hinter uns zu bringen, oder ein Instrument, das wir gebrauchen, um eine Arbeit zu erledigen.
Darauf folgt das vierte große Prinzip: Solange Harmonie herrscht zwischen unserer Seele und unserer Persönlichkeit, erleben wir Freude und Frieden, Glück und Gesundheit. Wenn aber unsere Persönlichkeit von dem Pfad abgebracht wird, den die Seele dargelegt hat – sei es durch ihre weltlichen Begierden oder durch Beeinflussung von anderen –, entsteht ein Konflikt. Dieser Konflikt ist die Wurzel von Krankheit und Unglück. Ganz gleich, welche Aufgabe wir in der Welt haben – als Schuhputzer oder Herrscher, als Grundbesitzer oder Tagelöhner, reich oder arm –: solange wir diese unsere Aufgabe in Übereinstimmung mit dem Geheiß der Seele erfüllen, ist alles gut. Wir können gewiß sein, daß jeder Platz im Leben, an den wir gestellt sind, sei er hochstehend oder sehr gering, genau die Lektionen und Erfahrungen mit sich bringt, die für unsere weitere Entwicklung zur Zeit notwendig sind, und uns die besten Bedingungen zur Entfaltung unserer selbst bietet.
Das nächste große Prinzip ist die Erkenntnis der Einheit aller Dinge: Der Schöpfer aller Dinge ist die Liebe, und alles, dessen wir uns bewußt sind, ist in seiner unendlichen Formenvielfalt eine Manifestation, eine Offenbarung jener Liebe – sei es ein Planet oder ein Kieselstein, ein Stern oder ein Tautropfen, ein Mensch oder die niedrigste Form von Leben. Vielleicht ist es möglich, einen schwachen Schimmer dieser Einsicht zu erfassen, wenn wir uns unseren Schöpfer als eine riesige, strahlende Sonne vorstellen, die nicht als

Mildtätigkeit und Liebe ausstrahlt. Unendlich viele Strahlen gehen in alle Richtungen aus, und wir und alles, dessen wir uns bewußt sind, sind Teilchen am Ende jener Strahlen, ausgesandt, um Erfahrung und Wissen zu erwerben, letztlich aber, um wieder in die große Mitte zurückzukehren. Und wenngleich unseren Augen jeder Strahl als ein einzelner, separater erscheint, ist er in Wirklichkeit doch ein Teil der großen Sonne. Trennung ist unmöglich, denn sobald ein Lichtstrahl von seiner Quelle abgeschnitten wird, hört er auf zu sein. So können wir ein wenig die Unmöglichkeit des Getrenntseins begreifen: Obwohl jeder Strahl seine Individualität besitzen mag, ist er doch auch Teil der großen schöpferischen Kraft der Mitte. Somit betrifft jede Handlung, die gegen uns selbst oder einen anderen gerichtet ist, das Ganze, weil jede Unvollkommenheit, die in einem Teil entsteht, sich im Ganzen widerspiegelt.

Wir sehen also, daß es zwei grundlegende Fehlerquellen gibt: erstens die Trennung von Seele und Persönlichkeit und zweitens Grausamkeit oder falsches Verhalten gegenüber anderen, denn das ist eine Sünde gegen die Einheit. Jeder dieser Fehler bringt Konflikte hervor, die zur Krankheit führen. Die Erkenntnis des Fehlers, (die wir so häufig selbst nicht bemerken) und unsere ernste Bemühung, den Fehler richtigzustellen, wird uns nicht nur in ein Leben voll Freude und Frieden führen, sondern auch zur Gesundheit.

Krankheit an sich ist wohltätig, denn es ist ihr Zweck, die Persönlichkeit zum göttlichen Willen der Seele zurückzuführen. Wir sehen aber, daß sie sowohl vermeidbar als auch heilbar ist, denn wenn wir nur in uns selbst die Fehler erkennen, die wir machen, und sie durch geistige und gedankliche Anstrengungen richtigstellen, dann bedarf es keiner ernsten Lektionen in Gestalt von körperlichem Leiden. Die göttliche Kraft gibt uns jede Gelegenheit, uns zu bessern, bevor als letztes Mittel Schmerz und Leiden zum Einsatz gelangen. Vielleicht haben wir es nicht allein mit den Irrtümern dieses Lebens, dieses Schultages zu tun, aber selbst wenn wir uns der tieferen Ursache unseres Leidens nicht bewußt sind, das uns möglicherweise als grausam und grundlos erscheint, so weiß doch unsere Seele (unser wahres Wesen) seinen Sinn und leitet uns hin zu unserem Besten. In jedem Fall würden Verständnis und Richtigstellung unserer Fehler das Leiden abkürzen und uns zur Gesundheit zurückführen. Das Wissen um die Ziele der Seele und das Bejahen dieses Wissens bedeutet die Erleichterung von irdischem Leid und Kummer und schenkt uns die Freiheit, uns weiter in Freude und Glück zu entfalten.

Es gibt also zwei große Fehler: erstens, die Gebote der Seele nicht zu achten und ihnen nicht Folge zu leisten, und zweitens, gegen die Einheit zu handeln. In bezug auf das erste sei gesagt: Halte dich mit jedem Urteil über einen anderen zurück, denn was für den einen richtig ist, mag für den anderen falsch sein. Der Kaufmann, dessen Aufgabe es ist, ein großes Handelsgeschäft aufzubauen, nicht nur zu seinem eigenen Nutzen, sondern auch zum Vorteil all derer, die er beschäftigt, und der dadurch an Tüchtigkeit und Verantwortung gewinnt, deren verschiedene Aspekte er entwickelt, muß notwendigerweise andere Eigenschaften und andere Tugenden einsetzen als eine Krankenschwester, die ihr Leben der Pflege von Leidenden widmet; aber beide lernen in rechter Weise jene Qualitäten zu gebrauchen, die für ihre Weiterentwicklung notwendig sind – wenn sie den Geboten ihrer Seele folgen. Das Befolgen der Weisungen unserer Seele, unseres höheren Selbst, also ist es, worauf es ankommt; wir lernen es durch die Stimme des Gewissens, durch Instinkt und Intuition.

Wir sehen, daß Krankheit aufgrund ihrer Prinzipien und ihres Wesens sowohl vermeidbar als auch heilbar ist, und es ist Aufgabe der geistigen Heiler und der Ärzte, nicht nur materielle Heilmittel auszuteilen, sondern darüber hinaus den Leidenden das Wissen um die Fehler in ihrem Leben zu vermitteln und den Weg, auf dem diese Irrtümer ausgeschaltet werden können, damit sie zurück zu Gesundheit und Freude finden.

KAPITEL III

Was wir als Krankheit kennen, ist die letzte Phase einer viel tiefer liegenden Störung der Ordnung, und um einen völligen Heilungserfolg sicherzustellen, wird also die Behandlung des Endergebnisses allein nicht ausreichen, solange nicht auch die grundlegende Störung beseitigt ist. Wir sprachen von dem einen grundsätzlichen Fehler, den der Mensch machen kann und der darin besteht, gegen die Einheit zu handeln; dies geschieht aus Eigenliebe.

Ebenso können wir sagen, daß es nur ein ursprüngliches Gebrechen gibt: Krankheit oder körperliches Leid. Und da wir beim Handeln gegen die Einheit verschiedene Arten unterscheiden können, so mag auch die Krankheit – als Resultat dieses Handelns – in unterschiedliche Hauptgruppen eingeteilt werden, je nach ihrer Ursache. Schon das Wesen einer Krankheit wird ein nützlicher Hinweis zur Entdeckung der Art von Verhalten sein, die gegen das göttliche Gesetz von Liebe und Einheit verstoßen hat.

Wenn wir in uns genügend Liebe zu allen Wesen und Dingen besitzen, dann können wir keinem Leid zufügen, denn diese Liebe würde uns von jeder solcher Handlung und unser Denken von jedem Gedanken abhalten, der einen anderen verletzen könnte. Diesen Zustand der Vollkommenheit haben wir noch nicht erreicht; hätten wir es, dann brauchten wir diese Existenz auf Erden nicht mehr. Aber wir alle streben und entwickeln uns diesem Zustand entgegen, und jene, die an Gemüt und Körper leiden, werden eben durch dieses Leid dem Idealzustand entgegengeführt; und wenn wir es nur richtig verstehen, beschleunigen wir nicht nur unsere Schritte zu jenem Ziel, sondern ersparen uns auch Krankheit und Not. Wenn die Lektion verstanden und der Fehler beseitigt ist, brauchen wir das Korrektiv nicht mehr. Wir müssen immer daran denken, daß Leiden an sich wohltätig ist, indem es uns darauf hinweist, wenn wir falsche Wege beschreiten, und indem es so unsere Entwicklung ihrer herrlichen Vollendung entgegen beschleunigt.

Die eigentlichen Grundkrankheiten des Menschen sind Fehler wie Stolz, Grausamkeit, Haß, Eigenliebe, Unwissenheit, Unsicherheit und Habgier; jeder dieser Züge wird sich bei näherer Betrachtung als gegen die Einheit gerichtet erweisen. Fehler wie diese sind die wirklichen Krankheiten, und ein Beibehalten solcher Mängel über jenes Stadium der Entwicklung hinaus, in dem wir sie als falsch erkannt haben, ist es, was im Körper schädliche Folgen verursacht, die wir dann als Krankheiten erleben.

Stolz ist in erster Linie darauf zurückzuführen, daß wir die Kleinheit unserer Persönlichkeit und ihre völlige Abhängigkeit von der Seele nicht erkennen und daß jeder Erfolg, den sie vielleicht erringt, nicht aus ihr selbst stammt, sondern ein Segen ist, den die Göttlichkeit im Innern schenkt; zweitens auf den mangelnden Sinn für Proportionen, der einem den Blick auf die eigene Winzigkeit im Vergleich zum ganzen Schöpfungsplan nimmt. Da der Stolz sich nicht in Bescheidenheit und Ergebenheit dem Willen des großen Schöpfers unterwerfen will, verursacht er Handlungen, die gegen diesen göttlichen Willen gerichtet sind.

Grausamkeit bedeutet Leugnung der Einheit aller und fehlendes Verständnis dafür, daß jegliche Handlung, die gegen einen anderen gerichtet ist, im Gegensatz zum Ganzen steht und daher eine Handlung gegen die Einheit ist. Keiner würde sich grausam gegen jene verhalten, die ihm lieb und nahe sind. Nach dem Gesetz der Einheit müssen wir wachsen, bis wir erkennen, daß jeder als Teil des Ganzen uns lieb und nahe ist, bis selbst jene, die uns verfolgen, nur noch Empfindungen der Liebe und Sympathie in uns hervorrufen können.

Haß ist das Gegenteil von Liebe, die Umkehrung des Gesetzes der Schöpfung. Haß widerspricht dem göttlichen Plan und leugnet den Schöpfer; er verleitet uns zu Handlungen und Gedanken, die der Einheit feindlich sind und das Gegenteil dessen, was die Liebe gebietet.

Eigenliebe wiederum ist ebenfalls eine Verleugnung der Einheit und der Verpflichtung gegenüber unseren Mitmenschen; sie veranlaßt uns, Eigeninteressen über das Wohl der Menschheit und die Sorge und den Schutz für jene zu stellen, die um uns sind.

Unwissenheit ist das Versäumnis zu lernen, die Weigerung, die Wahrheit zu sehen, wenn sich die Gelegenheit dazu bietet, und sie führt zu vielen falschen Handlungen, die nur im Dunkel bestehen können und unmöglich werden, wenn uns das Licht von Wahrheit und Wissen umgibt.

Unsicherheit, Unentschiedenheit und mangelhafte Zielstrebigkeit kommen auf, wenn die Persönlichkeit sich weigert, sich vom höheren Selbst leiten zu lassen, und sie führen dazu, daß wir andere durch unsere Schwäche verraten. Ein solcher Zustand wäre nicht möglich, wenn wir das Wissen um die unbesiegbare, unüberwindliche Göttlichkeit in uns trügen, die wir in Wirklichkeit selbst sind.

Habgier führt zu Machtgier. Sie ist eine Leugnung der Freiheit und Individualität jeder Seele. Statt zu erkennen, daß jeder von uns hier ist, um sich auf seine eigene Weise frei zu entwickeln, allein nach den Geboten seiner Seele, um seine Individualität zu entfalten und frei und ungehindert zu wirken, verlangt die von Habgier beherrschte Persönlichkeit, zu befehlen, zu formen und zu bestimmen, die Macht des Schöpfers an sich zu reißen.

Das sind Beispiele wirklicher Krankheit, die Ursprung und Grundlage aller unserer Leiden und Nöte sind. Jeder dieser Mängel wird, wenn wir ihm gegen die Stimme des höheren Selbst stattgeben, einen Konflikt erzeugen, der sich unausweichlich im Körper widerspiegelt und die ihm eigentümliche Art von Beschwerden zeigt.

Jetzt erkennen wir, daß jede Art von Krankheit, an der wir leiden mögen, uns zur Entdeckung des Fehlers führen kann, der ihr zugrunde liegt. Stolz zum Beispiel, die Frucht von Arroganz und Starrheit im Denken, wird Krankheiten erzeugen, die Starrheit und Steifheit im Körper mit sich bringen. Schmerz ist die Folge von Grausamkeit; durch ihn lernt der Patient im eigenen Leiden, anderen kein Leid zuzufügen, sei es körperliches oder seelisches. Die Strafe für Haß besteht in Einsamkeit, heftigen, unbeherrschten Temperamentsausbrüchen, nervlichen Belastungen und hysterischen Zuständen. Die Krankheiten des Sich-nach-innen-Wendens – Neurose, Neurasthenie und ähnliche –, die dem Leben so viel von seiner Freude nehmen, sind durch zu starke Eigenliebe verursacht. Unwissenheit und mangelnde Klugheit führen unmittelbar zu Schwierigkeiten im Alltagsleben; weigert man sich darüber hinaus beharrlich, die Wahrheit zu sehen, wenn sich die Gelegenheit dazu bietet, sind Kurzsichtigkeit und Beeinträchtigung von Sehkraft und Hörvermögen die natürlichen Konsequenzen. Ein labiles Gemüt führt zwangsläufig zu der gleichen Eigenschaft im Körperlichen, das heißt zu verschiedenen Störungen, die Bewegung und Koordination beeinträchtigen. Die Folge von Habgier und Herrschsucht sind Krankheiten, die den Leidenden zum Sklaven seines eigenen Körpers machen, seine Absichten und Wünsche werden dann durch die Krankheit gezügelt und behindert.

Weiterhin bleibt aber der von Beschwerden betroffene Teil des Körpers nicht dem Zufall überlassen, sondern er wird ebenfalls nach dem Gesetz von Ursache und Wirkung bestimmt. Somit trägt auch er dazu bei, uns auf unseren Fehler aufmerksam zu machen und uns zu helfen. Das Herz beispielsweise, der Quell des Lebens und damit der Liebe, wird angegriffen, wenn die Liebe zum Mitmenschen in unserem Wesen nicht recht entfaltet oder falsch gebraucht wird; eine kranke Hand ist ein Hinweis auf eine falsche Handlung oder das Unterlassen der richtigen. Das Gehirn, unser Kontrollzentrum, ist betroffen, wenn unsere Persönlichkeit zu sehr außer Kontrolle geraten ist. Solche Folgen stellen sich nach dem Gesetz von Ursache und Wirkung ein. Wir alle kennen die schweren Folgen, die ein gewalttätiger Temperamentsausbruch nach sich ziehen kann, oder den Schock nach einer plötzlichen schlechten Nachricht. Wenn solch geringe Angelegenheiten den Körper so beeinflussen können – wieviel ernster und tiefgreifender muß sich dann ein lange bestehender Konflikt zwischen Seele und Körper auswirken? Ist es da noch ein Wunder, daß wir heutzutage so viele und schwere Krankheiten und Nöte zu beklagen haben?

Doch es gibt noch keinen Grund zur Verzweiflung. Krankheit läßt sich verhüten und heilen, wenn wir den Mangel in uns selbst entdecken und dadurch ausmerzen, daß wir jene Tugend entwickeln, die den Mangel vernichtet. Dies ist nicht zu erreichen, indem wir den Mangel bekämpfen, sondern indem wir die ihm entgegengestellte Tugend in so mächtigem Maße entfalten, daß sie den Mangel aus unserem Wesen hinwegfegt.

KAPITEL IV

Wir stellen also fest, daß es nichts Zufälliges in bezug auf Krankheiten gibt, auch nicht bezüglich der Art und der Stelle der Erkrankung. Wie alle anderen Formen von Energie folgt auch die Krankheit dem Gesetz von Ursache und Wirkung. Gewisse Leiden können durch unmittelbare körperliche Einflüsse hervorgerufen werden – zum Beispiel durch Gifte, Unfälle und Verletzungen, auch durch grobe Exzesse –, aber im allgemeinen gilt, daß Krankheit auf einen grundlegenden Mangel in unserem Wesen zurückzuführen ist, wie in den bereits angeführten Beispielen gezeigt wurde.

Deshalb müssen zu einer vollständigen Heilung nicht nur physische Mittel eingesetzt werden – wobei die jeweils besten Methoden zu wählen sind, die im Bereich der Heilkunst bekannt sind –, sondern wir selbst müssen uns auch nach ganzem Vermögen bemühen, den entsprechenden Mangel in unserem Wesen zu beseitigen. Die endgültige und vollkommene Heilung nämlich kommt letztlich von innen, von der Seele selbst, die mit ihrer Harmonie die ganze Persönlichkeit durchstrahlt, wenn man sie nicht daran hindert.

Wie es eine tiefe Grundursache aller Krankheiten gibt, nämlich Eigenliebe, so gibt es auch eine sichere Methode zur Linderung allen Leidens, nämlich die Umkehr der Eigenliebe in Nächstenliebe, Hingabe an andere. Wenn wir uns nur genügend darin üben, uns der Liebe und Fürsorge für unsere Mitmenschen hinzugeben, wenn wir uns auf das herr-

liche Abenteuer einlassen, Wissen zu erwerben und anderen zu helfen, dann gelangen unsere persönlichen Kümmernisse und Leiden rasch zu einem Ende. Das ist das große, höchste Ziel: die Eigeninteressen zum Wohle und im Dienste der Menschheit zu verlieren. Es kommt nicht darauf an, an welchen Platz im Leben unsere Göttlichkeit uns gestellt hat. Ob wir Händler oder Handwerker sind, reich oder arm, König oder Bettler: allen ist es möglich, die Aufgabe ihrer jeweiligen Berufung auszuführen und dabei ein Segen zu sein für die Menschen ihrer Umgebung, denen sie die göttliche, geschwisterliche Liebe mitteilen.
Die meisten von uns haben noch eine gewisse Wegstrecke vor sich, bis sie diesen Zustand der Vollendung erreichen. Allerdings ist es erstaunlich, wie rasch der einzelne auf seinem Wege vorangelangt, wenn er sich wirklich anstrengt – vorausgesetzt, er legt sein Vertrauen nicht allein in seine schwache Persönlichkeit, sondern baut fest darauf, daß er durch das Beispiel und die Lehren der großen Meister unserer Welt lernt, sich mit seiner eigenen Seele zu vereinen, der Göttlichkeit im Innern; dann werden alle Dinge möglich. Die meisten von uns haben einen oder mehrere Mängel, die unsere Weiterentwicklung besonders behindern, und so gilt es, gerade diesen Fehler oder Mangel herauszufinden und sich im Bestreben, die Liebe in unserem Wesen zu entfalten und auszuweiten, zugleich zu bemühen, jenen Mangel hinwegzufegen durch die Kraft der gestärkten, ihm entgegengesetzten Tugend. Dies ist zu Beginn vielleicht etwas schwierig, aber nur zu Beginn, denn dann zeigt sich, wie erstaunlich rasch eine aus ganzem Herzen unterstützte Tugend wachsen kann, und mit ihr das Wissen, daß mit der Hilfe der innewohnenden Göttlichkeit – wenn wir nur Ausdauer beweisen – ein Versagen ausgeschlossen ist.
Während die universelle Liebe in uns wächst, erkennen wir

immer mehr, daß jedes Menschenwesen, wie bescheiden es uns auch vorkommt, ein Kind des Schöpfers ist und eines Tages, zur gegebenen Zeit, zur Vollkommenheit gelangen wird, wie wir alle es für uns selbst erhoffen. Wie niedrig auch immer ein Mensch oder ein Geschöpf erscheinen mag, müssen wir uns doch daran erinnern, daß ein göttlicher Funke in seinem Wesen ruht, der langsam, aber sicher wachsen wird, bis die Herrlichkeit des Schöpfers auch sein Wesen durchstrahlt.

Darüber hinaus ist die Frage von richtig oder falsch, gut oder böse nur relativ. Was in der natürlichen Entwicklung eines Steinzeitmenschen richtig ist, wäre für weiterentwickelte Angehörige unserer Zivilisation falsch, und was bei Menschen unseresgleichen als Tugend gilt, wäre vielleicht bei einem, der die Stufe der spirituellen Jüngerschaft erreicht hat, fehl am Platz. Was wir als falsch oder böse bezeichnen, ist in Wirklichkeit etwas Gutes am falschen Platz, unsere Wertungen sind nur relativ. Wir wollen uns also darüber im klaren sein, daß auch unser Maßstab von Idealismus relativ ist. Den Tieren müssen wir wohl als wahrhaftige Götter erscheinen, während wir, so wie wir sind, weit unterhalb der großen weißen Bruderschaft der Heiligen und Märtyrer stehen, die alles hingegeben haben, um uns ein Beispiel zu sein. Deshalb müssen wir auch den Geringsten Mitgefühl und Sympathie zeigen, denn selbst wenn wir uns weit über deren Ebene emporentwickelt fühlen, sind wir dennoch gering und haben noch eine weite Reise vor uns, bis wir die Stufe unserer älteren Geschwister erreichen, deren Licht die Welt zu allen Zeiten durchstrahlt hat.

Wenn uns Stolz erfaßt, wollen wir versuchen zu erkennen, daß unsere Persönlichkeit aus sich heraus nichts ist. Sie ist unfähig, irgendeine gute Leistung oder einen annehmbaren Dienst zu vollbringen oder den Mächten der Finsternis zu widerstehen, wenn sie nicht von jenem Licht unterstützt wird, das von oben kommt, dem Licht unserer Seele. Wir wollen uns bemühen, einen winzigen Blick auf das Allvermögen und die unvorstellbare Macht unseres Schöpfers zu erhaschen, der in einem Wassertropfen eine vollkommene Welt erschafft und Milchstraßen und ganze Universen hervortreten läßt. Wir wollen versuchen zu erkennen, daß wir ganz und gar von Ihm abhängig sind und Ihm Bescheidenheit schulden. Wir lernen, unseren menschlichen Vorgesetzten Respekt und Achtung entgegenzubringen – wie unendlich viel mehr sollten wir unsere eigene Schwäche in äußerster Demut vor dem großen Architekten und Baumeister des Universums anerkennen!

Wenn Grausamkeit oder Haß uns den weiteren Weg versperren, wollen wir daran denken, daß Liebe das Fundament der Schöpfung ist, daß in jeder lebenden Seele etwas Gutes ist und daß selbst die Besten unter uns etwas Schlechtes bergen. Indem wir darauf bedacht sind, in anderen das Gute zu sehen – selbst in jenen, die uns zunächst abstoßen –, werden wir lernen, zumindest etwas Sympathie und die Hoffnung zu entwickeln, daß sie einen besseren Weg finden mögen; später erwächst dann der Wunsch, ihnen auf diesem Weg zu helfen. Schließlich werden wir alle durch Liebe und Sanftheit gewinnen, und wenn wir diese beiden Eigenschaften genügend entwickelt haben, wird uns nichts mehr angreifen können, weil wir immer Mitgefühl zeigen und keinen Widerstand mehr entgegensetzen werden. Nach dem Gesetz von Ursache und Wirkung nämlich ist es der Widerstand, der den Schaden anrichtet. Unser Ziel im Leben heißt, den Geboten unseres höheren Selbst zu folgen, ohne uns durch die Einflüsse anderer davon abbringen zu lassen. Dieses Ziel können wir nur erreichen, wenn wir sanftmütig unseren eigenen Weg gehen und uns dabei nie in das persönliche Leben eines anderen einmischen oder durch Grausamkeit und Haß ihm auch nur die geringste Verletzung zufügen. Wir müssen lernen, alle anderen zu lieben, selbst wenn wir dabei zunächst mit nur einem Menschen oder einem Tier anfangen. Dann lassen wir unsere Liebe wachsen und sich über einen größeren und weiteren Bereich ausdehnen, bis die ihr entgegenstehenden Mängel von selbst verschwinden. Liebe erzeugt Liebe, wie Haß Haß erzeugt.

Die Heilung von Eigenliebe erreichen wir, indem wir uns nach außen den Mitmenschen zuwenden mit der Fürsorge und Aufmerksamkeit, mit der wir uns selbst bedenken. Dann wird uns ihr Wohlergehen so beschäftigen, daß wir uns selbst darüber vergessen. Es gilt, wie ein großer Orden der Bruderschaft es ausdrückt, »den Trost unseres eigenen Kummers anzustreben, indem wir unseren Mitgeschöpfen Linderung und Tröstung in der Stunde ihrer Not zukommen lassen«. Dies ist die zuverlässigste Methode, die Eigenliebe und die ihr folgenden Störungen zu kurieren.

Unsicherheit läßt sich durch Entwicklung von Selbstbestimmung und Zielstrebigkeit ausmerzen: indem man sich klar wird, Entschlüsse faßt und mit Bestimmtheit durchführt, anstatt zu zögern und zu schwanken. Selbst wenn wir am Anfang zuweilen Fehler machen, ist es doch besser, zu handeln, als aus Unentschiedenheit gute Gelegenheiten verstreichen zu lassen. Die Entschlossenheit wird bald wachsen, die Angst, sich kopfüber ins Leben zu stürzen, wird verschwinden, und die so gesammelten Erfahrungen werden uns befähigen, bessere Entscheidungen zu treffen.

Um Unwissenheit auszuschalten, sollten wir uns vor neuen Erfahrungen nicht fürchten, sondern mit wachem Sinn und offenen Augen und Ohren jedes Wissensteilchen in uns aufnehmen, das wir erhaschen können. Zugleich müssen wir in unserem Denken beweglich bleiben, damit nicht vorgefaßte

Meinungen und Überzeugungen von früher uns die Möglichkeit rauben, weiteres Wissen zu erwerben. Wir sollten jederzeit bereit sein, unseren Horizont zu erweitern, und nicht an einem bestimmten Gedanken festzuhalten – ganz gleich, wie fest er verwurzelt ist –, wenn wir eine umfassendere Wahrheit kennenlernen, die ihn ablösen kann.
Wie der Stolz ist auch die Habgier ein großes Hindernis auf dem Entwicklungsweg, und so müssen beide rücksichtslos ausgemerzt werden. Die Folgen der Habgier sind ernst, denn sie verleiten uns, in die Seelenentwicklung anderer Menschen einzugreifen. Wir müssen erkennen, daß jeder Mensch hier ist, um seinem eigenen Entwicklungsweg zu folgen nach den Geboten seiner Seele, und nur seiner Seele, und keiner von uns darf irgend etwas anderes tun, als seinen Nächsten bei dieser Entwicklung zu unterstützen. Wir müssen ihm helfen zu hoffen und, wenn es in unserer Macht steht, sein Wissen vermehren und Gelegenheiten fördern, die zu seinem Weiterkommen beitragen. So wie wir wünschten, daß andere uns beim steilen und beschwerlichen Aufstieg unseres Lebensweges helfen, wollen wir immer bereit sein, eine helfende Hand zu reichen und unsere größere Erfahrung den jüngeren oder schwächeren Mitmenschen zur Verfügung zu stellen. Dies sollte die Einstellung von Eltern zum Kind, vom Meister zum Gesellen oder von Kamerad zu Kamerad sein: Fürsorge, Liebe und Schutz zu geben, soweit sie notwendig und hilfreich sind, aber keinen Augenblick die naturgemäße Entfaltung der Persönlichkeit zu stören, da diese nach den Geboten der Seele zu erfolgen hat.
Die meisten von uns sind während der Kindheit und Jugend ihrer Seele viel näher als in späteren Jahren. Wir haben dann oft klarere Vorstellungen von unserer Lebensaufgabe, von den Leistungen, die von uns erwartet werden, und von den Charakterzügen, die wir zu entfalten haben. Der Grund da-

für ist, daß der Materialismus und die Umstände unserer Zeit sowie die Persönlichkeiten, mit denen wir uns umgeben, dazu beitragen, daß wir von der Stimme unseres höheren Selbst abgelenkt werden und uns fest an das Gewöhnliche mit seinem Mangel an Idealen binden, das in unserer Zivilisation nur allzu deutlich offenbar ist. Mögen die Eltern, der Meister und der Kamerad immer bestrebt sein, das Wachsen des höheren Selbst zu unterstützen, wenn sie das wunderbare Vorrecht und die Gelegenheit haben, einen Einfluß auf andere auszuüben; aber sie mögen anderen immer die Freiheit lassen, die sie selbst für sich erhoffen.

So können wir also alle Mängel in uns aufspüren und sie ausmerzen, indem wir die entgegengesetzte Tugend entwickeln und damit die Ursache des Konfliktes zwischen Seele und Persönlichkeit aus unserem Wesen beseitigen, die der tiefste Grund für die Krankheit ist. Dies allein wird – wenn der Patient Vertrauen und Kraft besitzt – Erleichterung, Gesundheit und Freude bringen und bei jenen, die nicht so stark sind, die Arbeit des Arztes beträchtlich unterstützen, um das gleiche Ergebnis zu erzielen.

Wir müssen gewissenhaft lernen, nach Maßgabe der Gebote unserer Seele Individualität zu entwickeln, niemanden zu fürchten und darauf zu achten, daß keiner uns in der Entfaltung unseres Wesens stört oder uns abbringt von der Erfüllung unserer Pflicht und der Hilfeleistung für unsere Mitmenschen. Denn je weiter wir vorankommen, desto mehr werden wir zum Segen für jene, die um uns sind. Wir müssen besonders auf der Hut sein, anderen – ganz gleich, wer es ist – nur dann zu helfen, wenn der Wunsch, zu helfen, dem Gebot unserer Seele, unseres inneren Selbst entspringt und nicht von einem falschen Pflichtgefühl herstammt, das uns von irgend jemandem eingeredet worden ist. Das ist eine der Tragödien, die wir unseren modernen Konventionen zu verdanken haben, und man kann unmöglich ermessen, wieviel Tausende von Leben sie behindert, wie viele Myriaden von Gelegenheiten sie verbaut, wieviel Kummer und Leid sie verursacht und wie viele Menschen sie gezwungen hat, aus Pflichtgefühl heraus viele Jahre lang pflegebedürftige Eltern zu versorgen, deren einzige Krankheit in Wirklichkeit in ihrer Gier nach Aufmerksamkeit und Zuwendung bestand. Man denke an das Heer von Männern und Frauen, die davon abgehalten wurden, vielleicht etwas Großes und Nützliches für die Menschheit zu leisten, weil sie von einem Menschen mit Beschlag belegt wurden, von dem Abstand zu nehmen und Freiheit zu gewinnen sie nie den Mut aufgebracht haben. Man denke an die Kinder, die zu Beginn ihres Lebens ihre Berufung vernehmen und annehmen, und dann aufgrund schwieriger Umstände, falscher Ratschläge oder mangelnder Zielstrebigkeit in einen anderen Lebensbereich abgleiten, wo sie weder glücklich noch in der Lage sind, jenen Entwicklungsweg zu beschreiten, der für sie bestimmt war. Allein die Stimme unseres Gewissens kann uns sagen, wie und wem wir dienen sollten und ob unsere Pflicht einem einzigen oder vielen gilt. Aber wie die Antwort auch lauten mag: Wir sollten diesem Gebot folgen, bis zum äußersten unserer Fähigkeiten.

Schließlich sollten wir uns nicht fürchten, ins Leben einzutauchen. Wir sind hier, um Erfahrungen und Wissen zu sammeln, und wir werden nur wenig lernen, wenn wir uns nicht der Realität stellen und uns bis zum äußersten bemühen. In jedem Bereich des Lebens können wir Erfahrungen erwerben, und die Wahrheiten der Natur und der Menschheit lassen sich ebenso erfolgreich – vielleicht sogar noch besser – auf dem Lande wie mitten im Lärm und Getriebe der Großstadt erlernen.

Eingriffe in die Persönlichkeit können diese davon abhalten, den Weisungen des höheren Selbst zu folgen, und führen oft zu einem Mangel an Individualität. Da dieser Mangel bei der Entstehung von Krankheit eine so große Rolle spielt und häufig schon früh im Leben seinen Anfang nimmt, wollen wir nun die tatsächliche Beziehung zwischen Erzeuger und Kind, zwischen Lehrer und Schüler betrachten.

Die Aufgabe der Elternschaft, die in der Tat als ein göttliches Privileg betrachtet werden sollte, ist es in erster Linie, einer Seele die Möglichkeit zu geben, im Interesse ihrer Weiterentwicklung in diese Welt einzutreten. Wenn man es richtig sieht und versteht, gibt es vermutlich kein großartigeres Vorrecht für den Menschen, bei der körperlichen Geburt einer Seele zu helfen und mit der Pflege der jungen Persönlichkeit während der ersten Jahre ihres Erdendaseins betraut zu sein. Die Einstellung der Eltern sollte deshalb ganz darauf ausgerichtet sein, dem kleinen Neuankömmling nach allerbestem Vermögen alles zu geben, was er geistig, gedanklich und körperlich an Geleit braucht. Die Eltern sollten immer im Sinne haben, daß das Menschlein eine individuelle Seele ist, auf die Erde herabgekommen, um ihre eigenen Erfahrungen zu sammeln und auf eigene Weise Wissen zu erwerben nach den Geboten ihres höheren Selbst, und ihr deshalb soviel wie möglich Freiheit lassen für ihre ungehinderte Entfaltung.

Der göttliche Dienst der Elternschaft sollte so hoch – vielleicht noch höher – geachtet werden wie jede andere große Pflicht, zu der wir aufgerufen sind. Da dieser Dienst Opfer verlangt, sollten wir immer daran denken, daß nichts, was auch immer es sein möge, vom Kinde zurückerwartet werden darf; es geht allein darum, zu geben und nur zu geben:

sanfte Liebe, Schutz und Geleit, bis die Seele die junge Persönlichkeit selbst lenken kann. Unabhängigkeit, Individualität und Freiheit sollten von Anfang an vermittelt werden, und man sollte das Kind anregen, so früh wie möglich damit zu beginnen, selbst zu denken und zu handeln. Die elterliche Kontrolle sollte Schritt für Schritt abgebaut werden, während sich die kindliche Fähigkeit zur Selbständigkeit entfaltet, und später sollten keine einschränkenden Pflichtgefühle den Eltern gegenüber die Seele des Kindes behindern.

Die Elternschaft ist eine Aufgabe, die von Generation zu Generation weitergegeben wird, und dabei geht es im wesentlichen darum, daß eine Zeitlang Geleit und Schutz gewährt werden. Danach hat diese Funktion zurückzutreten, und die Eltern sollen das Ziel ihrer Aufmerksamkeit, ihr Kind, freigeben, damit es allein weitergehen kann. Es sei daran erinnert, daß das Kind, dessen Schutz uns vorübergehend anvertraut ist, eine viel ältere und reifere Seele sein kann als wir selbst, daß es uns geistig längst über den Kopf gewachsen sein mag, und so sollten sich Kontrolle und Schutz auf die Bedürfnisse der jungen Persönlichkeit beschränken.

Die Elternschaft ist eine heilige Pflicht, die ihrem Wesen nach an die nächste Generation weitergegeben wird. Sie bringt nichts anderes als Dienen mit sich und erwartet keinerlei Gegenleistung, außer daß die Jungen dereinst die gleiche Pflicht gegenüber der nächsten Generation erfüllen werden. Eltern sollten sich besonders vor dem Verlangen hüten, die junge Persönlichkeit nach ihren eigenen Vorstellungen oder Wünschen zu formen, und sich jeder unangebrachten Bevormundung oder Forderung von Gefälligkeiten als Gegenleistung für ihre natürliche Pflicht und ihr göttliches Vorrecht enthalten. Jedes Machtstreben, jeder Versuch, das junge Leben aus eigenen Motiven heraus zu for-

men, ist eine schreckliche Art der Habgier, der nie stattgegeben werden darf, denn wenn sich solche Gedanken in den jungen Eltern verfestigen und Wurzeln schlagen, werden sie sie in späteren Jahren zu regelrechten Vampiren entarten lassen. Wenn sich auch nur das geringste Machtstreben zeigt, muß es im Keim erstickt werden. Wir dürfen nicht zulassen, daß uns die Hab- und Machtgier versklavt und in uns den Wunsch weckt, andere zu beherrschen. Wir müssen in uns selbst das Geben fördern und diese Kunst entwickeln, bis die Opferbereitschaft jede Spur von schädlichem Handeln beseitigt hat.
Auch der Lehrer sollte immer daran denken, daß es nur seine Aufgabe ist, Vermittler zu sein, der den jungen Menschen Geleit und Gelegenheit gibt, die Dinge der Welt und des Lebens zu erlernen. Jedes Kind soll auf seine eigene Weise Wissen aufnehmen und instinktiv auswählen können, was für den Erfolg seines Lebens notwendig ist. Deshalb gilt auch hier, daß nicht mehr als die behutsame Anleitung gegeben werden sollte, damit der Schüler imstande ist, das Wissen zu erwerben, das er braucht.
Kinder sollten im Sinne behalten, daß die Aufgabe der Elternschaft ein göttliches Sinnbild der schöpferischen Kraft ist, daß sie aber keine Einschränkungen der Entwicklung und keine Verpflichtungen verlangt, die das Leben und Wirken behindern, das ihnen die eigene Seele gebietet. Man kann unmöglich das immense Leiden in unserer Zeit, die innere Verkrüppelung von Menschenwesen und das Anwachsen herrschsüchtiger Charaktere abschätzen, die auf mangelnde Erkenntnis dieser Umstände zurückzuführen sind. Fast in jeder Familie sind Eltern wie Kinder damit beschäftigt, sich ihre eigenen Gefängnisse zu bauen, weil sie von falschen Beweggründen angetrieben und in unrichtigen Vorstellungen der Eltern-Kind-Beziehung gefangen sind. Sol-

che Gefängnisse nehmen die Freiheit, verkrampfen das Leben, behindern die naturgemäße Entwicklung und bringen allen Betroffenen Unglück. Die mentalen, nervösen und sogar körperlichen Störungen, die daraus entstehen, bilden einen sehr großen Teil der Krankheit unserer Zeit.
Man kann gar nicht klar genug sagen, daß jede Seele zu dem spezifischen Zweck hier auf Erden verkörpert ist, Erfahrungen und Verständnis zu gewinnen und ihre Persönlichkeit nach dem Maßstab der ihr innewohnenden Ideale zu vervollkommnen. Ganz gleich, welcher Art unsere Beziehung zueinander auch ist, sei es Mann und Frau, Eltern und Kind, Bruder und Schwester, Meister und Geselle: wir versündigen uns gegenüber unserem Schöpfer und gegen unseren Mitmenschen, wenn wir aus persönlicher Motivation heraus die Entwicklung einer anderen Seele behindern. Unsere einzige Pflicht besteht darin, den Geboten unseres Gewissens zu folgen, und dieses wird niemals auch nur einen Augenblick lang die Beherrschung einer anderen Persönlichkeit zulassen. Jedermann soll wissen, daß seine Seele eine bestimmte Aufgabe für ihn vorgesehen hat, und solange er diese Aufgabe nicht erfüllt – auch wenn ihm dies gar nicht bewußt ist –, wird er unausweichlich einen Konflikt zwischen seiner Seele und Persönlichkeit verursachen, der sich dann notwendigerweise in Gestalt körperlicher Störungen niederschlägt.
Nun mag es wohl sein, daß jemand dazu berufen ist, sein ganzes Leben einem anderen zu widmen, aber bevor er dies in Angriff nimmt, soll er zuerst absolut sicher sein, daß dies ein Gebot seiner Seele ist und nicht die Empfehlung einer fremden, dominierenden Persönlichkeit, die ihn dazu überredet, oder ein falsches Pflichtgefühl, das ihn irreleitet. Er soll auch wissen, daß wir in diese Welt kommen, um Schlachten zu schlagen, um Kraft gegen jene zu gewinnen,

die uns beherrschen wollten, und um jene Stufe zu erreichen, auf der wir ruhig und bedacht unsere Pflicht erfüllen und unerschrocken und unbeeinflußt von irgendeinem anderen lebenden Wesen durchs Leben gehen, immer geleitet von der Stimme unseres höheren Selbst. Für sehr viele wird der größte Kampf in ihrem eigenen Heim stattfinden: Bevor sie die Freiheit erlangen, Siege in der Welt davonzutragen, müssen sie sich erst von der nachteiligen Beherrschung und Kontrolle durch einen sehr nahen Verwandten losreißen.
Jeder Mensch, sei er erwachsen oder ein Kind, der sich aus den dominierenden Einflüssen eines anderen zu befreien hat, sollte zweierlei bedenken: Erstens sollte er diesen »Möchtegern«-Unterdrücker in der gleichen Weise sehen wie einen Gegner im Sport: als eine Persönlichkeit, mit der wir gemeinsam am Spiel des Lebens teilnehmen, ohne die geringste Spur von Bitterkeit. Hätten wir nicht solche Mitstreiter, dann hätten wir keine Gelegenheit, unseren eigenen Mut, unsere eigene Individualität zu entfalten. Zweitens: Die wirklichen Siege im Leben erwachsen aus Liebe und Sanftheit, und so sollte in einem solchen Wettstreit keinerlei Gewalt eingesetzt werden. Durch stetiges Hineinwachsen in unser eigenes Wesen, durch Üben von Mitgefühl, Sympathie, Freundlichkeit und, falls möglich, Zuneigung – oder besser noch: Liebe – gegenüber dem anderen können wir uns so entwickeln, daß es uns im rechten Moment möglich ist, ganz sanft und ruhig dem Ruf unseres Gewissens zu folgen, ohne die geringste Einmischung zu erlauben.
Jene aber, die dominieren, brauchen viel Hilfe und Anleitung, um die Wahrheit als große, universale Wahrheit zu erkennen und um die Freude der geschwisterlichen Verbundenheit mit allen zu erfassen. Daran vorbeizugehen heißt, am wahren Glück im Leben vorbeizugehen, und wir müssen

jenen Menschen helfen, soweit es in unserer Macht steht. Schwäche auf unserer Seite, die jenen erlaubt, ihren Einfluß auszuweiten, wird ihnen nur schaden; eine sanfte, aber bestimmte Weigerung, sich von ihnen beherrschen zu lassen, und eine Bemühung, ihnen die Erkenntnis der Freude des Gebens zu vermitteln, werden ihnen auf ihrem nach oben führenden Wege helfen.
Das Erlangen unserer Freiheit, das Gewinnen unserer Individualität und Unabhängigkeit, wird in den meisten Fällen viel Mut und Vertrauen verlangen. Aber in den dunkelsten Stunden, wenn der Erfolg geradezu unmöglich scheint, wollen wir immer daran denken, daß Gottes Kinder sich niemals fürchten sollten und daß unsere Seelen uns nur solche Aufgaben anvertrauen, die wir erfüllen können. Mit dem Mut und Vertrauen auf die innewohnende Göttlichkeit muß der Sieg all jenen zuteil werden, die nicht ablassen, danach zu streben.

KAPITEL VI

Wenn wir, liebe Brüder und Schwestern, nun erkennen, daß Liebe und Einheit die großen Fundamente unserer Schöpfung sind, daß wir selbst Kinder der göttlichen Liebe sind und daß der ewige Sieg über alles Falsche und alles Leiden durch Sanftheit und Liebe zu erreichen ist – wenn wir all dieses erkennen, wo finden wir in diesem Bild der Schönheit dann noch einen Platz für Vivisektion und Tierversuche? Sind wir denn immer noch so primitiv, so heidnisch zu glauben, daß wir uns durch Tieropfer vor den Folgen unserer eigenen Fehler und Schwächen retten könnten? Vor zweieinhalb Jahrtausenden zeigte Buddha der Welt, daß es falsch ist, andere Geschöpfe zu opfern. Die Menschheit steht schon tief in der Schuld des Tierreiches, dessen Angehörige sie gequält und vernichtet hat. Daraus können nur Schaden und Schmerzen für Menschen wie Tiere erwachsen, niemals Nutzen oder Vorteile. Wie weit haben wir im Westen uns von jenen schönen Idealen unserer Mutter, dem alten Indien, entfernt, als die Liebe zu den Geschöpfen der Erde so groß war, daß Menschen ausgebildet und begabt dazu waren, sich nicht nur um die Krankheiten und Verletzungen der Säugetiere, sondern auch der Vögel zu kümmern. Darüber hinaus gab es große heilige Zufluchtsstätten für Lebewesen aller Art, und die Menschen waren so sehr gegen das Verletzen einer niederen Kreatur, daß jedem, der auf Jagd ging, die ärztliche Hilfe verweigert wurde, wenn er selbst krank war, bis er gelobte, solchen Praktiken zu entsagen.

Wir wollen die Menschen nicht verurteilen, die die Vivisektion durchführen, denn viele von ihnen arbeiten mit wahrhaft humanitären Absichten in dem Hoffen und Bestreben, einen Weg zur Linderung des menschlichen Leidens zu finden. Ihre Motivation mag gut sein, aber ihre Weisheit läßt zu wünschen übrig, und sie haben nur wenig Einsicht in den Grund des Lebens. Die Motivation jedoch, wie richtig sie auch sei, ist nicht genug; sie muß mit Weisheit und Wissen verbunden sein.

Von den Schrecknissen der Tierversuche, die mit Schwarzer Magie verwandt sind, wollen wir nicht erst schreiben, sondern jedes Menschenwesen anflehen, sie als zehntausendmal schlimmer als jede Plage zu meiden, denn sie sind eine Sünde gegen Gott, Mensch und Tier.

Abgesehen von diesen ein oder zwei Ausnahmen gibt es keinen Grund, sich mit dem Versagen der modernen medizinischen Wissenschaft länger aufzuhalten. Zerstörung ist unnütz, solange wir nicht ein besseres Gebäude neu errichten, und da in der Medizin die Fundamente für das neuere Gebäude bereits gelegt sind, soll unsere Aufmerksamkeit darauf gerichtet sein, diesem Tempel ein oder zwei Steine hinzuzufügen. Auch die ablehnende Kritik an der heutigen Berufsausübung hat keinen Wert: Es ist vor allem das System, das falsch ist, und nicht die Menschen. Das System mit seinen wirtschaftlichen Zwängen läßt dem Arzt nicht die nötige Zeit für eine ruhige, friedliche Behandlung und nicht die Gelegenheit zur notwendigen Meditation, Besinnung und Dankbarkeit, die jeder braucht, der sein Leben dem Dienst an Kranken widmet. Wie schon Paracelsus sagte, kümmert sich der weise Arzt um fünf, nicht um fünfzehn Patienten am Tag – ein Ideal, das in unserer Zeit für den durchschnittlichen praktischen Arzt nicht erreichbar ist.

Das Heraufdämmern einer neuen und besseren Heilkunst steht uns bevor. Vor über hundert Jahren war die Homöopathie Hahnemanns der erste morgendliche Lichtstrahl nach einer langen Nacht der Finsternis, und sie kann in der Medizin der Zukunft eine große Rolle spielen. Weiterhin ist die Aufmerksamkeit, die man zur Zeit der Verbesserung der Lebensbedingungen und der Bereitstellung reinerer und sauberer Nahrung widmet, ein Fortschritt in Richtung auf die Verhütung von Krankheit. Und jene Bewegungen, die die Menschen auf die Zusammenhänge zwischen spirituellen Mängeln und Krankheit sowie auf die Heilung, die durch Vervollkommnung des Geistes erreichbar ist, hinweisen, deuten uns den Weg zum Kommen jenes strahlenden Sonnenlichtes an, in dessen Glanz das Dunkel der Krankheit verschwinden wird.

Wir wollen daran denken, daß die Krankheit ein gemeinsamer Feind ist und daß jeder von uns, der auch nur einen Bruchteil von ihr besiegt, damit nicht nur sich selbst, sondern der ganzen Menschheit hilft. Eine bestimmte Energiemenge muß aufgewendet werden, bevor die Niederlage des Feindes besiegelt ist; jeder einzelne von uns möge danach streben, dieses Ziel zu erreichen, und jene, die größer und stärker sind als die anderen, mögen nicht nur ihren Teil dazu beitragen, sondern auch ihren schwächeren Geschwistern materiell beistehen.

Es liegt auf der Hand, daß wir die Ausbreitung von Krankheit zuallererst dadurch verhindern können, daß wir aufhören, das zu tun, was ihre Macht ausweitet. Weiterhin gilt es, jene Mängel aus unserem eigenen Wesen zu entfernen, die ein weiteres Eindringen des Feindes ermöglichen. Das zu erreichen bedeutet wirklich den Sieg; wenn wir dann uns selbst befreit haben, besitzen wir die Freiheit, anderen zu helfen. Und dies ist nicht so schwierig, wie es auf den ersten Blick vielleicht erscheint. Es wird von uns nur erwartet, daß wir unser Bestes tun, und wir wissen, daß dies für uns alle möglich ist, wenn wir nur den Geboten unserer Seele folgen. Das Leben verlangt keine unvorstellbaren Opferleistungen von uns; wir sollen mit Freude im Herzen unseren Weg gehen und ein Segen sein für jene, die um uns sind, damit die Welt, wenn wir sie einmal verlassen, ein klein wenig besser durch uns geworden ist; dann haben wir unsere Aufgabe erfüllt.

Die Lehre der Religionen lautet, wenn wir sie recht verstehen: »Entsage allem und folge mir nach.« Das bedeutet, daß wir uns selbst ganz und gar aufgeben sollen zugunsten der Gebote unseres höheren Selbst, nicht jedoch, wie manche sich vielleicht vorstellen könnten, daß wir Haus und Behaglichkeit, Liebe und Luxus aufgeben – dies hätte mit der Wahrheit nur sehr wenig zu tun. Der Fürst eines Reiches mit all der Herrlichkeit seines Palastes könnte ein Gottgesandter sein und ein Segen für sein Volk, für sein Land – ja, sogar für die Welt; und wieviel wäre verloren, hätte dieser Fürst sich eingebildet, seine Pflicht geböte es, sich in ein Kloster zurückzuziehen. In jedem Bereich des Lebens, vom niedrigsten bis zum höchsten, müssen Stellen besetzt werden, und der göttliche Führer unseres Schicksals weiß, an welchen Platz er uns zu unserem Besten stellen wird. Alles, was von uns erwartet wird, ist, daß wir unsere Aufgabe freudig und gut erfüllen. Es gibt Heilige in der Fabrik und im Maschinenraum eines Schiffes ebenso wie unter den Würdenträgern religiöser Orden. Keiner von uns hier auf Erden ist gefordert, mehr zu tun, als in seinen Kräften steht, und wenn wir trachten, das Beste in uns zu erlangen, und uns immer von unserem höheren Selbst leiten lassen, sind Gesundheit und Glück für jeden von uns erreichbar.

Die westliche Zivilisation ist während des größeren Teils der vergangenen zweitausend Jahre durch ein Zeitalter des tiefen Materialismus gegangen, und die Erkenntnis der spirituellen Seite unseres Wesens und Seins ging in jener Geisteshaltung weithin verloren, da sie weltlichen Besitz, Ehrgeiz, Lust und Vergnügen über die wahren Werte des Lebens stellte. Der eigentliche Grund der Existenz des Menschen auf Erden wurde verdeckt durch die das Verlangen, aus seiner Inkarnation nichts als weltlichen Gewinn herauszuholen. Es war eine Zeit, in der das Leben sehr schwierig war, weil echter Trost, Ermutigung und Aufbau gefehlt haben, die durch das Erkennen größerer Dinge als weltlicher erwachsen. Während der letzten Jahrhunderte erschienen die Religionen vielen Menschen viel eher als Legenden, die keinen Bezug zum täglichen Leben hatten, statt der Mittelpunkt ihres Daseins zu sein. Anstatt jede unserer Handlungen zu lenken und anzuregen, hat uns das wahre Wesen unseres höheren Selbst, zu dem das Wissen um das frühere und das weitere Leben – unabhängig vom gegenwärtigen – gehört, nur sehr wenig bedeutet. Vielmehr haben wir die großen Dinge gemieden und versucht, uns das Leben so bequem wie möglich zu machen, indem wir das Metaphysische aus unserem Denken ausgeschlossen und uns ganz auf irdische Freuden gestützt haben, die uns als Ausgleich für alle Nöte und Schicksalsschläge dienen sollten. So sind Stellung, Rang, Wohlstand und weltlicher Besitz über die Jahrhunderte zum Ziel menschlichen Strebens geworden, und da all diese Dinge vergänglich sind und sich nur erwerben und festhalten lassen durch viel ängstliche Sorge und Konzentration auf materielle Dinge, sind der tatsächliche innere Frieden und das Glück der vergangenen Generationen unendlich weit unter das gesunken, was der Menschheit zusteht.

Der wahre Frieden von Seele und Gemüt ist mit uns, wenn wir geistig voranschreiten, und er läßt sich nicht allein erwerben durch Anhäufen weltlichen Wohlstandes, ganz gleich, wie groß dieser auch sei. Aber die Zeiten ändern sich, und es gibt zahlreiche Anzeichen dafür, daß unsere Zivilisation dabei ist, das Zeitalter des reinen Materialismus hinter sich zu lassen und sich den Realitäten und Wahrheiten des Universums zu öffnen. Das sich heute abzeichnende allgemeine und rasch anwachsende Interesse am Wissen um transzendente Wahrheiten, die zunehmende Zahl jener, die Informationen über das Leben vor und nach dem derzeitigen wünschen, die Etablierung von Methoden zur Krankheitsbekämpfung durch Glauben und geistige Mittel, die Suche nach antiken Lehren und der Weisheit des Ostens – all dies sind Anzeichen dafür, daß die Menschen unserer Zeit einen Schimmer der Realität der Dinge geschaut haben. Wenn wir dann zu Fragen der Heilkunde kommen, können wir verstehen, daß auch diese mit dem Wandel der Zeit Schritt halten muß. Statt der Methoden des großen Materialismus braucht sie die Methoden einer Wissenschaft, die auf der Realität der Wahrheit basiert und von den gleichen göttlichen Gesetzen gelenkt wird wie unser eigenes Wesen. Die Heilkunst wird aus der Domäne rein physischer Behandlungsmethoden des Körpers weiterschreiten zu spirituellem und mentalem Heilen. Durch Wiederherstellung der Harmonie zwischen Seele und Gemüt wird sie die Grundursache der Krankheit entfernen und dann auch jene physischen Mittel zulassen, die vielleicht noch notwendig sind, um die Heilung des Körpers zu vervollständigen.

Wenn der medizinische Berufsstand diese Fakten nicht erkennt und nicht mitgeht mit der wachsenden Geistigkeit der Menschen, ist es durchaus möglich, daß die Kunst des Heilens in die Hände religiöser Orden oder jener geborenen Heiler übergeht, die es in jeder Generation gibt, die aber bisher mehr oder weniger unauffällig gelebt haben und von der Einstellung der orthodoxen Mediziner daran gehindert wurden, ihrer natürlichen Berufung nachzugehen.

Somit wird der Arzt der Zukunft zwei große Ziele haben. Das erste wird sein, dem Patienten zur Kenntnis über sich selbst zu verhelfen und ihn auf die fundamentalen Fehler hinzuweisen, die er begehen kann, die Mängel seines Charakters, die er kurieren sollte, und die Unzulänglichkeiten in seinem Wesen, die ausgemerzt und durch die entgegengesetzten Tugenden ersetzt werden müssen. Solch ein Arzt muß sich eingehend mit dem Studium der Gesetze, die den Menschen beherrschen, sowie mit dem Wesen der Menschen selbst beschäftigen, damit er bei denen, die an ihn herantreten, jene Faktoren erkennen kann, die einen Konflikt zwischen der Seele und der Persönlichkeit hervorgerufen haben. Er muß imstande sein, dem Leidenden zu raten, wie er am besten die erforderliche Harmonie herstellen kann, welche Arten des Handelns gegen die Einheit er aufgeben und welche notwendigen Tugenden er entwickeln muß, um seine Fehler auszugleichen. Jeder einzelne Fall wird eine sorgfältige Betrachtung erfordern, und nur jene, die einen großen Teil ihres Lebens dem Studium des Menschen gewidmet haben und deren Herz von dem Verlangen zu helfen erfüllt ist, werden diesen herrlichen und göttlichen Dienst für die Menschheit erfüllen können: die Augen des Leidenden zu öffnen und ihn über den Grund seines Seins aufzuklären, ihm Hoffnung zu vermitteln, Trost zu spenden und Vertrauen zu wecken, die ihm helfen werden, seine Krankheit zu besiegen.

Die zweite Pflicht des Arztes wird darin bestehen, solche Heilmittel zu verabfolgen, die dem materiellen Körper helfen, Kraft zu gewinnen, und dem Geist helfen, ruhig zu werden, seinen Horizont zu weiten und nach Vollkommenheit zu streben; die also Frieden und Harmonie in die ganze Persönlichkeit einkehren lassen. Solche Heilmittel gibt es in der Natur, wo sie die Gnade des göttlichen Schöpfers zu Heilung und Trost der Menschheit entstehen ließ. Einige dieser Heilmittel sind bekannt, und weitere werden zur Zeit von Ärzten in verschiedenen Teilen der Welt gesucht, besonders in unserer Mutter Indien. Es besteht kein Zweifel daran, daß wir im Zuge dieser Forschungen viel von dem Wissen, das schon vor über zweitausend Jahren bekannt war, zurückgewinnen werden. Der Heiler der Zukunft wird wieder die wunderbaren, natürlichen Heilmittel zu seiner Verfügung haben, die dem Menschen von Gottes Hand geschenkt wurden, um seine Krankheit zu heilen.

Somit wird das Verschwinden der Krankheit davon abhängen, daß der Mensch die Wahrheit der unveränderlichen Gesetze unseres Universums erkennt und sich selbst in Demut und Gehorsam nach diesen Gesetzen richtet. So wird er Frieden schaffen mit seiner Seele, woraus ihm wahre Freude und echtes Glück im Leben erwachsen werden. Der Arzt wird dann die Aufgabe haben, jedem Leidenden zur Erkenntnis der Wahrheit zu verhelfen und ihm die Wege zu weisen, auf denen er zur Harmonie gelangen kann. Er wird ihm das gläubige Vertrauen auf seine innewohnende Göttlichkeit geben, die alles überwinden kann, und ihm solche Mittel verabreichen, die zur Harmonisierung der Persönlichkeit und zur Heilung des Körpers beitragen.

KAPITEL VII

Damit kommen wir zu der alles entscheidenden Frage: Wie können wir uns selbst helfen? Wie können wir unseren Geist und Körper in jenem Zustand der Harmonie erhalten, der es der Krankheit schwer oder unmöglich macht, uns anzugreifen – denn es ist gewiß, daß eine Persönlichkeit ohne Konflikte gegen Krankheiten immun ist.

Betrachten wir zunächst den Geist. Wir haben schon ausführlich darüber gesprochen, daß es notwendig ist, in sich nach den Fehlern zu forschen, durch die wir gegen die Einheit handeln und die Harmonie mit den Geboten der Seele verlieren, und diese Fehler auszumerzen, indem wir die entgegengesetzten Tugenden entwickeln. Das ist möglich nach den Richtlinien, die bereits aufgezeigt wurden, und eine ehrliche Selbstprüfung wird uns die Art und Beschaffenheit unserer Fehler enthüllen. Unsere geistigen Ratgeber, unsere wahren Ärzte und nahen Freunde sollten uns helfen können, ein wahrheitsgemäßes Bild von uns selbst zu gewinnen, aber die optimale Methode, Klarheit zu finden, ist ruhiges Nachsinnen und Meditation. Wir begeben uns dabei in eine Atmosphäre des Friedens, so daß unsere Seele durch die Stimme des Gewissens und der Intuition zu uns sprechen kann und uns nach ihren Wünschen anzuleiten vermag. Wir sollten uns nur ein wenig Zeit jeden Tag dafür nehmen, in der wir ganz allein und in möglichst stiller Umgebung sind, ungestört bleiben und einfach still dasitzen oder liegen und entweder unseren Geist leerwerden lassen oder ruhig an unsere Aufgabe im Leben denken. Dann werden wir nach einiger Zeit feststellen, daß wir in solchen Augenblicken große Hilfe erhalten und blitzartige Erkenntnisse und innere Weisungen aufnehmen. Wir können beobachten, daß die Fragen nach den schwierigen Problemen im Leben unfehlbar beantwortet werden, und wir können voll Vertrauen die Wahl des rechten Weges treffen. Während solcher Zeiten der Stille sollten wir den aufrichtigen Wunsch im Herzen tragen, der Menschheit zu dienen und nach den Geboten unserer Seele zu handeln.

Es sei daran erinnert: Wenn der Fehler gefunden ist, besteht das Heilmittel nicht darin, daß man ihn bekämpft oder Willenskraft aufwendet und Energie, um das Falsche zu unterdrücken, sondern in einer steten Entwicklung der entgegengesetzten Tugend, die automatisch alle Spuren des Feindes aus unserem Wesen beseitigt. Das ist die wahre und natürliche Methode des Fortschritts und des Sieges über das Falsche; sie ist bei weitem einfacher und wirksamer als der Kampf gegen einen bestimmten Fehler. Gegen einen Mangel zu kämpfen heißt, seine Macht zu stärken; das hält unsere Aufmerksamkeit auf seine Anwesenheit gerichtet und verwickelt uns tatsächlich in den Kampf. Das meiste, was wir an Erfolg dann erwarten können, ist ein Sieg durch Unterdrückung, der doch alles andere als befriedigt, da der Feind noch immer bei uns ist und sich, wenn wir einen Augenblick Schwäche zeigen, von neuem erheben kann. Den Mangel zu vergessen und bewußt danach zu streben, die Tugend auszubilden, die ihn unmöglich machen wird, ist der echte Weg zum Sieg.

Findet sich zum Beispiel Grausamkeit in unserem Wesen, könnten wir unaufhörlich sagen: »Ich will nicht grausam sein!« und uns so davon abhalten, in dieser Beziehung einen Fehler zu machen. Der Erfolg dieser Methode hängt aber davon ab, wie stark wir mit unserem Denken sind, und sollte unser Vorsatz einmal nachlassen, so könnten wir ihn einen Augenblick aus dem Sinn verlieren. Wenn wir aber echte Sympathie zu unseren Mitmenschen entwickeln, dann wird diese Tugend ein für allemal jegliche Grausamkeit unmöglich machen, da wir entsetzt vor ihr zurückweichen aufgrund unseres Empfindens für die Mitmenschen. Dabei handelt es sich nicht um Unterdrückung oder Verdrängung, und kein verborgener Feind kann aus seinem Versteck hervorkommen, wenn wir einmal nicht auf der Hut sind, weil unsere Sympathie die Möglichkeit jeder Handlung, die einen anderen verletzen könnte, ganz und gar aus unserem Wesen ausgemerzt hat.

Wie wir schon zuvor gesehen haben, wird die Art unserer körperlichen Krankheit dazu beitragen, uns auf die mentale Disharmonie hinzuweisen, die die Grundursache für ihre Entstehung ist. Ein weiterer wichtiger Faktor des Erfolgs ist, daß wir Lust am Leben haben und unser Hiersein nicht nur als eine Pflicht ansehen, die wir mit soviel Geduld wie möglich zu ertragen haben, sondern eine wirkliche Freude am Abenteuer unserer Reise durch diese Welt entwickeln.

Vielleicht eine der größten Tragödien des Materialismus ist die Entwicklung von Langeweile und der Verlust wahren inneren Glücks. Der Materialismus lehrt die Menschen, Zufriedenheit und Ausgleich für ihre Schwierigkeiten in irdischen Vergnügungen und Freuden zu suchen. Diese jedoch vermögen nie mehr als nur zeitweiliges Vergessen unserer Probleme zu verschaffen. Wenn wir einmal anfangen, den Ausgleich für unsere Nöte aus der Hand des bezahlten Hofnarren zu suchen, setzen wir einen Teufelskreis in Bewegung. Amüsement, Unterhaltung und Leichtfertigkeit sind für uns alle gut, aber nicht, wenn wir uns ständig darauf verlassen, daß sie uns von allen Schwierigkeiten befreien. Weltliche Vergnügungen jeder Art müssen in ihrer Intensität dauernd gesteigert werden, um weiterhin zu fesseln, und was gestern noch Spannung erzeugte, ist morgen schon langweilig. So gehen wir auf die Suche nach anderen, stärkeren Erregungen, bis wir übersättigt sind und auch aus diesen keine weitere Hilfe mehr erlangen. Auf die eine oder andere Weise macht das Vertrauen auf weltliche Zerstreuung aus jedem von uns einen Faust. Auch wenn wir es vielleicht bewußt nicht ganz erkennen, wird das Leben für uns nur wenig mehr als eine zu erduldende Pflicht – und all seine wahre Lust und Freude, wie sie das Erbe eines jeden Kindes sein und bis in unsere letzten Stunden aufrechterhalten bleiben sollten, verlassen uns. Ein extremes Stadium haben wir heute mit den wissenschaftlichen Bemühungen um eine Verjüngung erreicht, um die Verlängerung des natürlichen Lebens und eine Steigerung sinnlicher Vergnügungen durch teuflische Praktiken.

Der Zustand der Langeweile ist verantwortlich dafür, daß wir viel mehr Krankheit in uns hereinlassen, als man allgemein erkennt, und da dies heutzutage schon recht früh im Leben beginnt, werden diese hereingelassenen Krankheiten schon in frühem Lebensalter sichtbar. Ein solcher Zustand kann nicht eintreten, wenn wir die Wahrheit unserer Göttlichkeit anerkennen – unserer Sendung in der Welt – und damit die Freude besitzen, Erfahrungen zu sammeln und anderen zu helfen. Das Gegenmittel zur Langeweile ist ein aktives und lebhaftes Interesse an allen, die um uns sind, eine Beschäftigung mit dem Leben, mit unseren Mitmenschen und mit den Begebenheiten. Es gilt, die Wahrheit zu erkennen, die hinter allem steht, uns selbst zu verlieren, um Wissen und Erfahrung zu gewinnen, und nach Gelegenheiten Ausschau zu halten, bei denen wir das Gelernte zum Wohle eines Mitreisenden einsetzen können. So wird jeder Augenblick unserer Arbeit und unseres Spiels den Eifer zu lernen mit sich bringen, das Verlangen, wahre Dinge zu erleben, echte Abenteuer und Handlungen, die den Einsatz wert sind. Während wir diese Fähigkeiten entwickeln, werden wir feststellen, daß wir die Kraft wiedererlangen, Freude aus den kleinsten Begebenheiten zu erfahren, aus Geschehnissen, die wir früher als selbstverständlich, als alltäglich und belanglos betrachtet haben und die uns nun zu einem Anlaß werden, weiter zu forschen und zu erleben. In den einfachsten Dingen des Lebens nämlich – den einfachen, weil sie der großen Wahrheit näher sind – ist die wahre Freude zu finden.

Resignation macht einen zum bloßen unaufmerksamen Passagier auf der Reise des Lebens und öffnet die Tür für unzählige widrige Einflüsse, die nie Zutritt erlangen könnten, solange unser tägliches Leben den Geist und die Freude des Abenteuers widerspiegelt. Ganz gleich, an welchen Platz wir gestellt sind, ob als Arbeiter in eine Stadt mit ihren wimmelnden Menschenmassen oder als einsamer Schafhirte auf die Berge: Wir wollen uns bemühen, Gleichgültigkeit in Interesse zu verwandeln, stumpfsinnige Pflicht in eine fröhliche Erfahrung und das tägliche Leben in ein intensives Studium der Menschen und der großen, fundamentalen Gesetze des Universums. An jedem Platz gibt es reichlich Gelegenheit, die Gesetze der Schöpfung zu beobachten, sei es nun in den Bergen und Tälern oder mitten unter den Menschen. Laßt uns zuerst das Leben in ein ungemein fesselndes Abenteuer verwandeln, in dem es keine Langeweile mehr geben kann, und aus dem so gewonnenen Wissen heraus danach streben, unseren Geist in Harmonie mit unserer Seele zu bringen und mit der großen Einheit der Schöpfung Gottes.

Eine weitere fundamentale Hilfe für uns ist, alle Angst abzulegen. Angst hat in Wirklichkeit keinen Platz im natürlichen Menschenreich, da die uns innewohnende Göttlichkeit, die unser Selbst ist, unbesiegbar und unsterblich ist. Wenn wir das erkennen, gibt es nichts mehr, vor dem wir uns als Kinder Gottes zu fürchten brauchen! In materialistischen Zeiten wächst die Angst natürlich mit den irdischen Besitztümern, seien es solche des Körpers selbst oder äußerer Reichtum. Wenn unsere Welt aus solchen Dingen besteht, die so vergänglich sind, so schwierig zu erlangen und so unmöglich, auch nur kurze Zeit festzuhalten, dann veranlaßt uns das zur höchsten Besorgnis: Wir könnten eine Gelegenheit versäumen, sie festzuhalten. So müssen wir notwendigerweise in einem ständigen Zustand der Angst leben, sei er uns bewußt oder nicht. Denn wir wissen in unserem inneren Selbst, daß solche Besitztümer jeden Augenblick wieder von uns genommen werden könnten; wir können sie ohnehin höchstens ein kurzes Menschenleben lang festhalten.

In unserer Zeit hat sich die Furcht vor Krankheit entwickelt, bis sie zu einer mächtigen, schädlichen Kraft geworden ist, die jenen Dingen, die wir fürchten, Tür und Tor öffnet und ihnen das Eindringen erleichtert. Solche Angst beruht in Wirklichkeit nur auf Selbstsucht, denn wenn wir ernsthaft um das Wohl anderer bemüht sind, gibt es keine Zeit, sich noch um persönliche Leiden Kummer zu machen. Die Angst spielt heutzutage eine sehr wichtige Rolle bei der Verbreitung von Krankheit, und die moderne Wissenschaft hat die Herrschaft des Schreckens noch ausgebreitet, indem sie Entdeckungen in der breiten Öffentlichkeit bekanntmacht, die im derzeitigen Stadium bloße Halbwahrheiten sind. Die

Kenntnisse über Bakterien und andere Krankheitserreger haben im Denken ungezählter Menschen ein Chaos angerichtet, und die Angst, die dadurch entstanden ist, hat sie viel anfälliger für Krankheiten werden lassen. Während niedere Formen des Lebens, zum Beispiel Bakterien, tatsächlich bei der Entstehung von Krankheiten eine Rolle spielen können, sind sie doch keinesfalls die ganze Wahrheit dieses Problems, wie man wissenschaftlich oder durch alltägliche Ereignisse beweisen kann.
Es gibt nämlich einen Faktor, den die Wissenschaft auf materiell-körperlicher Grundlage nicht erklären kann, und zwar warum manche Menschen von Krankheiten betroffen, andere aber unbehelligt bleiben, obwohl beide das gleiche Ansteckungsrisiko eingegangen sind. Die materialistische Denkweise übersieht, daß es einen Faktor jenseits der körperlichen Ebene gibt, der einen Menschen vor Krankheiten aller Art schützt oder ihn dafür anfällig macht. Die Angst, die unser Denken lähmt und damit Disharmonie in unserem materiellen und magnetischen Körper erzeugt, ebnet der Invasion den Weg. Wenn Bakterien und dergleichen materielle Dinge die sichere und einzige Ursache von Krankheit wären, dann hätten wir in der Tat allen Grund, uns zu fürchten. Wenn wir uns aber vor Augen halten, daß selbst bei den schlimmsten Seuchen nur ein Teil jener Menschen, die der Ansteckung ausgesetzt waren, tatsächlich erkrankt und daß – wie wir gesehen haben – die wahre Ursache der Krankheit in unserer eigenen Persönlichkeit und damit in unserer Kontrolle liegt, dann dürfen wir ohne Angst und Furcht einhergehen in dem Wissen, daß wir das Heilmittel in uns haben. Wir können alle Angst vor den rein materiellen Krankheitsursachen aus unserem Denken verbannen, indem wir uns klarmachen, daß solche Angst uns nur anfällig macht. Wenn wir uns bemühen, Harmonie in unserer Persönlichkeit zu

schaffen, brauchen wir uns nicht mehr Sorge um Krankheiten zu machen, als wir uns fürchten, vom Blitz erschlagen oder von einem Stück eines niedergehenden Meteoriten getroffen zu werden.

Wenden wir uns nun der Betrachtung des physischen Körpers zu. Wir dürfen nie vergessen, daß dieser nur die irdische Wohnstatt der Seele ist, in der wir uns kurze Zeit aufhalten, um Erfahrung und Wissen in der Welt zu erwerben. Ohne uns allzusehr mit unserem Körper zu identifizieren, sollten wir ihn mit Achtung und Sorgfalt behandeln, damit er gesund bleibt und lange genug aushält, um unsere Arbeit zu tun. Keinen Augenblick jedoch wollen wir ihn zu sehr beachten oder uns gar in ihm verlieren, sondern lernen, seiner Existenz sowenig bewußt zu sein wie möglich. Wir wollen den Körper als Gefährt unserer Seele gebrauchen und als Diener, der unseren Willen ausführt.

Äußere und innere Reinlichkeit sind von großer Bedeutung. Für die erstere benutzen wir im Westen im allgemeinen zu heißes Wasser; es öffnet die Poren der Haut und läßt Schmutz herein. Darüber hinaus läßt der übertriebene Gebrauch von Seife die Hautoberfläche empfindlich werden und greift sie an. Kühles oder lauwarmes Wasser, sei es als Dusche oder als frisches Badewasser, ist natürlicher und hält den Körper gesünder. Es sollte nur so viel Seife benutzt werden, wie notwendig ist, um offensichtlichen Schmutz abzulösen, und die Seife sollte man danach mit frischem Wasser abwaschen.

Innere Reinlichkeit hängt von der Ernährung ab, und wir sollten all das auswählen, was sauber und naturbelassen ist und so frisch wie möglich, vor allem Obst, Gemüse und Nüsse. Tierisches Fleisch sollte man auf jeden Fall vermeiden, weil es viele Stoffwechselgifte im Leib entstehen läßt, zweitens, weil es einen unnormalen und übermäßigen Appetit anregt, und drittens, weil es Grausamkeit gegen das Tierreich verlangt. Reichlich Flüssigkeit sollten wir zu uns nehmen, um den Körper zu reinigen, das heißt Wasser und natürliche Weine und andere Erzeugnisse direkt aus der Natur unter Vermeidung aller künstlich hergestellten Getränke.

Der Schlaf sollte nicht übertrieben lang sein, da viele von uns mehr Kontrolle über sich haben, während sie wach sind, als wenn sie schlafen. Die alte Redensart: »Statt dich noch mal umzudrehn, ist es besser aufzustehn!« ist eine hervorragende Richtlinie.

Die Kleidung sollte an Gewicht so leicht sein, wie es die Temperatur zuläßt, sie sollte frische Luft an den Körper lassen, und Sonnenschein und frische Luft sollten überhaupt sooft wie möglich die Haut direkt erreichen. Wasser- und Sonnenbäder spenden sehr viel Gesundheit und Vitalität.

Heiterkeit in allen Dingen sollte unterstützt werden, und wir sollten uns nie von Zweifeln und Niedergeschlagenheit bedrücken lassen. Statt dessen wollen wir uns daran erinnern, daß diese nicht aus uns selbst stammen, denn unsere Seele kennt allein Freude und Glück.

KAPITEL VIII

Wir sehen somit, daß unser Sieg über die Krankheit hauptsächlich von folgendem abhängt: erstens der Erkenntnis der unserem Wesen innewohnenden Göttlichkeit und daher unserer Macht, alles Falsche zu überwinden; zweitens dem Wissen, daß die Grundursache aller Krankheit zurückzuführen ist auf Disharmonie zwischen Persönlichkeit und Seele; drittens unserer Bereitschaft und Fähigkeit, den Feh-

ler zu entdecken, der einen solchen Konflikt verursacht; und viertens der Beseitigung jedes solchen Fehlers durch Entwicklung der ihm entgegengesetzten Tugend.
Die Aufgabe der Heilkunst wird es sein, uns das notwendige Wissen und die Mittel zu geben, durch die wir unsere Krankheiten überwinden können, und darüber hinaus jene Heilmittel zu verabfolgen, die unseren mentalen und physischen Leib stärken und uns damit größere Möglichkeiten zum Sieg verschaffen. Dann werden wir in der Tat in der Lage sein, die Krankheit an ihrer Wurzel zu packen und dabei echte Hoffnung auf Erfolg zu haben. Die Medizin der Zukunft wird sich nicht mehr vornehmlich mit den äußerlichen Resultaten und Symptomen von Krankheit beschäftigen oder den akuten körperlichen Schäden soviel Aufmerksamkeit schenken wie bisher. Sie wird auch nicht Drogen und Chemikalien allein zum Zwecke der Betäubung unserer Symptome verschreiben. In dem Wissen um die wahre Ursache der Krankheit und in der Erkenntnis, daß die sichtbaren körperlichen Anzeichen nur sekundär sind, wird sie ihre Bemühungen darauf konzentrieren, daß jene Harmonie zwischen Körper, Geist und Seele geschaffen wird, die Linderung und Heilung der Krankheit nach sich zieht. Und in allen Fällen, die rechtzeitig genug behandelt werden, wird die Korrektur im Bereich des Geistes verhindern, daß eine drohende Erkrankung überhaupt zum Ausbruch kommt.
Unter den verschiedenen Arten von Heilmitteln, die dann verwendet werden, werden sich solche befinden, die aus den schönsten Pflanzen und Kräutern gewonnen sind, die in der Apotheke der Natur wachsen und die aus göttlicher Hand mit Heilkräften angereichert sind für Geist und Körper des Menschen.
Wir müssen unsererseits Frieden, Harmonie, Individualität und Zielstrebigkeit üben und in zunehmendem Maße das

Wissen in uns entwickeln, daß wir unserem Wesenskern nach göttlichen Ursprungs sind, Kinder des Schöpfers. Wir haben die Kraft in uns, die Vollkommenheit zu erreichen, wenn wir sie nur entfalten – was wir im Laufe der Zeit ohnehin tun müssen. Diese Erkenntnis muß in uns wachsen und zur Wirklichkeit werden, bis sie das herausragendste Merkmal unseres Daseins ist. Wir müssen beständig Frieden üben und uns vorstellen, daß unser Denken einem See gleicht, dessen Oberfläche immer still und unbewegt ist und ungestört bleibt. Allmählich entwickeln wir diesen Zustand des Friedens, bis kein Ereignis im Leben, kein Umstand, keine andere Persönlichkeit unter irgendeiner Bedingung mehr in der Lage ist, die Oberfläche dieses Sees zu bewegen oder Gefühle wie Gereiztheit, Niedergeschlagenheit oder Zweifel in uns aufsteigen zu lassen. Es wird uns wesentlich helfen, wenn wir jeden Tag eine kurze Zeit reservieren, in der wir über die Schönheit des Friedens und die Vorzüge der Ruhe nachdenken und erkennen, daß wir weder durch Sorgen noch durch Hetzen etwas erreichen, sondern durch ruhiges, stilles Denken und Handeln mit allem Beginnen mehr Erfolg haben. Unser Verhalten in diesem Leben in Übereinstimmung zu bringen mit den Wünschen unserer Seele und in einem Zustand des Friedens so zu leben, daß die Unruhen und Störungen der Welt uns unbewegt lassen, ist wirklich eine große Errungenschaft und bringt uns jenen Frieden, der höher ist als alle Vernunft. Auch wenn dies zuerst über unsere kühnsten Träume hinauszugehen scheint, ist es – wenn wir Geduld und Ausdauer aufbringen – doch im Bereich dessen, was jeder von uns erlangen kann.

Nicht von allen wird verlangt, Heilige oder Märtyrer zu sein oder berühmt zu werden; den meisten von uns sind weniger auffällige Positionen zugewiesen. Aber von jedem wird erwartet, daß er die Freude und das Abenteuer des Lebens

versteht und mit Heiterkeit die Aufgabe erfüllt, die ihm von der Göttlichkeit im Innern zugeordnet wurde.
Für jene, die krank sind, bedeuten innerer Frieden und Harmonie mit der Seele die größte Hilfe zur Genesung. Die Medizin und Krankenpflege der Zukunft werden der Förderung dieser Aspekte beim Patienten viel mehr Aufmerksamkeit schenken, als wir es heute tun in einer Zeit, in der wir den Verlauf einer Krankengeschichte nicht anders als mit materialistischen Begriffen beurteilen können. Wir denken mehr an häufige Messungen der Körpertemperatur und andere Maßnahmen, die den Patienten eher stören, als der stillen Ruhe und Entspannung von Körper und Geist förderlich sind und so wesentlich zur Genesung beitragen. Es steht außer Zweifel, daß wir – wenn es uns gelingt, bei den ersten Anzeichen einer leichten Erkrankung auch nur einige wenige Stunden völliger Entspannung zu erreichen und in Harmonie mit unserem höheren Selbst zu gelangen – die Krankheit am Ausbruch hindern könnten. Wir brauchen dazu ja nur einen Bruchteil der Ruhe, die Christus seinen Jüngern in das Boot mitbrachte, als er der stürmischen See befahl: »Schweig und verstumme.«
Unsere Einstellung zum Leben hängt von der Nähe unserer Persönlichkeit zur Seele ab. Je enger die Einheit ist, desto größer sind Harmonie und Frieden; desto klarer wird das Licht der Wahrheit scheinen und das strahlende Glück, das aus der Höhe stammt. Diese werden uns Beständigkeit geben und Festigkeit gegen die Schwierigkeiten und Schrekken der Welt, da sie ihre Wurzeln in der ewigen Wahrheit des Guten haben. Die Kenntnis der Wahrheit gibt uns auch die Gewißheit, daß die Ereignisse in der Welt, wie tragisch sie auch erscheinen mögen, doch nur ein vorübergehendes Stadium kennzeichnen in der Evolution des Menschen. Selbst die Krankheit ist an sich wohltätig und wirkt im Rah-

men gewisser Gesetze, die letztlich Gutes hervorbringen sollen und einen ständigen Druck und Anreiz in Richtung Vollendung ausüben. Wer dieses Wissen besitzt, kann von Geschehnissen, die für andere eine Belastung sind, nicht berührt, niedergedrückt oder erschüttert werden, und alle Unsicherheit, Angst und Verzweiflung verschwinden für immer. Wenn wir nur einen ständigen Kontakt, eine dauernde Einheit mit unserer eigenen Seele aufrechterhalten können, mit unserem himmlischen Vater, dann ist die Welt tatsächlich ein Ort der Freude, und kein schädlicher Einfluß kann uns erreichen.

Es ist uns nicht gestattet, die Größe unserer eigenen Göttlichkeit zu sehen oder die Großartigkeit unserer Bestimmung und der herrlichen Zukunft zu schauen, die vor uns liegt. Wenn wir das könnten, wäre das Leben keine Prüfung mehr, würde keine Anstrengung mehr verlangen und uns nicht mehr fordern. Unsere Tugend liegt darin, daß wir dem größten Teil jener gewaltigen Dinge gegenüber blind sind und doch das Vertrauen, den Glauben und den Mut haben, ein gutes Leben und die Schwierigkeiten dieser Erde zu meistern. Durch die Kommunion mit unserem höheren Selbst können wir jedoch jene Harmonie aufrechterhalten, durch die wir alle weltlichen Widerstände überwinden, unsere Reise auf dem geraden Wege fortsetzen und unser Schicksal erfüllen, ohne uns von den Einflüssen erschrecken zu lassen, die uns in die Irre leiten wollen.

Als nächstes müssen wir Individualität entwickeln und uns von allen weltlichen Einflüssen frei machen, damit wir nur den Geboten unserer eigenen Seele folgen. Wir dürfen uns von Umständen oder anderen Menschen nicht berühren lassen, damit wir unsere eigenen Herren werden und unsere Barke über die rauhe See des Lebens steuern, ohne je das Ruder der Redlichkeit zu verlassen oder das Steuer unseres

Schiffes fremden Händen zu überlassen. Wir müssen absolute und vollständige Freiheit gewinnen, so daß alles, was wir tun, jede Handlung – ja selbst jeder unserer Gedanken – seinen Ursprung in uns selbst hat. Dann können wir frei aus eigenem Antrieb leben und geben, aus eigenem Antrieb allein.

Unsere größte Schwierigkeit in dieser Hinsicht besteht in der Verbindung mit jenen, die uns in dieser Zeit am nächsten stehen, da die Ehrfurcht vor Konventionen, falschen Maßstäben und Pflichtgefühlen so erschreckend weit reicht. Aber wir müssen unseren Mut steigern, der doch bei den meisten von uns groß genug ist, um scheinbar großen Dingen im Leben entgegenzutreten, dann jedoch versagt, wenn es um die Prüfungen im kleinen eigenen Bereich geht. Wir müssen fähig werden, unparteiisch zu bestimmen, was richtig oder falsch für uns ist, um in der Gegenwart eines Verwandten oder Freundes furchtlos zu handeln. Wie viele von uns sind große Helden in der äußeren Welt, aber Feiglinge zu Hause! Die Mittel, mit denen wir an der Erfüllung unseres Schicksals gehindert werden sollen, mögen sehr subtil sein – zum Beispiel die Vorspiegelung von Liebe und Zuneigung, ein falsches Pflichtgefühl, Methoden, die uns versklaven und fesseln an die Wünsche anderer; sie alle müssen erbarmungslos beseitigt werden. Die Stimme unserer eigenen Seele, und allein sie, muß beachtet werden, wenn es um unsere Aufgabe geht und wir uns nicht von den Menschen unserer Umgebung behindern lassen wollen. Die Individualität muß bis zum äußersten entwickelt werden; wir müssen lernen, uns im Leben auf nichts anderes als auf Geleit, Weisung und Hilfe von unserer Seele zu verlassen, unsere Freiheit mit beiden Händen zu ergreifen und in die Welt einzutauchen, um jedes Teilchen Wissen und Erfahrung zu gewinnen, das wir erreichen können.

Zugleich müssen wir aber auf der Hut sein, daß wir jedem anderen ebenfalls seine Freiheit lassen, nichts von anderen erwarten, sondern – im Gegenteil – immer bereit sind, ihnen eine Hand zu reichen, die ihnen aufhilft, wenn sie in Not und Schwierigkeiten sind. So wird jeder Mensch, dem wir im Laufe des Lebens begegnen – sei es Mutter, Mann, Kind, Fremder oder Freund –, zum Mitreisenden, und jeder von ihnen kann in seiner eigenen geistigen Entwicklung weiter oder weniger weit sein als wir selbst. Alle sind wir aber Mitglieder einer gemeinsamen Bruderschaft und Teil einer großen Gemeinschaft, die die gleiche Reise mit dem gleichen herrlichen Ziel vor Augen angetreten hat.
Wir müssen standhaft in unserer Siegesgewißheit sein und unerschütterlich in dem Willen, den Berggipfel zu erreichen; keinen Augenblick wollen wir mit Bedauern über die Fehltritte auf unserem Wege vergeuden. Kein großer Aufstieg gelang je ohne Fehler und Rückschritte; wir müssen sie als Erfahrungen ansehen, die uns helfen, in Zukunft weniger häufig zu stolpern. Keine Gedanken an Irrtümer der Vergangenheit sollen uns je niederdrücken; sie sind vorbei und vergangen, aber das aus ihnen gewonnene Wissen wird uns helfen, ihre Wiederholung zu vermeiden. Wir müssen stetig voran- und aufwärtsschreiten, niemals etwas bedauern und niemals zurückblicken, denn selbst was erst eine Stunde hinter uns liegt, ist unwiederbringliche Vergangenheit, und die herrliche Zukunft liegt in strahlendem Licht vor uns. Alle Angst werfen wir von uns; sie sollte im menschlichen Gemüt nie einen Platz finden und ist nur möglich, wenn wir den Blick für unsere Göttlichkeit aus den Augen verlieren. Sie ist uns wesensfremd, weil wir, Kinder des Schöpfers und Funken des göttlichen Lebens, unbesiegbar sind, unzerstörbar und unbezwingbar. Krankheit erscheint uns grausam, weil sie falsches Denken und falsches Tun be-

straft, das zu Grausamkeit gegenüber anderen führt. Deshalb ist es notwendig, die Liebe und Geschwisterlichkeit in unserem Wesen zu entwickeln, denn diese werden Grausamkeit in Zukunft unmöglich machen.
Die Entwicklung der Liebe schenkt uns die Erkenntnis der Einheit, jener Wahrheit, daß jeder einzelne von uns ein Teil der einen großen Schöpfung ist.
Die Ursache all unserer Schwierigkeiten – das Ich und die Absonderung – verschwindet, sobald die Liebe und das Wissen um die große Einheit Teil unseres Wesens werden. Das Universum ist das sichtbare Antlitz Gottes; bei seiner Geburt ist es der wiedergeborene Gott, bei seinem Ende der höherentwickelte Gott. Das gleiche gilt für den Menschen: Sein Körper ist sein veräußerlichtes Selbst, eine im Äußeren sichtbare Offenbarung seines inneren Wesens; er ist Ausdruck seiner selbst, Materialisation der Eigenschaften seines Bewußtseins.
In unserer westlichen Zivilisation haben wir ein strahlendes Beispiel der Vollkommenheit in Christus und seinen Lehren, die uns leiten. Er dient uns allen als Mittler zwischen unserer Persönlichkeit und der Seele. Seine Sendung auf Erden war, uns zu lehren, wie wir Harmonie und Kommunion mit unserem höheren Selbst erreichen können, mit unserem Vater im Himmel, und wie wir dadurch zur Vollkommenheit gelangen können in Übereinstimmung mit dem Willen des großen Schöpfers aller Dinge.
So lehrten es auch Buddha und andere große Meister, die von Zeit zu Zeit auf die Erde kamen, um dem Menschen den Weg zur Vollendung zu zeigen. Es gibt keinen Kompromiß für die Menschheit. Die Wahrheit muß anerkannt werden, und der Mensch muß sich mit dem unendlichen Gesetz der Liebe seines Schöpfers vereinen.
Und so, meine Brüder und Schwestern, kommt heraus in

das herrliche Sonnenlicht der Erkenntnis eurer Göttlichkeit, und macht euch ernsthaft und unbeirrt daran, euch in den großen Plan des Glückes und seiner Verbreitung einzufügen, gemeinsam mit jener großen Schar der weißen Bruderschaft, deren ganzes Dasein Gehorsam ist gegenüber dem Wunsche Gottes und der es eine große Freude bedeutet, ihren jüngeren Geschwistern, den Menschen, zu dienen.

TEIL 2

Jens-Erik Risom Petersen

BLÜTENESSENZEN NACH DR. BACHS METHODE

Eine natürliche Heilmethode, gegründet auf die von Dr. Edward Bach entdeckte Wirkung einer Reihe wildwachsender Blüten auf die Persönlichkeit und das Gefühlsleben

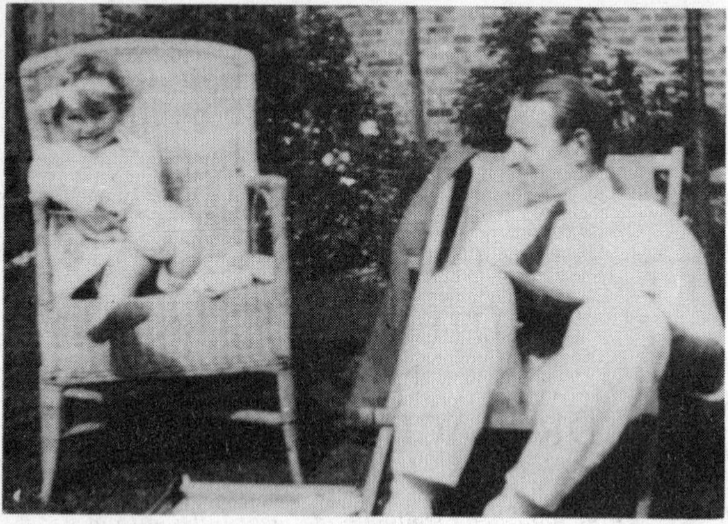

Dr. Edward Bach mit seiner Tochter Bobbie, ca. 1920

ca. 1917

ca. 1919

Diogenes, der hundert Jahre alt geworden war, wurde einmal gefragt, wie es komme, daß er immer glücklich sei, und was dabei sein Geheimnis sei.
Er antwortete: »Jeden Morgen, wenn ich aufstehe, habe ich die Alternative, glücklich oder unglücklich zu sein. Ich entscheide mich eben immer fürs Glücklichsein.«

VORWORT

Dieser Teil ist eine Einführung in Dr. Bachs Blütentherapie, eine Selbsthilfemethode zur Erlangung natürlicher Gesundheit.
Dr. Bachs Blütentherapie besteht aus der Anwendung 38 verschiedener Mittel, die mit einer einzigen Ausnahme alle aus wildwachsenden Blüten hergestellt werden. Jedes der Mittel ist auf eine bestimmte gefühlsmäßige oder mentale Erlebnis- oder Reaktionsweise bezogen. Zustände wie Niedergeschlagenheit, Mutlosigkeit, Ungeduld, Mißtrauen, Unentschlossenheit, Bitterkeit und Starrsinn sind nach Bachs Ansicht der Nährboden, auf dem sowohl körperliche Krankheiten als auch seelische Probleme gedeihen. Wir alle sind von einem oder mehreren dieser Gemütszustände geprägt. Die entsprechende Blüte besitzt nun eine Eigenschaft oder Kraft, die uns helfen kann, die negativen Züge in unserer Persönlichkeit fallenzulassen und die Harmonie auf der Ebene der Gefühle wiederherzustellen. Diese Heilmethode kann selbstverständlich eine medizinische Behandlung, sollte sie notwendig sein, nicht ersetzen, sie kann jedoch auch in diesem Fall als wertvolles zusätzliches Hilfsmittel Verwendung finden.
In diesem Teil wird die von Dr. Bach selbst stammende Be-

schreibung eines jeden der 38 Blütenmittel, seiner Eigenschaften und seines Anwendungsbereichs wiedergegeben. Die Beschreibungen werden durch einen Kommentar ergänzt, und überdies werden zu jedem Mittel einige Beispiele gebracht, die zeigen, wie es in der Praxis verwendet wurde und welche kurzfristigen und längerfristigen Resultate die Behandlung erbrachte. Die Beispiele entstammen den Behandlungsberichten aus »Bach Remedies News Letter«. Um das richtige Mittel für einen bestimmten Zustand zu finden, stehen außerdem zwei Schlüssel zur Verfügung: Der eine besteht aus einer ausführlichen Liste verschiedener *emotionaler und mentaler* Zustände in alphabetischer Reihenfolge sowie der jeweiligen Mittel, die für diesen Zustand geeignet sind (S. 269ff.). Der andere Schlüssel ist eine alphabetische Liste der *Blütenmittel* mit einer in Stichworten gehaltenen kurzen Beschreibung ihres Wesens und Anwendungsbereichs (S. 92ff.).
Die Einleitung umreißt in groben Zügen Dr. Bachs Leben als Arzt und Forscher und erläutert einige seiner Ideen bezüglich der Frage, was Gesundheit und Krankheit sind und wozu die Blütentherapie, die seinen Namen trägt, dienen kann.
Die beiden Kapitel am Ende dieses Teils sind der praktischen Anleitung zur Herstellung der Blütenessenzen und zur Zubereitung der therapeutischen Mischung gewidmet. Die Mittel können auch in fertiger Form gekauft werden. Die Adressen der Vertriebsstellen der Mittel findet man im Anhang des Buches.
Der Verfasser möchte Miss Nora Weeks und dem Edward Bach Healing Centre in England seinen Dank aussprechen, die für die Ausarbeitung des vorliegenden Textes freundlicherweise das ganze zugängliche Material zur Verfügung gestellt haben. Auch Ma Devakrapa soll gedankt werden für

ihre geduldige Durchsicht des Manuskripts und für viele wertvolle Verbesserungsvorschläge.
Dr. Bachs Heilmethode verdient es, im Geiste seines Urhebers verbreitet zu werden, der von einem tiefen Mitgefühl für alle lebenden Wesen geprägt war und von einem unerschütterlichen Glauben daran, daß alles in jedem Moment seiner letztendlichen Vervollkommnung, der grenzenlosen Liebe, zustrebt.

EINFÜHRUNG IN BACHS BLÜTENTHERAPIE

Auf welche Weise Dr. Bach die 38 Blütenessenzen entdeckte und wie sie in der Praxis verwendet werden.

Eine Anekdote: Mulla Nasrudin hatte seinen Schlüssel im Haus verloren. Nachdem er ihn drinnen nicht finden konnte, ging er hinaus auf die Straße unter eine Laterne und fuhr dort mit seiner Suche fort. »Du hast den Schlüssel doch im Haus verloren und nicht auf der Straße«, erinnerte ihn seine Frau. »Das weiß ich wohl«, antwortete Mulla, »aber im Haus ist es finster. Hier draußen kann ich besser sehen.«

Mulla Nasrudin ist eine orientalische Mischung aus einem Weisen und einem Dorfnarren. Diese kleine Anekdote kann im Zusammenhang mit der Medizin als Beispiel gelten für die Vergeblichkeit, eine Krankheit bloß auf jener Ebene verstehen und behandeln zu wollen, auf der sie sich als körperliches Symptom manifestiert. Jede Heilmethode, die beim äußeren Erscheinungsbild der Krankheit bleibt, operiert sozusagen beim Laternenlicht auf der Straße. Der Schlüssel dazu oder die Ursache dafür, daß die Krankheit

überhaupt erst ausbrechen konnte, liegt dabei unberührt im dunkeln. Nur eine Heilkunst, die imstande ist, Licht in dieses Dunkel zu bringen, indem sie nicht nur die körperlichen, sondern auch die gefühlsmäßigen Störungen aufdeckt und heilt, durch die die meisten Krankheiten verursacht und aufrechterhalten werden, kann dem Patienten wirklich Linderung und Genesung bringen.
Eine solche Heilmethode wurde von dem englischen Arzt Dr. Edward Bach (1886–1936) entwickelt, dessen Blütentherapie auf vollkommen natürliche Weise dazu beiträgt, die Persönlichkeit zu harmonisieren und die emotionalen und mentalen Konflikte zu lösen, die, wenn sie unbeachtet bleiben, Krankheiten und Leiden auf allen Ebenen verursachen können.

Allopathie und Homöopathie

Während der ersten Hälfte unseres Jahrhunderts gelangen Dr. Bach einige revolutionierende Entdeckungen, die geeignet sind, zu tragenden Elementen einer zukünftigen Medizin zu werden, und die bereits große Verbreitung auf der ganzen Welt gefunden haben.
Durch seine Arbeit als praktischer Arzt und Forscher kam Dr. Bach zu der Einsicht, daß die ärztliche Praxis, die er ausübte, nur selten die Wurzeln des Übels in den Griff bekam, nur selten zur Ursache der Krankheit vorstoßen und sie beseitigen konnte. Die medizinische Praxis, in der er ausgebildet war, legte das Hauptgewicht auf die Behandlung der äußeren Form der Krankheit, und Dr. Bach entdeckte, daß, selbst wenn es ihm gelang, die Symptome zum Verschwinden zu bringen, diese nicht selten in anderer Form wieder auftauchten.

Er erkannte auch, daß eine Behandlung mit starken chemischen Medikamenten den Organismus oft dermaßen schwächte, daß er nur noch mehr dem Angriff von Krankheiten ausgesetzt war. Bach begann daher, nach einer Heilmethode zu suchen, die auf der Behandlung des *ganzen* Menschen beruhte und nicht bloß einen Teilbereich in Form verschiedener körperlicher Symptome in Betracht zog, denn er ahnte, daß die wirkliche Ursache für viele Krankheiten in der Art und Weise zu finden sein mußte, in der der Mensch als Ganzheit funktioniert. In diesem Zusammenhang begann er, *Homöopathie* zu studieren und später zu praktizieren.

Während die Medizin, in der Bach ausgebildet war, auf dem allopathischen Prinzip beruhte, das heißt, ein Krankheitszustand wird mit dessen Gegenteil behandelt (bei Müdigkeit bekommt man aufweckende Mittel, bei Hysterie beruhigende Mittel), ging die Homöopathie vom entgegengesetzten Prinzip aus: Gleiches wird mit Gleichem behandelt, und es wird nicht eine bestimmte Krankheit, sondern der Patient als Ganzer behandelt.

Es gibt in der Natur eine Reihe von organischen und anorganischen Stoffen, die, wenn sie in gewissen Mengen eingenommen werden, auf den Organismus eine vorhersagbare psychische und körperliche Wirkung in der Form der Erregung von Krankheitssymptomen ausüben. Samuel Hahnemann, der im 18. Jahrhundert der Homöopathie die heute übliche Form gab, fand heraus, daß eine sehr schwache Lösung von einem dieser Stoffe, wenn er sie einem Patienten gab, eine heilende Wirkung auf *alle* jene sowohl psychischen als auch körperlichen Symptome ausübte, die dieser Stoff in unverdünntem Zustand verursachen konnte, auch wenn diese Symptome aus *anderen Ursachen* aufgetreten waren.

Bach fand, daß dieses Prinzip, Gleiches mit Gleichem zu behandeln, mit seiner eigenen Überzeugung im Einklang stand, daß die Wurzeln einer Krankheit in der Ganzheit eines Menschen zu suchen seien. Obwohl er mit der homöopathischen Behandlungsweise gute Resultate erzielte, schien sie ihm auf lange Sicht doch unbefriedigend. Er vermutete, daß es möglich sein müsse, eine begrenzte Anzahl natureigener Produkte zu finden, die imstande sind, ohne ungünstige Nebenwirkungen das Vermögen des Organismus zu stärken, sich selbst zu heilen und körperlichen Krankheiten und psychischen Disharmonien direkt am Ursprung entgegenzuwirken.

Persönlichkeit und Temperament

In seiner Arbeit als praktischer Arzt und Ausübender der homöopathischen Medizin war Bach allmählich zu der Überzeugung gelangt, daß man die Menschen aufgrund ihres Temperaments und ihrer Charaktereigenschaften in verschiedene Grundtypen einteilen kann.
Er entdeckte nämlich, daß Patienten mit demselben Leiden oft ganz unterschiedlich auf ihre Krankheit reagierten. Einige wurden deprimiert, andere ungeduldig oder reizbar, andere wieder ängstlich und nervös. Bach fand, daß Patienten vom gleichen Persönlichkeitstyp und mit gleichem Temperament oft auch mit den gleichen Arzneien geheilt werden konnten, während Patienten, die verschiedenen Typen angehörten, auch ganz verschiedener Formen der Behandlung bedurften, selbst wenn das Krankheitsbild das gleiche war. Es schien so, als ob die durch das Temperament bedingten gefühlsmäßigen Reaktionen die Bemühungen der orthodoxen Medizin zunichte machten, und Bach erkannte, daß

diese Reaktionen offenbar die wirklichen Ursachen dafür waren, daß das körperliche Leiden sich überhaupt erst manifestierte.
Diese Einsicht wurde später zu einem der Grundpfeiler in Bachs medizinischer Arbeit. Ein tiefgehendes Studium der Natur der menschlichen Persönlichkeit war nun für ihn ein notwendiger Schritt, der getan werden mußte, bevor er den Kern des neuen Gesundheitssystems entdecken konnte: die Blütentherapie.
In seiner homöopathischen Arbeit begann Bach bald ausschließlich die Medikamente entsprechend der Persönlichkeit und des Temperaments des Patienten zu verschreiben, und er lernte, seine Patienten so genau zu beobachten, daß er schon wußte, welches Mittel er verschreiben würde, bevor noch der Patient im Behandlungszimmer Platz genommen hatte. Diese Eigenschaft, die Bach entwickelt hatte, verband ihn mit den alten chinesischen Akupunkturärzten, die imstande waren, aufgrund des Aussehens und der Wesensart des Patienten eine detaillierte Beschreibung von Ursache, Entwicklungsgeschichte, Umfang und voraussichtlichem Verlauf seiner Krankheit zu liefern. Diese Beobachtungsgabe und Einsicht in die menschliche Natur ermöglichte es Bach, zu erkennen, *in welcher Weise gewisse Charaktereigenschaften und Persönlichkeitszüge in ihrer negativen Ausdrucksform die Widerstandskraft des Organismus schwächen und damit die Grundlage für das Entstehen verschiedener Krankheiten schaffen.* Ein dauernder Angstzustand beispielsweise oder die ständige Befürchtung, daß etwas Schreckliches geschehen könnte, setzt den Organismus dermaßen unter Druck, daß es äußerst schwierig wird, ein natürliches Gleichgewicht im Körper aufrechtzuerhalten. Körper und Geist, die beiden Pole des Organismus, sind nämlich so eng miteinander verbunden, daß Störungen in

dem einen Pol unweigerlich auch den anderen beeinflussen.
In dem Maße, in dem Bachs Verständnis dieser Zusammenhänge sich vergrößerte, wuchs auch sein Bedürfnis, eine in sich abgeschlossene Heilmethode zu entwickeln, die direkt auf die Ausbalancierung der negativen Charakterzüge der Persönlichkeit abzielen und nicht ihren Ausgangspunkt erst bei den Krankheiten nehmen sollte, die durch jene verursacht werden. Ein Markstein in dieser Entwicklung war, daß Bach von London wegzog, wo er eine blühende Arztpraxis betrieben hatte, und nun durch Englands Wälder und Felder zu ziehen begann, auf der Suche nach den Naturmitteln, von denen er fühlte, daß sie den Grundstock seines neuen Heilsystems bilden würden.
Bachs Bruch mit dem Stadtleben und mit seiner dortigen Forschungsarbeit und Arztpraxis kam so: Eines Tages kam ihm mitten in seiner Arbeit die Eingebung, nach Wales zu fahren. Ohne zu zögern, schloß er seine Praxis und reiste ab. In Wales fand er dann die ersten wildwachsenden Blumen, die den Anfang jener Serie von Blütenmitteln darstellten, deren Entdeckung er den Rest seines Lebens widmen sollte.

Sensitivität als das einzige Instrument

In dieser Periode begann Bach eine außerordentliche Empfindsamkeit zu entwickeln, durch die er andere lebende Wesen viel tiefer wahrzunehmen vermochte, als es ihm je zuvor möglich gewesen war. Sein eigener Organismus wurde zu einem feinfühligen Instrument, das die Ausstrahlungen von Pflanzen, Tieren und Menschen registrieren konnte. Diese Fähigkeit versetzte ihn in die Lage, jene Reihe von wildwachsenden Blüten zu finden, die seinen Namen in der ganzen Welt bekannt machten. Jeder Mensch kann wohl zwischen Wärme und Kälte unterscheiden, doch Bachs Empfindsamkeit war dermaßen verfeinert, daß er auch die Kräfte und Eigenschaften, die eine Blüte in sich birgt, wahrnehmen konnte. Diese Wahrnehmungsfähigkeit ermöglichte es ihm, gerade diejenigen Pflanzen auszuwählen, die die Eigenschaften besaßen, nach denen er suchte: nämlich die gefühlsmäßigen und geistigen Konflikte oder destruktiven Züge, die allen Krankheiten und Leiden zugrunde liegen, zu mildern und zu heilen.

Entdeckung der Blütenmittel

Bach fand insgesamt 38 Mittel, von denen 37 aus wildwachsenden, ungiftigen Blüten hergestellt werden, während das letzte aus reinem Quellwasser besteht. Stets war es seine Intuition, die ihn leitete, wenn er die Felder und Wälder der englischen Sommerlandschaft suchend durchstreifte. Beim Entdecken einiger dieser Blüten geschah es, daß er selbst unter dem entsprechenden Gemütszustand und mitunter sogar an ernsten körperlichen Symptomen stark zu leiden hatte. Einmal war sein ganzer Körper von großen nässenden Wunden bedeckt, die wie der Tau in der Sonne verschwanden, sobald er das richtige Mittel gefunden und ausprobiert hatte.

Die folgende Episode, die von Nora Weeks, einer Assistentin Bachs, erzählt wird, illustriert, wie eine der Blüten, nämlich WATER VIOLET, und der ihr entsprechende Sinneszustand entdeckt wurden und wie Bach die Blütenessenz mit Hilfe der Sonnenmethode herstellte, eine Methode, mit der die

Wirkkraft der Blüte durch Anwendung der natureigenen Kräfte von Erde, Wasser, Feuer und Luft gewonnen werden kann. Die Methode wird auf Seite 214 näher beschrieben.
Nora Weeks erzählt:
»Er war an diesem Morgen sehr still und ziemlich reserviert gewesen und hatte gewünscht, allein zu sein, so daß niemand seine Aufmerksamkeit störte. Irgendwann sagte er dann: ›Wir müssen für eine Frau, die ich kenne und die Hilfe braucht, eine Blüte finden.‹ Als wir dann einen schmalen Weg in Sussex dahinwanderten, erzählte er mir von seiner Bekannten. Er sagte, daß er den ganzen Morgen an sie gedacht habe und daß er fühle, daß sie dringend Hilfe brauche. Sie war, berichtete er weiter, eine freundliche, stille Frau, sehr unabhängig und voll von Selbstvertrauen. Sie mischte sich nie in die Angelegenheiten anderer Leute, war jedoch, da sie viel Erfahrung hatte, jederzeit bereit zu helfen. Sie war gerne mit sich allein, fühlte sich dabei aber nie einsam, doch auch in Gesellschaft anderer Menschen war sie froh. Sie hatte es nie eilig, und alles, was sie unternahm, machte sie gut. Sie konnte kochen und die Hausarbeiten erledigen, den Kamin reinigen und wieder darin Feuer machen und sah nach wie vor stets sauber und ordentlich aus. Sie war sehr anmutig in ihren Bewegungen und ging still umher. Trotz all dieser guten Eigenschaften erschien sie ab und zu in sich gekehrt, reserviert und ein wenig hochmütig. Wenn sie von diesem Stolz, der ihr einziger Makel war, befallen wurde, begann sie auch körperlich zu leiden, da ihre Schultern, Hände und Knie steif wurden. Bach fühlte, daß es diesmal ernst um sie stand und daß sie Hilfe bekommen mußte. Während unserer Wanderung fiel sein Blick plötzlich auf eine kleine Blume von grauvioletter Farbe mit einem gelben Punkt in der Mitte, die in einem seichten Flußlauf an der Seite des Weges wuchs. Ein sehr gerade stehender Stengel

hielt die Blüten, die spiralenförmig um ihn angeordnet waren, über der Wasseroberfläche. Die Pflanze schien auf dem Wasser zu treiben, wobei sie nur von einem grünen, farnähnlichen Blatt aufrecht gehalten wurde, das sich knapp unter der Wasseroberfläche ausbreitete. In dem Flußlauf gab es nur die eine Pflanze dieser Art. Bach hielt behutsam seine Hand über die oberste Blüte: ›Das ist das Mittel für sie‹, sagte er glücklich, ›WATER VIOLET.‹ Diese Entdeckung gab ihm ein überwältigendes Gefühl von Frieden, Ruhe und Demut. An einem wunderschönen Junimorgen ein paar Tage später fand er bei den Deichen in der Nähe von Lewes eine Menge dieser Pflanzen. Der Himmel war so klar, und die Sonne brannte so heiß, daß selbst die Kühe von der nahe liegenden Weide zurück in ihren Stall drängten, um etwas Schatten zu finden. Dies war ein wunderbarer Tag für die Gewinnung der WATER-VIOLET-Essenz. In der Nähe floß Wasser aus einer klaren Quelle, und Bach füllte eine Glasschale damit. Sorgsam pflückte er eine Blüte nach der anderen und legte sie ins Wasser, bis die ganze Oberfläche der Glasschale mit einer dichten Schicht bedeckt war. Die Schale mit den Blüten ließ er dann drei Stunden in der Sonne stehen. So wurde WATER VIOLET zum erstenmal hergestellt. Am gleichen Tag wurde ein Fläschchen mit dem Mittel an jene Frau geschickt, deren große Hilfebedürftigkeit Bach gespürt hatte. Sie erholte sich rasch von einer beginnenden Gicht in den Knien, die für ihre Arbeit eine große Behinderung dargestellt hätte, und sie berichtete auch, daß das Mittel in ihr ein starkes Gefühl von Demut und innerer Ruhe ausgelöst habe.«

Dr. Bachs Wesensart

Bachs Empfindsamkeit und sein großes Mitgefühl mit allen lebenden Wesen zeigte sich auch in der Weise, in der er andere Menschen behandelte. Ohne irgendeine Gegenleistung zu verlangen, war er stets bereit zu geben, bis er oft keinen Pfennig mehr hatte oder bis er selbst völlig erschöpft war. Er war einer jener seltenen Menschen, die die Fähigkeit besaßen, spontan und konsequent zu handeln, ohne an ihr eigenes Ich oder an die Konventionen der Umwelt zu denken.

In den Jahren 1930–34 lebte er in Cromer, einem kleinen Fischerdorf an der Ostküste Englands. Viele seiner Blütenmittel fand er in der Umgebung dieses Dorfes und probierte sie später in seiner Arztpraxis aus. Der folgende Text, der einige faszinierende Ereignisse aus der letzten Periode von Bachs Leben beschreibt, basiert auf Nora Weeks Biographie »The Medical Discoveries of Edward Bach, Physician« (siehe Literaturliste Seite 331). Bach selbst sah in diesen Erlebnissen nichts Übernatürliches oder Wunderbares, sondern nur eine unausweichliche und natürliche Konsequenz des engen Kontaktes, den er mit seinem inneren Selbst hatte.

Die Monate, die Bach im Laufe der letzten fünf Jahre seines Lebens in Cromer zugebracht hatte, brachten ihm großes Glück und Zufriedenheit. Den größten Teil seiner Forschungsarbeit verrichtete er dort. Er hatte bereits acht von den ersten 19 Blütenmitteln gefunden und hatte die Prinzipien seiner neuen Heilmethode ausgearbeitet. Er war dankbar für die stillen Wintermonate am Meer, für das Leben an der frischen Luft und für das Freisein von Störungen, Lärm und Hast, das es ihm ermöglichte, sich ganz auf seine Arbeit zu konzentrieren. Stundenlang konnte er, tief in Gedanken

versunken, die Feldwege oder die Küste entlangwandern, und er wurde in dieser Zeit fröhlicher und gesünder, als er je zuvor gewesen war.
Er liebte das Meer und alles, was damit in Verbindung stand, und wurde nie müde, den Fischern bei ihrer Arbeit zuzusehen oder ihnen behilflich zu sein, wenn sie ihre Boote an Land zogen. Er, der selbst ein außerordentlich intuitiver Mensch war, bewunderte die Eigenschaften dieser Menschen, die von und mit dem Meer lebten. Denn auch jene verließen sich bei ihrer Arbeit auf ihr inneres Wissen. Sie wußten mit Sicherheit, wann sie ihre Angeln auswerfen oder ihre Netze auslegen sollten und wann es an der Zeit war, Krabben zu fischen. Manche steuerten direkt auf jene Stellen zu, an denen das Meer ihnen den größten Ertrag bieten würde, auch wenn sie viele Kilometer von der Küste entfernt waren. Bachs eigene intuitive Kräfte waren nunmehr so hoch entwickelt, daß er einige Male zukünftige Ereignisse vorhersehen konnte. Einmal warnte er die Fischer vor einem Sturm, gab ihnen drei Wochen im voraus genau den Tag bekannt und riet ihnen, ihre Boote an Land zu ziehen und ihre Geräte und Netze in Sicherheit zu bringen. An dem Tag, den er genannt hatte, brach tatsächlich ein kräftiger Sturm aus. Diejenigen, die sich an seine Warnung erinnerten, konnten sich manchen Kummer ersparen, andere dagegen hatten Mühe, in letzter Stunde ihre Boote in Sicherheit zu bringen, und viele Gerätschaften wurden vom Unwetter hinweggespült.
Eines Nachts wachte er von einem Traum auf, in dem er einen seiner Freunde, einen Fischer, in Gefahr gesehen hatte. Das nach einem großen Heringsfang schwer beladene Boot war leck geworden, während die beiden Männer an Bord in tiefem Schlaf lagen. In seinem Traum sagte Bach zu dem einen der Männer: »Wach auf, wach auf!«, und der Mann er-

wachte, entdeckte die Gefahr und steuerte das Boot im letzten Augenblick zur Küste, bevor das Wasser hereinzuströmen begann. Der Traum und das Gefühl waren so lebhaft, daß Bach, als er erwachte, aus dem Bett sprang, sich blitzschnell ankleidete und hinunter zur Küste lief, wo er das Boot sah, das eben hereinkam. Als er half, das Boot an Land zu ziehen, sagte der mit ihm befreundete Fischer: »Wir schliefen beide, doch ich erwachte plötzlich und sah das Wasser hereinströmen. Wir konnten es eben noch schaffen. Hätten wir noch länger geschlafen, so hätten wir wohl niemals die Küste erreicht. Was hat dich nur bewogen hierherzukommen?«

Viele solche Ereignisse geschahen in diesen Jahren. Bachs großes Mitgefühl und Interesse für alle Dinge und Menschen schuf ein Band zwischen ihm und jenen, und aufgrund dieser Sympathie konnte er die Hilferufe aller in Not Geratenen hören. Patienten schrieben ihm oft oder kamen hinterher und erzählten, wie sie ihn im Laufe einer Nacht, als sie schlaflos und mit Schmerzen im Bett lagen, zu sich kommen fühlten und spürten, wie er seine Hand auf ihren Kopf oder ihren Arm legte, woraufhin sie augenblicklich eingeschlafen waren.

In einer kalten und stürmischen Nacht, in der die Männer beim Rettungsboot zum Ausrücken bereitstanden und der Maschinist beim Motor des Bootes schlief, den er ab und zu startete, um ihn warm zu halten, ging Bach entlang der Küste spazieren. Plötzlich hörte er schreckerfüllte Hilferufe, die sich anhörten, als kämen sie von weit her, und dann sah er klar ein kleines Schiff, das hilflos von den Wellen umhergeschleudert wurde. Er berichtete, was er gehört hatte, und nannte auch die Stelle weit draußen im Meer, wo sich das Schiff befinden mußte. Die Besatzung des Rettungsbootes war bereit zum Ausrücken, aber die Tatsache, daß keine

Notraketen abgefeuert wurden und auch keine andere Form von Notsignalen gegeben wurde, hielt sie zurück. Bach war sehr verzweifelt und ging die ganze Nacht am Strand auf und ab, wo er ständig die Hilferufe hören konnte und das Schiff in Not sah. Am nächsten Morgen wurde in einigen Kilometern Entfernung das Wrack eines kleinen Schiffes an den Strand gespült.

Bachs Fähigkeiten als Heiler entwickelten sich auch mehr und mehr, und viele Menschen erlebten, daß sie ihn bloß zu sehen brauchten, auch wenn es nur aus größerer Entfernung war, um einen Strom von Leben und Kraft in sich fließen zu spüren.

Während des ersten Jahres, das er in Cromer verbrachte, ging er einmal im Wald in der Nähe des Städtchens spazieren und traf einen Waldarbeiter, den er nach dem Weg zurück zum Meer fragte. Der Mann war im vorgerückten Alter und sah leidend aus. Während des Gesprächs erzählte er Bach von seinem Problem, daß er eine Entzündung an der Zunge hatte, durch die er weder essen noch trinken, rauchen oder sprechen konnte, ohne Schmerzen zu empfinden. Der Waldarbeiter ahnte nicht, daß der Mann, mit dem er sprach, Arzt war, und dachte, daß er ein Feriengast sei, der in der Gegend spazierenging. Bach, der wohl wußte, daß die Krankheit, an der der Mann litt, ein fortgeschrittenes Stadium erreicht hatte und daß es wenig Hoffnung auf Heilung gab, legte ihm die Hand auf die Schulter und sagte: »Komm mich doch einmal besuchen. Wir können zusammen ein Bier trinken und auf bessere Gesundheit anstoßen.« Sie trafen jedoch erst zwei Jahre später wieder zusammen. Eines Tages hielt ihn jemand auf der Straße an und sagte: »Mein Herr, Sie sollen wissen, daß ich seit dem Tag, an dem ich Sie im Wald getroffen hatte, keinen Augenblick lang mehr Schmerzen oder Beschwerden mit meiner Zunge hatte.« Er öffnete den Mund und zeigte seine Zunge, die nun völlig gesund aussah.

Eines Abends wurde er zu einem Kind gerufen, das eine schmerzhafte Warze an einem Finger hatte. Das Kind hatte wegen der Schmerzen schon mehrere Nächte nicht schlafen können, hatte nur geweint, und nichts schien zu helfen. Bach nahm das Kind auf seinen Schoß, hielt seine kleine Hand und sagte dann: »Legt das Kind ins Bett, nun wird es schlafen können. Sein Finger ist gesund.« Die Mutter legte das Kind ins Bett, und als sie auf den Finger schaute, sah sie, daß die Warze verschwunden war.

Oft fühlte sich Bach zu einem bestimmten Zeitpunkt an einen bestimmten Ort getrieben, und stets fand er, daß seine Hilfe oder sein Rat gebraucht wurde. Einmal sprang er mitten in einer Mahlzeit auf und eilte zum Ende der Mole. Dort fand er einen Mann, der so verzweifelt war, daß er bereit war, sich ins Meer zu stürzen. Er hatte einen Zeitpunkt gewählt, zu dem es unwahrscheinlich war, daß jemand vorbeikommen würde. Er hatte seinen Arbeitsplatz verloren und konnte keine andere Arbeit finden. Bach sagte, er solle es noch einmal versuchen und daß es ihm nun gelingen würde. Er lud ihn daraufhin in das Gasthaus ein, wo er ihm ein Bier und eine gute Mahlzeit ausgab. Am nächsten Morgen bekam der Mann ein Angebot für eine gutbezahlte Arbeit.

An einem beißend kalten Winternachmittag ging Bach durch ein Dorf, das einige Kilometer von Cromer entfernt war. Mit einemmal fühlte er, daß er zurückgehen müsse, und fast im Laufschritt erreichte er das Städtchen, wo er sah, daß das Rettungsboot mit einem Fischer vom Meer zurückgekommen war, der in einem ohne Vorwarnung aufgekommenen Sturm über Bord gefallen war. Der Mann war bewußtlos, als er an Land gebracht wurde, und die Sanitäter gaben ihm künstliche Beatmung. Bach konnte mit seiner stark entwickelten seherischen Fähigkeit die Seele des Mannes über dem Körper schweben sehen und spornte die Männer an, mit ihren Bemühungen fortzufahren. Nach zwei Stunden meinten sie, daß es nun keinen Zweck mehr hätte, noch länger zu versuchen, die Atmung und Zirkulation wiederzubeleben, doch Bach bat die Männer weiterzumachen, so daß es leichter für die Seele sei, zurückzukehren, falls sie sich dazu entschließen sollte. Jedoch trotz achtstündiger ununterbrochener Arbeit, während der der Körper bis zu einem gewissen Grad seine Vitalität und Wärme zurückgewann und das Gesicht wieder Farbe bekam, entschloß die Seele sich doch, nicht mehr in den Körper zurückzukehren, und verschwand nach oben. Erst dann ließ Bach zu, daß die Anstrengungen aufgegeben wurden. Niemand wußte, was er gesehen hatte oder was der Grund war, aus dem er sie die Anstrengungen fortsetzen ließ: Solange die Seele sich nahe beim Körper aufhielt, gab es nämlich noch immer eine Chance, daß sie sich entschließen würde, vom Körper wieder Besitz zu ergreifen. Deshalb war es notwendig gewesen, den Körper empfänglich zu halten. Dieses Ereignis – Bachs grenzenlose Fürsorge für einen ihrer Kameraden – führte dazu, daß alle Fischer nicht nur in Cromer, sondern auch im Nachbarort, aus dem der Ertrunkene stammte, ihn ins Herz schlossen. Es führte auch dazu, daß zwischen den beiden Dörfern eine freundschaftliche Verbindung entstand.

Bachs vollständiges Vertrauen auf seine Intuition und sein inneres Wissen führte zu vielen Ergebnissen, die andere als Wunder oder übernatürliche Ereignisse bezeichnen würden. Er folgte dem ersten Gedanken, der ihm in den Sinn kam, und handelte danach, noch bevor sich die Vernunft einmischen konnte. Die kleinen Erlebnisse des Alltags, das Herstellen der Blütenmittel, das Heilen von Krankheiten mit Hilfe seiner persönlichen Ausstrahlung, das Retten von

Leben durch seine seherischen Fähigkeiten und durch sein Wissen um zukünftige Ereignisse, all das bewies ihm immer wieder, wie es für einen Menschen möglich ist, durch seine Intuition und seinen Instinkt mit der großen Quelle der Weisheit in Kontakt zu kommen, für die nichts unmöglich ist.

Das Edward Bach Healing Centre

Von 1934 bis zu seinem Tod am 27. November 1936 lebte Bach in dem kleinen Dorf Sotwell im Herzen von England. Dort vervollständigte er seine Heilmethode und fand innerhalb eines erstaunlich kurzen Zeitraums den Großteil der Blütenmittel. Im Haus, in dem er lebte, entstand nach seinem Tod das Edward Bach Healing Centre, in dem einige seiner Assistenten mit der Arbeit fortfuhren, die Blütentherapie einer möglichst großen Zahl von Menschen zur Verfügung zu stellen. Dieses Gesundheitszentrum existiert weiterhin und ist eine ständige Quelle der Inspiration für die vielen Suchenden, die ahnen, daß das körperliche Wohlbefinden eng verbunden ist mit der Art und Weise, wie wir uns selbst und andere empfinden und erleben. Die Patienten, die sich für die Blütentherapie interessieren, werden in dem Centre ausschließlich auf der Basis ihres Temperaments und ihrer Persönlichkeit behandelt, unabhängig davon, an welchen körperlichen Symptomen sie im übrigen leiden.

Für wen ist die Blütentherapie geeignet, und wie wirkt sie?

Die Blütenmittel können von allen Menschen, vom Neugeborenen bis zum Greis, ohne das Risiko von Komplikationen und ungesunden Nebenwirkungen eingenommen werden. Auch den Pflanzen und Tieren können die heilenden Eigenschaften der wilden Blüten nützen, und es gibt viele Beispiele, die bezeugen, daß auch sie eine Gefühlspalette besitzen, die in einem gewissen Grad der des Menschen entspricht. Die religiösen Traditionen und Schulen des Ostens und des Westens gehen seit Jahrtausenden davon aus, daß der lebende Organismus nicht bloß aus Fleisch und Blut besteht. Diesen Traditionen zufolge funktionieren wir nicht nur auf der physischen Ebene, sondern besitzen auch einen feinstofflichen Körper, der als Vermittler zwischen unserer physischen und unserer seelischen Natur dient. Selbst die naturwissenschaftliche Forschung unseres Jahrhunderts bekräftigt die Behauptungen der alten Traditionen durch verblüffende Resultate; insbesondere russische Wissenschaftler haben einige dieser bisher unbekannten Dimensionen der Menschen, Pflanzen und Tiere untersucht und sogar fotografiert.
Bachs Blütentherapie wirkt offenbar auf die nichtphysischen Aspekte des Organismus. Wie und auf welcher Ebene sie genau wirkt, ist jedoch schwierig zu erklären. Es war im übrigen auch Dr. Bachs Wunsch, daß seine Blütenmittel vor allen Formen von wissenschaftlichen Interpretationen und Analysen geschützt bleiben sollten. In der Einleitung zu »Twelve Healers and Other Remedies« schreibt er: »Keine eigene Wissenschaft und keine besonderen Kenntnisse sind notwendig außer jenen einfachen Methoden, die in diesem Buch beschrieben werden. Wer den größten Nutzen aus diesem Geschenk Gottes ziehen möchte, der erhalte es so rein,

wie es ist: frei von wissenschaftlichen Theorien und Überlegungen, denn alles in der Natur ist einfach und unkompliziert.«

Dr. Bachs Bücher

Abgesehen von einigen Beiträgen in wissenschaftlichen Zeitschriften, die sich auf seine frühere Forschungsarbeit gründen, hinterließ Bach nur zwei kleine Bücher, die die Essenz der medizinischen Erfahrungen seines Lebens darstellen. Das eine, »Heal Thyself« (»Heile dich selbst«, s. S. 9ff.), das Bach 1931 schrieb, ist sein theoretischer Beitrag zu einem besseren Verständnis davon, was Krankheit ist und welche Rolle die Persönlichkeit in jeglicher Form von physischer oder psychischer Disharmonie spielt. Das andere, die Broschüre »The Twelve Healers and Other Remedies« von 1933, stellt Bachs endgültige Formulierung seiner Heilmethode dar (entspricht den Blütenbeschreibungen S. 98ff. dieses Buches). Beide Bücher sind aufs wärmste zu empfehlen, denn sie stellen eine wichtige Quelle dar für das Verständnis von Dr. Bachs Stil und seiner Einsicht in die Zusammenhänge zwischen Krankheit und persönlichem Wachstum, und sie beschreiben einen einfachen und praktischen Weg des Umgangs damit.

Die Auswahl der Mittel

Die praktische Anwendung der Blütenmittel läuft auf das Auswählen eines oder mehrerer Mittel hinaus, die möglichst genau dem grundlegenden Sinneszustand und der Persönlichkeitsstruktur des Patienten entsprechen sollen. Wenn Sie für jemand anderen die Blütenmittel auswählen, lassen Sie die betreffende Person stets auf sich wirken, wie sie im Augenblick gerade ist, und bleiben Sie offen dafür, Ihre Auffassung zu ändern, sobald die Blütenmittel zu wirken beginnen oder sobald andere Faktoren mitspielen. Bleiben Sie im Hier und Jetzt, und seien Sie stets bereit, die Situation mit neuen Augen zu sehen – alles ist in dauernder Bewegung und unterliegt einer ständigen Veränderung. Heraklit sagte bereits: »Du kannst nie zweimal im selben Fluß schwimmen.«

»Richtet nicht...«

Wenn man andere Menschen, insbesondere seine Nächsten, behandeln will, ist es besonders wichtig, sich folgendes vor Augen zu halten: Man soll sich ständig über die eigenen Vorurteile gegenüber der anderen Person im klaren sein und über die eigenen Ideen darüber, wie der andere ist oder sein soll. Sobald man mit den Blütenmitteln zu manipulieren beginnt, trifft man am Ziel vorbei und richtet oft mehr Schaden an, als man Nutzen bringt. Deshalb ist es notwendig, sowohl den anderen als auch sich selbst gegenüber offen und ehrlich zu sein, nicht von egoistischen Prämissen auszugehen und nicht zu urteilen, sondern statt dessen zu versuchen, die betreffende Person so zu sehen, wie sie wirklich ist. Wenn man Pflanzen, Tiere oder Kleinkinder mit den Blütenmitteln behandelt, ist es notwendig, sich in diese hineinversetzen zu können und nachfühlen zu können, was diese empfinden. Zumeist zeigt ihre Körpersprache sehr deutlich, was sie fühlen und erleben, doch es erfordert Geduld und Wachsamkeit, diese lesen zu lernen. Mitunter ist es schwieriger, die richtigen Mittel für sich selbst auszuwählen als für andere, weil es oft nicht leicht ist, sich selbst einzugestehen, wie man in Wirklichkeit ist. Wenn man sich selbst die Blütenmittel verschreiben will, kann es nützlich sein, einen Freund oder näheren Bekannten zu bitten, ohne Vorbehalt seine Meinung darüber zu sagen, wie er einen erlebt. Man kann außerdem auch beobachten, wie man selbst in Krisensituationen reagiert, in denen unser wirkliches Ich zumeist unverhüllt zutage tritt.

Vorbeugung

Daß Vorbeugen besser als Heilen ist, sagt uns der gesunde Menschenverstand. Und gerade die vorbeugenden Wirkungen sind es, die Bachs Blütenmittel zu einem so wichtigen Element einer zukünftigen biologischen Heilkunst machen. Indem die negativen Sinneszustände aufgedeckt und harmonisiert werden, kann der Entstehung von unangenehmen oder sogar katastrophalen physischen und psychischen Symptomen vorgebeugt werden. Ungeduld, Angst, Unsicherheit, Eifersucht, Kummer, Spannung, Verzweiflung, Niedergeschlagenheit und Stolz sind, wenn sie zu Dauerzuständen werden, Blockierungen des Gefühlslebens, das sich im günstigen Fall in einer Schwingung zwischen Ausdruck und Eindruck bewegt. Erst wenn diese Blockierungen mit Hilfe verschiedener therapeutischer Methoden gelöst werden, unter denen Bachs Blütenmedizin eine bedeutende Stellung einnimmt, wird die vitale und emotionale Energie wieder frei im Organismus fließen können und damit Gesundheit und Freude gewährleisten.

Das höhere Selbst

Bach teilte seine Blütenmittel nach den Gemütszuständen, bei denen sie wirksam sind, in sieben Hauptgruppen ein. So gibt es Mittel für Menschen, die unter ständiger Angst leiden, für solche, denen es an innerer Sicherheit mangelt, für jene, die zu wenig Interesse am Hier und Jetzt aufbringen, für jene, die lieber stets allein sind, oder jene, die das Alleinsein hassen, für solche, die mutlos und verzweifelt sind, und für solche, die sich in übertriebener Weise für das Wohl anderer interessieren. In Verbindung mit den Schlüsseln auf Seite 92ff. und 269ff. helfen diese Kategorien, das richtige Mittel für einen spezifischen Zustand einzukreisen. Es ist wichtig zu bedenken, daß die Psyche als der zarteste und empfindsamste Teil des Organismus den Ursprung und die Entwicklung einer Krankheit viel deutlicher offenbart als der Körper. Gesundheit und Ausgewogenheit sind dann vorhanden, wenn unsere Psyche, unser Körper und unser höheres Selbst sich miteinander in Harmonie befinden. Bachs sieben Hauptgruppen weisen auf sieben verschiedene Grundtypen von Disharmonien zwischen Persönlichkeit und höherem Selbst hin. Das höhere Selbst ist die Quelle des intuitiven Verständnisses der Welt und unserer selbst und des spontanen, sicheren Handelns je nach den Erfordernissen der Situation. Ist der Kontakt mit dem höheren Selbst blockiert, wird weder Körper noch Geist genährt, und Krankheit ist das Resultat. Jeder Heilungsprozeß läuft deshalb stets auf die Wiederherstellung des inneren Gleichgewichts hinaus. Die wildwachsenden Blüten, die die Grundlage für Bachs Blütentherapie bilden, besitzen eine natürliche Kraft, die imstande ist, die Harmonie zwischen Gemüt und höherem Selbst wiederherzustellen.

Bach erinnerte seine Patienten stets daran, daß das Leiden an und für sich nichts Schlechtes sei. *Unsere Krankheiten deuten lediglich darauf hin, daß wir nicht in Übereinstimmung mit unserer Natur leben und nicht dem Weg folgen, der für unser Leben der richtige ist.* Indem wir auf die Botschaften des Körpers und des Geistes horchen, können wir Krankheiten vorbeugen und für unsere persönliche und geistige Entwicklung Hilfe beziehen. Bach meinte, daß wir auf der Welt sind, um Erfahrungen zu sammeln und uns selbst weiterzuentwickeln. Indem wir das Gute, an dem es uns mangelt, in uns sprießen lassen und alles Falsche und Unnötige in uns zunächst akzeptieren, um uns dann davon zu trennen, wird unsere menschliche Natur vollkommener. Unsere Sympathien und Antipathien, unsere Ideen, Gedanken, Wünsche und Ambitionen sowie die Art und Weise, in der wir uns selbst und andere behandeln, all das macht unsere Persönlichkeit aus. Die Persönlichkeit hat ihre Wurzeln nicht im Körper, der der Natur angehört, sondern im Geist, der aus dem Zusammenspiel von Individuum und Umwelt hervorgeht. Jeder Mensch hat seinen eigenen Kampf zu kämpfen, einen Kampf, der der besonderen Art entspricht, in der seine Persönlichkeit zusammengesetzt ist. Jeder besitzt eine Grundeigenschaft, ein typisches Kennzeichen, das angibt, was in diesem Dasein weiterentwickelt oder vervollständigt werden soll. Eines der 38 Blütenmittel ist jeweils identisch oder nahe verwandt mit dieser Grundeigenschaft, sei sie nun Ungeduld, Überempfindlichkeit, Tagträumerei, Nervosität, Selbstgefälligkeit etc. Das entsprechende Blütenmittel kann auf die grundlegende Haltung, die oft schon aus der Zeit vor der Kindheit stammt, Einfluß nehmen und diese harmonisieren. Ein solches Mittel wird *Typenmittel* genannt. Wenn man die Blüten auswählt, ist es vor allem wichtig, das jeweilige Typenmittel möglichst genau zu bestimmen. Je früher im Leben die Grundeigenschaft bewußtgemacht und durchlebt wird, desto leichter und harmonischer wird das Dasein daraufhin.

Die innere und die äußere Welt

Viele Krankheiten und auch soziale und emotionale Probleme haben ihre Wurzeln in der Persönlichkeit, das heißt, in der Art und Weise, in der wir die Welt erleben und in ihr handeln. Das deutet darauf hin, daß wir das Leben, das wir führen, in gewisser Weise selbst gewählt haben und selbst dafür verantwortlich sind. Wenn ein Mensch einen negativen Gemütszustand überwunden hat und eine ausgewogene und glückliche Haltung gegenüber sich selbst und der Welt entwickelt hat, wird sich seine Umgebung ebenfalls verwandeln. Die kleinen und größeren Probleme des Alltags können dann besser gemeistert werden, und es wird außerdem noch Energie verfügbar sein, um die sozialen, beruflichen und wirtschaftlichen Probleme des Daseins zu bewältigen.

Die innere Stimme

Bach legte großen Wert darauf, zu lernen, auf die innere Stimme zu hören. Alles wahre Wissen kommt von innen, wenn wir in stiller Verbindung mit unserem höheren Selbst sind. Das Leben hat uns dazu erzogen zu glauben, daß wir andere brauchen, um zu lernen, und allmählich gerät die innere Quelle des Wissens und des wahren Verstehens in Vergessenheit. Deshalb glauben viele Menschen, daß sie erst lernen müssen, wie das Leben zu leben ist, obwohl sie sich in Wirklichkeit genauso sicher sind wie die Schwalbe, die ihren Weg über das große Meer nach Hause findet ohne einen anderen Wegweiser als ihre innere Stimme. Intuition ist nicht mehr und nicht weniger als die Fähigkeit, spontan zu sein und aufrichtig zu handeln und so der Führung des höheren Selbst zu folgen. Bach sagte: »Freunde dich an mit deinem emotionalen Selbst, kontrolliere seine Aktivitäten, und gib acht auf deinen Intellekt, so daß du nicht von anderen Menschen oder von Gelesenem oder Gehörtem beeinflußt und gelenkt wirst. Vertraue auf dein höheres Selbst; gib ihm all deinen Kummer und deine Angst, und alle Probleme werden für dich gelöst sein.«

Persönliches Wachstum

Jedes emotionale oder psychische Problem, sei es nun Angst, Depression, Eifersucht, Intoleranz oder Realitätsflucht, wird, wenn es vollständig überwunden ist, in seiner positiven Ausdrucksform zu einem Kennzeichen der Seele und stellt neue Energie zur Verfügung für die Entwicklung und die Vervollkommnung der Liebe und des Vertrauens, des höchsten Ausdrucks aller positiven Eigenschaften. Ein wichtiger Bestandteil dieses Entwicklungsprozesses ist es, einzusehen, daß jeder von uns ein Stück Arbeit auszuführen hat, das durch nichts verhindert und von niemandem abgenommen werden kann. Bach sagt: »Geben wir acht, daß wir anderen nicht gestatten, sich in unsere Angelegenheiten einzumischen und diese zu lenken, und, was noch wichtiger ist, daß wir selbst uns nicht in das Leben anderer einmischen und es zu steuern versuchen. Nur auf diese Weise können wir jeder für sich unsere Mission im Leben erfüllen und wirkliche Gesundheit und Harmonie finden. Daß wir auf die Welt gekommen sind, ist ein notwendiger Teil unserer Entwicklung und dient dem Zweck, die negativen Eigenschaften unserer Natur zu überwinden, so daß wir dem Erlangen der Liebe, die die Vollendung von allem ist, einen Schritt näher kommen.« Und an anderer Stelle heißt es: »Wir müssen erkennen, daß unsere Zeit auf dieser Welt, die wir das Leben nennen, nur einen kurzen Augenblick in unserer Entwicklungsgeschichte darstellt, so wie ein Schultag im Verhältnis zum ganzen Leben steht. Obgleich wir zur Zeit nur diesen einen Tag überblicken können, sagt uns doch unsere Intuition, daß unser eigentlicher Beginn unendlich weit vor unserer Geburt liegt und der Abschluß unserer Entwicklung unendlich weit entfernt ist von unserem Tod.«

DIE BACH-BLÜTEN IN ALPHABETISCHER ORDNUNG MIT KURZBESCHREIBUNG

AGRIMONY

Sorge und innerer Schmerz, den man vor anderen verbirgt, oberflächliche Fröhlichkeit

ASPEN

unbestimmte Angst unbekannter Herkunft, Verängstigung

BEECH

Mangel an Toleranz, Kritiksucht, Urteilssucht, Arroganz

CENTAURY

Willensschwäche, leicht zu beeinflussen und auszunutzen, unterwürfig

CERATO

Zweifel an sich selbst, folgt den – oft törichten – Ratschlägen anderer

CHERRY PLUM

Verzweiflung, Angst die Beherrschung zu verlieren, Hysterie

CHESTNUT BUD

Schwierigkeit, aus den eigenen Erfahrungen zu lernen

CHICORY

Egozentrik, Selbstmitleid, Übereifer, Herrschsucht

CLEMATIS
Gleichgültigkeit, Verträumtheit, Mangel an Aufmerksamkeit, Bewußtlosigkeit

CRAB APPLE
Gefühl von Unreinheit, Ekel vor sich selbst, Verzerrung der Proportionen

ELM
Gefühl von Unzulänglichkeit und Mutlosigkeit angesichts großer Anforderungen und Verantwortungen

GENTIAN
Zweifel, Bedrücktheit, Niedergeschlagenheit, deren Ursache bekannt ist

GORSE
Gefühl der Hoffnungslosigkeit und Verzweiflung, Resignation

HEATHER
Ichbezogenheit, man spricht nur von sich und sorgt sich nur um sich selbst

HOLLY
Haß, Neid, Eifersucht, Mißtrauen

HONEYSUCKLE
Leben in der Vergangenheit, Nostalgie, Heimweh

HORNBEAM
Müdigkeit, Schwäche, geistige und körperliche Erschöpfung

IMPATIENS

Ungeduld, leichte Reizbarkeit, starke innere Spannung

LARCH

Mangel an Selbstvertrauen, Erwartung von Mißerfolg, Mutlosigkeit

MIMULUS

Furcht oder Angst vor bestimmten Dingen, Nervosität, Schüchternheit

MUSTARD

tiefe Niedergeschlagenheit, Melancholie, Depression ohne erkennbare Ursache

OAK

Verzweiflung und Niedergeschlagenheit, gibt aber nicht auf, kämpft sich durch

OLIVE

totale Erschöpfung, extreme Müdigkeit, chronisches Leiden

PINE

Selbstvorwürfe, Schuldgefühle, man gibt sich selbst an allem die Schuld

RED CHESTNUT

übertriebene Sorge und Angst um andere

ROCK ROSE

Angst, Panik, starke Furcht

ROCK WATER

geistige Starrheit, Selbstverleugnung, hohe Ideale, Perfektionismus

SCLERANTHUS

Unentschlossenheit, Unsicherheit, Zögern, Unausgeglichenheit

STAR OF BETHLEHEM

Nachwirkungen von körperlichem und seelischem Schock

SWEET CHESTNUT

überwältigender innerer Schmerz, Verzweiflung

VERVAIN

Überanstrengung, Streß, innere Spannung, Überschwenglichkeit

VINE

Herrschsucht, Unbeugsamkeit, Ehrgeiz, Machtgier

WALNUT

man wird von den Ideen anderer auf Abwege geleitet, Mittel für Veränderungen, Übergänge jeder Art

WATER VIOLET

stolz, überlegen, reserviert, wünscht Ruhe und Einsamkeit

WHITE CHESTNUT

bedrückender innerer Dialog, zwanghafte, quälende Gedanken

WILD OAT

Ungewißheit, Schwierigkeit, den rechten Weg im Leben zu finden, Unzufriedenheit

WILD ROSE

Resignation, Apathie, Desinteresse an einer Veränderung der Umstände

WILLOW

Bitterkeit und Zorn, man gibt den anderen die Schuld an einem harten Schicksal

DIE SIEBEN GRUNDLEGENDEN WIRKUNGS-BEREICHE DER BACH-BLÜTEN

Dr. Bach teilte die Blütenmittel in die folgenden sieben Hauptgruppen ein:

DIE BLÜTENMITTEL:
SCHLÜSSELBEGRIFFE, CHARAKTERISTIK,
ANWENDUNGSBEISPIELE

I. Angst

ROCK ROSE
Gemeines Sonnenröschen

Angst, Panik, überwältigende Furcht

Dr. Bach: *Das Heilmittel in Notfällen, ja, in allen Fällen, in denen es scheinbar keine Hoffnung mehr gibt. Bei Unfällen oder plötzlicher Erkrankung oder wenn der Patient sehr erschreckt ist oder große Angst hat oder wenn die Lage ernst genug ist, um den Anwesenden ebenfalls große Angst zu machen.*
Wenn der Patient nicht bei Bewußtsein ist, kann man ihm die Lippen mit dem Mittel benetzen. Zusätzlich kann man auch noch andere Heilmittel anwenden, wie zum Beispiel CLEMATIS *(Gemeine Waldrebe), wenn die Bewußtlosigkeit wie ein tiefer Schlaf scheint, oder* AGRIMONY *(Odermenning) bei qualvollen Schmerzen usw.*

ROCK ROSE hilft in Situationen, die Furcht und Schrecken bei den Betroffenen auslösen: Unglücksfälle, plötzliche Krankheit, Alpträume oder unerwartete, starke Emotionen auslösende Ereignisse. Das Mittel kann von allen Beteiligten eingenommen werden, zum Beispiel auch von der Familie des Patienten, wenn dessen Krankheit auf sie beunruhigend oder erschreckend wirkt. Den positiven Ausdruck von ROCK ROSE kann man bei tapferen Menschen sehen, die nicht zögern, ihr Leben aufs Spiel zu setzen, und sich selbst dabei völlig vergessen, wenn es gilt, anderen zu helfen.

Beispiele für die Anwendung von ROCK ROSE:

Mann, 67 Jahre. Er war schwer an Lungenentzündung erkrankt, hatte hohes Fieber und war bewußtlos. Der Arzt glaubte nicht, daß er die Nacht überleben würde. Alle um ihn herum waren in Angst und Sorge. ROCK ROSE wurde nicht nur seinen Angehörigen verabreicht, um deren Angst zu mildern, sondern auch dem Patienten selbst. Seine Lippen, seine Handgelenke und die Stellen hinter den Ohren wurden wiederholt mit dem Mittel befeuchtet. Am nächsten Morgen war seine Temperatur fast normal, er war wieder bei Bewußtsein und überraschte alle mit dem Ausruf: »Ich bin gesund!« In der Folge ging es ständig aufwärts mit ihm.

Frau, Mutter von zwei Kindern. Sie erwartete ihr drittes Kind, das in vierzehn Tagen geboren werden sollte. Sie hatte sich das Kind gewünscht, war jedoch voll von Angst und Panik, da sie das Gefühl nicht loswerden konnte, daß etwas mit ihr und dem Kind geschehen würde. Dieses Gefühl wurde zu einer fixen Idee in ihr, und sie lebte in einem ständigen Angstzustand. Sie wußte, daß dies für das Kind ungünstig war, doch es gelang ihr nicht, die Vorahnung aus ihrem Kopf zu verbannen. ROCK ROSE wurde ihr zur häufigen Einnahme verschrieben. Sie wurde angewiesen, sechzehn Tropfen (vier Gaben) in einem halben Glas Wasser zu lösen und dieses im Laufe des Tages in kleinen Schlucken zu trinken. Sie befolgte dies, und das Angstgefühl verminderte sich allmählich. Nach einem Monat konnte sie über den Gedanken, der sie so gequält hatte, lachen. Sie hatte eine leichte Entbindung und gebar einen schönen Sohn.

MIMULUS
Gefleckte Gauklerblume

Furcht vor bestimmten Dingen, Nervosität, Schüchternheit

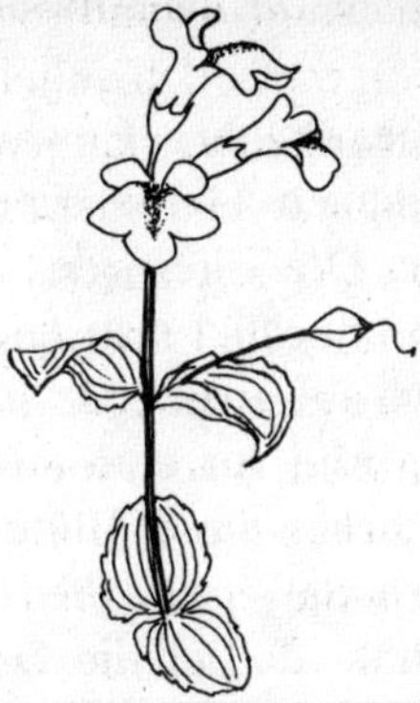

Dr. Bach: *Furcht vor weltlichen, konkreten Dingen, vor Krankheit, Schmerz, Unfällen, Armut, Dunkelheit, Alleinsein, Unglück. Die Ängste des täglichen Lebens. Diese Menschen ertragen ihre Ängste, ohne zu klagen, und sprechen nur selten frei darüber zu anderen.*

Diese Angst ist weniger akut und überwältigend als die Furcht und Panik von ROCK ROSE. Es sind die mehr oder minder schwierigen Umstände des Alltags, die Angst und Nervosität auslösen. Hierzu gehören Lampenfieber, Angst vor dem Zahnarztbesuch, das Gefühl von Kribbeln im Magen, Angst vor Fremden, vor Krankheit und Tod. Solche Menschen sind oft scheu, erröten leicht, stottern und sind vorsichtig und zurückhaltend. Trotz ihrer Nervosität, deren Ursprung in diesen Fällen stets bekannt ist, sind sie in der Regel imstande, ihre Pflichten zu erfüllen, und es gelingt ihnen im allgemeinen auch, das zu tun, vor dem sie Angst haben. Die positiven Eigenschaften von MIMULUS kommen in der Fähigkeit zum Ausdruck, den Schwierigkeiten und Herausforderungen des Lebens mit Mut, Humor und Gelassenheit zu begegnen.

Beispiele für die Anwendung von MIMULUS:

Knabe, 13 Jahre. Er war ein gesunder Junge, der jedoch vor plötzlichen Geräuschen und vor dem Alleinsein Angst hatte. Die Eltern des Jungen bekamen zu wenig Schlaf, denn er schlief sehr leicht und wachte beim kleinsten Geräusch auf. MIMULUS wurde ihm gegen die Angst vor Geräuschen und vor dem Alleinsein gegeben. Nachdem er drei Fläschchen dieser Blüte genommen hatte, berichteten seine Eltern, daß er nun die Nächte durchschlief, da es nicht mehr geschah, daß er die Decke abstrampelte und es ihm kalt wurde. Die Angst vor den Geräuschen war verschwunden, und er war nun auch damit zufrieden, tagsüber allein zu spielen.

Frau, 40 Jahre. Sie sollte vor einer großen Versammlung einen Vortrag über ihre Arbeit halten. Sie wurde sehr nervös, wenn sie öffentlich sprechen sollte, und berichtete, daß ihr Mund so trocken würde, daß sie kaum mehr die Lippen öffnen könne und daß sie sich beim Sprechen hinsetzen müsse, da ihre Knie so schwach würden. Obwohl sie genau wußte, was sie sagen wollte und auch Notizen bei sich hatte, geschah es dennoch mehrere Male, daß ihr Verstand völlig aussetzte und sie sich auch in ihren Notizen nicht mehr zurechtfinden konnte. Sie nahm MIMULUS während einer Woche vor ihrem Vortrag und bekam den Rat, kurz bevor sie zum Rednerpult gehen würde, eine Dosis davon zu nehmen. Sie war begeistert von dem Resultat, denn sie fühlte sich sicher und hielt ihren Vortrag mit Erfolg.

Knabe, 4 Jahre. Er war sehr nervös und schüchtern und litt an Asthma. Keine Behandlung hatte ihm bisher geholfen. Er hatte Angst vor Fremden und konnte starke Anfälle bekommen, wenn er unbekannte Menschen traf. Er lebte mit seinen Eltern in den USA. MIMULUS wurde ihm gegen die Angst vor den Asthmaanfällen und vor fremden Menschen verschrieben und AGRIMONY, da er unter Atembeschwerden litt. Der erste Bericht lautete: »Michael geht es besser. Er hatte nur einen Anfall, seit er begonnen hat, die Blüten zu nehmen. Aber er bekommt noch immer Atemnot, wenn er sich viel bewegt.« Das gleiche Mittel wurde noch dreimal geschickt, und sein Zustand verbesserte sich allmählich. Zunächst: »Michael hatte keinen ernsten Anfall mehr, seit drei Wochen hatte er auch keine Atembeschwerden mehr, und er hustet nur noch nachts. Er spielt den ganzen Tag über, ohne in Atemnot zu geraten.« Nach drei Monaten: »Michael geht es sehr gut. Er hat seit drei Monaten keine Atembeschwerden und keinen Husten mehr.«

CHERRY PLUM
Kirschpflaume

Verzweiflung; Angst, die Kontrolle zu verlieren und schlimme Handlungen zu begehen; Hysterie

Dr. Bach: *Furcht, den Verstand zu verlieren oder daß man gefürchtete, schreckliche Dinge tun könnte, die man nicht will und als falsch erkennt, während man trotzdem den Impuls spürt, sie zu tun.*

CHERRY PLUM ist die Blüte für jene Art von Verzweiflung, die lange dauernder Schmerz und Kummer mit sich bringen kann. Die Kontrolle über Gefühle und Handlungen ist vermindert, und Gedanken an Selbstmord und ähnliche drastische Schritte kommen in den Sinn. Die Blüte kann helfen, wenn man fühlt, daß man am Rande des Wahnsinns oder eines Nervenzusammenbruchs angekommen ist, und befürchten muß, sich selbst oder anderen etwas anzutun. Der positive Aspekt von CHERRY PLUM zeigt sich in der Gemütsruhe, der Tapferkeit und dem Durchhaltevermögen, die einen instand setzen, auch schwere Formen von geistiger und körperlicher Pein durchzustehen.

Beispiele für die Anwendung von CHERRY PLUM:

Frau, vorgerücktes Alter. Sie erholte sich eben von einer lange dauernden Krankheit und hatte eine Freundin eingeladen, bei ihr zu wohnen. Es zeigte sich aber bald, daß sie mit der Freundin nicht gut auskam, und sie begann, diese in grober Weise zu behandeln. Oft schlug sie nach ihr und schrie hysterisch. Dies unterschied sich sehr von ihrem normalen Verhalten. Die Freundin verließ sie bald, doch nun verhielt sie sich zu allen Menschen, mit denen sie in Kontakt kam, in der gleichen Weise. Gegen den Mangel an geistiger Kontrolle wurde ihr CHERRY PLUM verschrieben. Der Erfolg stellte sich bemerkenswert rasch ein. Sie hatte bloß noch ein einziges Mal einen hysterischen Anfall. Es wurde ihr geraten, die Blüte zumindest zwei Monate lang zu nehmen, damit der Erfolg von Dauer sei.

Mann, mittleres Alter. Er litt an einer ernsten Nebenhöhlenentzündung, die ihm oft heftige Schmerzen bereitete. Er war der Typ, der sich schnell bewegt, ungeduldig und energisch ist. Diese Eigenschaften wurden noch verstärkt durch die Schmerzen, an denen er während der Anfälle litt. Er meinte, er müsse wahnsinnig werden, wenn er nicht möglichst rasch Linderung für seine Schmerzen bekommen könne. CHERRY PLUM wurde ihm gegen seinen verzweifelten Gemütszustand verschrieben und IMPATIENS gegen die starke geistige Angespanntheit. Die beiden Blüten wurden ihm auch in Form eines warmen Umschlags verabreicht. Zu seiner großen Überraschung konnte er schon in der ersten Nacht gut schlafen, und als er am Morgen darauf erwachte, hatte er praktisch keine Schmerzen mehr. Er setzte die Behandlung mit den Tropfen und den warmen Umschlägen noch ein paar Tage lang fort und wurde bald vollständig gesund. Mehrere Jahre später berichtete er, daß die Anfälle nicht mehr wiedergekommen seien, doch daß er noch weiterhin die Blütenmittel nehme. Er schrieb: »Ich nehme die Mittel noch hin und wieder, da meine Geduld sich dadurch verbessert hat und da ich wünsche, diese Eigenschaft noch weiterzuentwickeln.«

ASPEN
Espe

Unbestimmte Angst mit unbekanntem Ursprung, Verängstigung

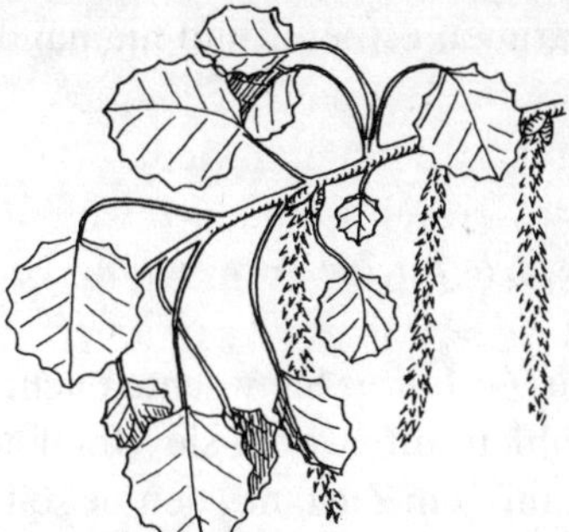

Dr. Bach: *Vage Ängste vor unbekannten Dingen, die sich nicht begründen oder erklären lassen.*
In diesem Fall kann der Patient Angst davor haben, daß etwas Schreckliches passiert, ohne zu wissen, was dies sein könnte.
Diese unbestimmten, unerklärlichen Ängste können ihn Tag und Nacht verfolgen.
Die so Leidenden fürchten sich oft, über ihre Nöte zu sprechen.

ASPEN ist die Blüte gegen jene Form von Furcht oder Angst, die einen auf unerklärliche Weise befallen kann. Im Gegensatz zum MIMULUS-Zustand ist die Ursache hier stets unbekannt, und für den Betroffenen ist es daher schwierig, über diese Form der Angst mit anderen zu sprechen. ASPEN kann helfen, wenn eine irrationale Angst einem die Haare zu Berge stehen läßt oder einem Gänsehaut verschafft oder wenn man nachts plötzlich erwacht und von einer unmotivierten Angst befallen wird. Den positiven Ausdruck von ASPEN findet man bei Menschen, die furchtlos sind, da sie wissen, daß hinter allem die universelle Kraft der Liebe steht. Dieses tiefe Vertrauen kommt in dem alten chinesischen Sprichwort zum Ausdruck: »Angst klopfte an die Tür, Vertrauen öffnete, und niemand war draußen.«

Beispiele für die Anwendung von ASPEN:

Frau, 60 Jahre. Sie wachte nachts immer wieder mit Angstgefühlen auf, wobei sie Übelkeit und Schüttelfrostanfälle bekam – ein Zustand, den sie seit ihrer Kindheit kannte. Als Teenager war sie einmal von einem Mann in einer dunklen Gasse niedergeschlagen worden, doch ihre Angstgefühle hatten schon vor diesem Erlebnis begonnen. Gegen diese Angst mit unbekannter Ursache wurde ihr ASPEN verschrieben, und da sie noch immer unter dem Schock ihres Jugenderlebnisses litt, bekam sie auch STAR OF BETHLEHEM. Die Behandlung, die im September 1955 begonnen wurde, brachte anfangs noch keinen Erfolg, doch im Oktober fühlte sie sich bereits ein wenig besser, obgleich sie nun unter einer anderen Angst litt, deren Ursache bekannt war: Sie hatte Verstopfung gehabt, und ihre Schwester hatte ihr erzählt, daß es vielleicht Krebs sei. Der Gedanke daran bereitete ihr Schrecken. Zusammen mit ASPEN und STAR OF BETHLEHEM bekam sie nun auch ROCK ROSE, und langsam begann sie in ihrer Genesung Fortschritte zu machen. Ihre Furcht verschwand allmählich, und im Februar 1956 berichtete sie, daß die Angst, unter der sie ihr ganzes Leben lang gelitten hatte, nun verschwunden sei und daß sie sich wohl und munter fühle und glücklich sei.

Mann, 80 Jahre. In den letzten zwei Jahren litt er an einer übertriebenen Angst, daß in seinem Haus Feuer ausbrechen könne. Dies erzeugte in ihm starke Nervosität und verleitete ihn zu irrationalen Handlungen: Oft stand er nachts auf, kleidete sich an und ging die Treppe hinunter, um nachzusehen, ob alles in Ordnung war. ASPEN schien das geeignete Mittel gegen diese Angst zu sein, für die es keinen vernünftigen Grund gab. Er bekam auch CRAB APPLE, um ihn von den Nachwirkungen seines angsterfüllten Gemüts zu reinigen, das eine Blutansammlung in der Brust verursacht hatte. Nach dem ersten Monat der Behandlung schrieb seine Frau, daß es ihm viel besser gehe. Er stand nachts nicht mehr auf, und seine Brust war auch auf dem Wege der Besserung. Er setzte die Behandlung mit den Blütenmitteln weitere zwei Monate fort, und schließlich konnte seine Frau mitteilen, daß er nun sowohl körperlich wie geistig »ein ganz anderer Mensch« sei.

RED CHESTNUT
Rote Kastanie

Schlimme Befürchtungen, sich ängstigen um andere

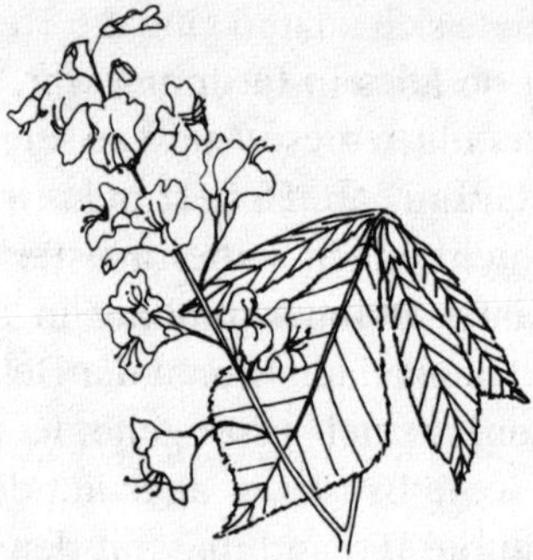

Dr. Bach: Für jene, denen es schwerfällt, sich nicht um andere zu ängstigen.
Oft haben sie es schon aufgegeben, sich über sich selbst Sorgen zu machen, können aber um jene, die sie lieben, viel bangen und leiden und haben häufig Angst, daß ihnen etwas Schlimmes zustoßen könnte.

Diese Blüte hilft jenen, die sich allzusehr um andere, insbesondere um ihre Angehörigen, sorgen. Wenn jemand beispielsweise am Abend nicht zur gewohnten Zeit heimkommt oder längere Zeit kein Lebenszeichen von sich gegeben hat, befürchten sie schon das Schlimmste. Mit diesen negativen Erwartungen quälen sie nicht nur sich selbst, sondern auch jene, die zum Objekt dieser Befürchtungen werden. In seinem positiven Aspekt erweist sich RED CHESTNUT als die Fähigkeit, in bezug auf jemanden, der sich in Not oder Gefahr befindet oder krank ist, positiv zu denken.

Beispiele für die Anwendung von RED CHESTNUT:

Frau, 38 Jahre, verheiratet. Ihr Mann hatte einen Nervenzusammenbruch erlitten, von dem er sich noch nicht erholt hatte. Ihr sechsjähriger Sohn war Diabetiker. Sie erzählte: »Ich fühle mich seit einem Jahr krank und erschöpft, und seit ein paar Tagen habe ich im linken Bein von der Hüfte bis zum Knöchel kein Gefühl mehr. Ich mache mir ständig Sorgen um meinen Mann und meinen Sohn. Sobald ich sie aus den Augen verliere, ängstige ich mich, daß ihnen etwas zustoßen könne. Jeden Morgen beim Aufwachen quält mich die Befürchtung, daß es meinem Sohn schlimmer gehen könne.« RED CHESTNUT wurde ihr verschrieben gegen die übertriebene Angst um ihren Mann und ihren Sohn sowie VERVAIN gegen die Angespanntheit und den seelischen Druck. Sie nahm die Blüten zwei Monate lang. Schon kurze Zeit nachdem sie mit der Behandlung begonnen hatte, kehrte das Gefühl im Bein zurück. Sie wurde wesentlich ruhiger und konnte wieder gut schlafen. Als ihr Mann ins Krankenhaus gebracht werden mußte, sagte sie, daß sie sich viel weniger Sorgen um ihn mache als zuvor. Sie fühlte sich stärker und meinte, daß sie nun der Zukunft mit Zuversicht entgegensehen könne. Sie überlegte sogar, ob sie nicht ein anderes Kind als Kameraden für ihren Sohn adoptieren solle.

Frau, 70 Jahre, unverheiratet. Sie lebte mit ihrer noch älteren Schwester zusammen, die einen leichten Schlaganfall erlitten hatte. Sie ängstigte sich sehr um ihre Schwester und befürchtete nun, daß bei ihr jederzeit ein neuer Schlaganfall eintreten könne. Nachts hielt sie sich die meiste Zeit wach für den Fall, daß ihre Schwester plötzlich den Anfall bekommen könne, und auch tagsüber behielt sie sie ständig im

Auge. Als Folge davon wurde sie sehr erschöpft und spürte, daß sie es nicht mehr schaffen würde, auf diese Weise fortzufahren. Sie hatte keinen Appetit mehr und begann zu dösen, sobald sie sich hinsetzte, da sie nachts keinen Schlaf fand. Sie bekam RED CHESTNUT gegen die Ängste und Befürchtungen um ihre Schwester. OLIVE und HORNBEAM wurden beigegeben, um ihr wieder Kraft zu geben. Allmählich gelang es ihr, ihre Ängste zu überwinden, so daß sie sich entschließen konnte, zu Bett zu gehen im Bewußtsein, daß ihre Schwester gut versorgt war. In der Folge kam sie wieder voll zu Kräften und sah, daß sie alles schaffen konnte, was sie wollte. Der Gesundheitszustand der Schwester verbesserte sich ebenfalls.

2.
Unsicherheit

CERATO
Bleiwurz

Zweifel an sich selbst; die Neigung, sich gegen besseres Wissen von Ratschlägen anderer beeinflussen zu lassen

Dr. Bach: Für jene, die an ihrer Fähigkeit zweifeln, Entscheidungen oder Urteile zu fällen. Sie fragen ständig andere um Rat und sind oft schlecht beraten.

Diese Blüte ist ein Mittel für jene, die in Wirklichkeit ein gut entwickeltes intuitives Verständnis dafür haben, was sie zu tun oder zu denken haben, die aber dennoch stets an sich zweifeln und deshalb oft die Ratschläge anderer befolgen. Durch diese Ratschläge können sie sich zu törichten Handlungen verleiten lassen, von denen sie wissen, daß sie mit ihren inneren Überzeugungen nicht übereinstimmen. Dennoch suchen sie ständig Rat und Anleitung bei anderen. Wenn sie krank sind, pilgern sie oft von einem Arzt zum anderen und machen sich vollständig abhängig von den jeweiligen Anweisungen der Ärzte. CERATO ist die Blüte für jene, die oft sagen: »Ich wußte ja, daß ich das nicht hätte tun sollen!« Solche Menschen sind zumeist geschwätzig, und der Umgang mit ihnen kann ermüdend sein. Sie unterscheiden sich von einer anderen Art von Zweiflern, denen als Blüte SCLERANTHUS entspricht. Letztere finden es schwierig, zwischen zwei Möglichkeiten zu wählen, fragen jedoch selten andere um Rat. Den positiven Ausdruck von CERATO sieht man bei einem Menschen, der mit Sicherheit zu beurteilen imstande ist, was richtig und was falsch ist. Er vertraut auf sein inneres Wissen und läßt sich nicht von guten Ratschlägen oder Ermahnungen anderer beeinflussen.

Beispiele für die Anwendung von CERATO:

Frau, 72 Jahre, Witwe. Sie verließ sich nie auf ihre eigene Urteilskraft und fragte stets ihre Bekannten, was diese an ihrer Stelle tun würden und was sie zur Verbesserung ihrer Gesundheit unternehmen könne. In der Folge ging sie von einem Arzt zum anderen, unterzog sich mal der einen, mal der anderen Behandlung und war stets hilflos den jeweiligen Ratschlägen und Anweisungen ausgeliefert, die sie erhielt. Im großen und ganzen aber zog sie daraus gar keinen Nutzen für ihre Gesundheit. Eine große Geschwulst in der Bauchhöhle bereitete ihr ernste Sorgen: Sie befürchtete, daß sie bösartig sein könnte, wollte sich aber dennoch nicht operieren lassen. CERATO wurde ihr verschrieben gegen die mangelnde Fähigkeit, eigene Entschlüsse zu fassen, ROCK ROSE gegen die Ängste, die der Gedanke an eine bösartige Geschwulst auslöste, und HORNBEAM wurde beigegeben, um sie wieder zu Kräften kommen zu lassen. Sie nahm diese Blüten über einen Zeitraum von drei Monaten. Im Verlauf dieser Zeit ging die Geschwulst allmählich zurück und verschwand schließlich ganz. Sie war wieder bei besten Kräften, ihre Gesundheit stellte kein Problem mehr für sie dar, und sie begann nun auch sich aufzuraffen und eigene Entscheidungen zu treffen.

Frau, unverheiratet. Sie war eine intelligente Person mit einem verantwortungsvollen Beruf, den sie gut bewältigte. Mitunter jedoch vertraute sie nicht auf ihr eigenes Urteil und hörte auf Leute, die weniger Erfahrung hatten als sie selbst. »Das war stets unbefriedigend. Ich weiß nur zu gut, daß es dumm ist, sich nicht auf sich selbst zu verlassen. Ich bin äußerst bekümmert darüber und habe ständig Kopfschmerzen.« CERATO wurde ihr verschrieben, um ihr zu helfen, wieder auf ihre eigene Urteilskraft zu vertrauen, und WHITE CHESTNUT gegen den ständigen Kummer. Sie nahm die Blüten drei Monate lang und berichtete dann: »Während des letzten Monats brauchte ich die Mittel eigentlich gar nicht mehr. Ich bin froh, daß ich nun sagen kann, daß der Kummer und die Kopfschmerzen verschwunden sind und – was das wichtigste ist – daß ich nunmehr wieder volles Vertrauen zu mir selbst habe.«

SCLERANTHUS

Einjähriger Knäuel

Unentschlossenheit, Unsicherheit, Zweifel, Mangel an Ausgeglichenheit

Dr. Bach: *Für jene, die sehr darunter leiden, sich nicht zwischen zwei Dingen entscheiden zu können, weil abwechselnd das eine, dann das andere ihnen richtig erscheint.*
Sie sind im allgemeinen stille Menschen, die ihre Schwierigkeiten allein tragen, da sie nicht geneigt sind, mit anderen darüber zu sprechen.

SCLERANTHUS ist die Blüte, die die Balance wiederherstellt. Allzu großes Hinundherschwanken zwischen Äußerlichkeiten und die mangelnde Fähigkeit, zwischen zwei Dingen zu wählen, kennzeichnet ihren Wirkungsbereich. SCLERANTHUS hilft jenen Menschen, bei denen eine dauernde Unsicherheit das Konzentrationsvermögen lahmgelegt hat. Sie können sich zu nichts entschließen, und wenn es darum geht, sich zu einem klaren Ja oder Nein zu bekennen, lassen sie sich oft wichtige Gelegenheiten entgehen. Dieser Mangel an Ausgeglichenheit kann mit einer Neigung zur Seekrankheit oder zu Beschwerden bei Flugreisen verbunden sein; auch hier kann SCLERANTHUS helfen, wenn die Blüte vor oder während einer Reise eingenommen wird. Der positive Aspekt von SCLERANTHUS kommt bei Menschen zum Ausdruck, die sich schnell entscheiden können und in ruhiger und ausgeglichener Weise aus eigenem Entschluß heraus handeln.

Beispiele für die Anwendung von SCLERANTHUS:

Mann, 40 Jahre alt, überarbeiteter Geschäftsmann. Er erzählt: »Ich bin nun an einem Punkt angelangt, wo ich dermaßen erschöpft bin, daß ich mich nicht mehr konzentrieren kann, außerstande bin, einen Beschluß zu fassen, und wichtige Details einfach vergesse. Ich mache mir außerordentliche Sorgen bei dem Gedanken, daß ich nicht mehr imstande sein könnte, meine Arbeit fortzuführen, und daß meine Familie darunter leiden würde.« Er bekam SCLERANTHUS gegen seine Unentschlossenheit und Vergeßlichkeit, OLIVE gegen den Erschöpfungszustand und WHITE CHESTNUT gegen seine Sorgen und Befürchtungen. Nach dem ersten Monat der Behandlung fühlte er sich körperlich wohler, konnte nachts besser schlafen und nahm das Leben leichter. Die gleichen Blüten wurden noch einmal verabreicht, und nach dem zweiten Monat berichtete er, daß er sich wie ein anderer Mensch fühle und daß er nun wieder imstande sei, Beschlüsse zu fassen und Probleme zu lösen.

Frau, 28 Jahre alt, unverheiratet. Sie war Schauspielerin und das einzige Kind italienischer Eltern. Sie hatte stets Schwierigkeiten, sich zu entscheiden, und änderte dauernd ihre Absichten. Von Zeit zu Zeit wurde sie von Depressionen befallen, die keine klare Ursache hatten. Außerdem litt sie abwechselnd an Verstopfung und Durchfall. SCLERANTHUS wurde ihr für ihre mangelnde Entschlußfähigkeit verschrieben und MUSTARD für ihre Depression mit unbekannter Ursache. Die Mittel führten bald zu einer gewissen Besserung. Nach einem Monat schrieb sie und berichtete, daß sie zwar keine Schmerzen habe, jedoch befürchte, daß ihre nächste Menstruation schmerzhaft sein werde. Sie berichtete auch, daß sie an Ausfluß litt. Der ursprünglichen Blütenmischung wurde noch CRAB APPLE beigegeben, um eine innere Reinigung zu bewirken. Zwei Monate später schrieb sie wieder und berichtete: »Ich hatte keine Schmerzen und bin dabei zuzunehmen. Sowohl die Dickdarmentzündung als auch der Ausfluß sind geheilt. Ich sehe aus wie neu geboren, und mein Teint ist viel besser. Ich esse mit Appetit und habe einen guten Schlaf. Und das wichtigste von allem ist, daß ich nun imstande bin, Beschlüsse zu fassen.«

GENTIAN
Bitterer Enzian

Zweifel, Niedergeschlagenheit, Mutlosigkeit

Dr. Bach: Für jene, die sich leicht entmutigen lassen. Sie machen vielleicht schon gute Fortschritte in ihrer Krankheit oder den Angelegenheiten ihres täglichen Lebens, aber bereits die geringste Verzögerung oder das kleinste Hindernis läßt sie zweifeln und macht sie mutlos.

Diese Blüte hilft bei der Form von Mutlosigkeit, die nach einem erlittenen Rückschlag oder nach enttäuschten Erwartungen auftreten kann. Sie ist gut für jene, die sich leicht geschlagen geben, die leicht aufgeben und dazu neigen, sich pessimistischen Gedanken oder tiefer Niedergeschlagenheit hinzugeben.
Schwierigkeiten und Hindernisse werden als unüberwindliches Schicksal angesehen und nicht als die Folge der eigenen negativen Einstellung. Die für GENTIAN typische Art der Niedergeschlagenheit entstammt stets einer bekannten Ursache, im Unterschied zur tiefen Depression des MUSTARD-Typs, die ganz ohne Grund aufzutreten pflegt. Im Gegensatz zu GORSE, der Blüte, die einen chronischen Zustand von Hoffnungslosigkeit und Verzweiflung widerspiegelt, gewinnt der GENTIAN-Typ wieder frohen Mut, wenn sich die

Umstände zum Positiven wenden. Bei Krankheiten ist diese Blüte besonders gut geeignet, wenn es sich um Rückfälle handelt. Die positive Seite von GENTIAN kommt bei den Menschen zum Ausdruck, die wissen, daß ihnen nichts wirklich mißlingen kann, wenn sie nur ihr Bestes geben, und daß sie alle Hindernisse überwinden können, wenn sie wirklich wollen.

Beispiele für die Anwendung von GENTIAN:

Mann, 50 Jahre alt. Er wurde von Zeit zu Zeit von starken Depressionen und von Mutlosigkeit befallen, da er infolge eines Geburtsfehlers einen leichten Sprachfehler hatte. Das führte dazu, daß er gelegentlich Zweifel zu hegen begann, ob er imstande sein würde, seinen Arbeitsplatz zu behalten, obgleich seine Vorgesetzten ihm Wohlwollen und Anerkennung entgegenbrachten. Er fühlte, daß es ihm an Selbstvertrauen mangelte und daß er bei der Arbeit nicht sein Bestes gab. Seine Angst um den Arbeitsplatz war sehr groß. Gegen die Niedergeschlagenheit bekam er GENTIAN und gegen seine Befürchtung, die Arbeit zu verlieren, ASPEN. Nachdem er drei Fläschchen des Mittels genommen hatte, schrieb er: »Es geht mir nun entgegen aller Erwartung besser. Ich habe keine Befürchtungen mehr, daß es mit der Arbeit schiefgehen könnte, ich kann mich besser konzentrieren und habe die Situation unter Kontrolle.« Da er jedoch bemerkte, daß seine Mutlosigkeit ab und zu wiederkam, ließ er sich als Reserve ein weiteres Fläschchen mit den beiden Blüten geben. Immer wenn er sich ein wenig deprimiert fühlte, nahm er eine Dosis davon, und sieben Monate später konnte er berichten: »Verglichen mit den Leiden, die ich immer ertrug, solange ich mich zurückerinnern kann, erscheint mir das Leben jetzt eine einzige Ferienzeit.«

Frau, 50 Jahre alt. Nach einer Operation, bei der die Gebärmutter entfernt werden mußte, fühlte sie sich häufig übermüdet und litt an akuten Anfällen von Niedergeschlagenheit, sobald ihr etwas mißlang. Sie sagte, daß sie sich wie ein Dummkopf fühlte, wenn sie so mutlos war. Sie bekam GENTIAN gegen die Niedergeschlagenheit und OLIVE gegen die Müdigkeit. Nach Verlauf eines Monats berichtete sie, daß sie keine depressiven Anfälle mehr habe und daß es ihr nun in jeder Hinsicht bessergehe.

Mädchen, 8 Jahre alt. Sie hatte die Angewohnheit, des Nachts das Bett zu nässen, und war darüber sehr bekümmert. Sie dachte, daß es eine »schlimme« Angewohnheit sei, und wurde jedesmal, wenn es ihr passierte, sehr niedergeschlagen und mutlos. Gegen die »schlimme« Angewohnheit wurden ihr GENTIAN und CRAB APPLE verschrieben. Daraufhin hielt sie sich zehn Tage lang trocken und war sehr froh darüber, bis es jedoch wieder geschah, daß sie bettnäßte. Für den Rückschlag bekam sie noch zweimal GENTIAN und CRAB APPLE. Daraufhin hatte sie nachts nie mehr Probleme.

GORSE
Stechginster

Hoffnungslosigkeit,
Verzweiflung,
Resignation

Dr. Bach: *Tiefe Hoffnungslosigkeit; diese Menschen haben den Glauben aufgegeben, daß ihnen noch geholfen werden kann.*
Auf Zureden und um anderen einen Gefallen zu tun, probieren sie vielleicht verschiedene Behandlungsformen aus, versichern aber dabei ihrer Umgebung, daß die Hoffnung auf Linderung nur ganz gering sei.

GORSE hilft, wenn es scheint, daß die Sonne für ewig hinter dunklen Wolken verschwunden sei, wenn keine Hoffnung auf Besserung mehr vorhanden ist oder wenn bei chronischen Fällen von Krankheit und in verzweifelten Situationen Mutlosigkeit und Pessimismus herrschen. Nur mit Mühe lassen sich solche Menschen dazu überreden, etwas Neues zur Wiederherstellung ihrer Gesundheit zu versuchen. Sie haben aufgegeben und würden für sich selbst nur etwas tun, um es anderen recht zu machen, und auch das oft mit dem Stoßseufzer: »Das nützt ja doch nichts.« GORSE erweckt wieder die Hoffnung auf Besserung und hilft auch in Fällen, in denen der Patient davon überzeugt ist, daß sein Leiden erblich oder durch ein unabwendbares Schicksal bedingt ist. Der positive Ausdruck dieser Blüte zeigt sich bei Menschen, die den Glauben und die Hoffnung nicht aufgeben, daß sich ihr Zustand verbessern wird, und die wissen, daß sie letztlich alle Schwierigkeiten überwinden können.

Beispiele für die Anwendung von GORSE:

Frau, verheiratet. Sie fühlte, daß es ihr nie mehr wieder gutgehen könne. Sie hatte unter vielen nicht sehr schweren Krankheiten gelitten, hatte die Hoffnung verloren und fühlte, daß sie ihre Gesundheit nicht mehr wiedererlangen würde. Sie begann neidisch zu werden auf die Gesundheit anderer Menschen und konnte es nicht ertragen, gesunde Menschen um sich zu haben. Dabei gab sie sich selbst die Schuld für ihr Gefühl von Elend. Es wurde ihr eine Mischung von drei Blüten gegeben – GORSE gegen das Gefühl der Hoffnungslosigkeit, HOLLY gegen den Neid auf andere Menschen mit besserer Gesundheit und PINE gegen die Selbstvorwürfe. Nachdem sie ein Fläschchen davon eingenommen hatte, berichtete sie, daß ihre Niedergeschlagenheit nicht mehr so stark war und daß ihr Leben wieder etwas Sinn bekommen hatte. Sie nahm die gleichen Mittel noch mehrere Male, bis sie schließlich sagen konnte: »Das ist wie Zauberei. Ich bin ein anderer Mensch und fühle mich wieder normal.«

Mann, 50 Jahre alt. Er litt seit Jahren an starken Schmerzen und einer Schwellung an seiner linken Hand. Die Schmerzen waren fast unerträglich und erlaubten es ihm mitunter nicht, die Hand zu gebrauchen. Er wurde depressiv und hatte die Hoffnung aufgegeben, nachdem er vielerlei Behandlungen ohne Erfolg versucht hatte. Von einem Freund überredet, der durch die Bach-Blüten Hilfe erhalten hatte, willigte er ein, diese auch zu versuchen. In einem Brief berichtete er: »Mein Zustand ist so schlimm, daß ich nachts nicht mehr schlafen kann, was mich mitunter sehr deprimiert.« Er bekam GORSE wegen des Gefühls der Hoffnungslosigkeit und wegen der langen Dauer seines Leidens. Er wurde angewiesen, das Mittel sowohl zum Einnehmen als auch äußerlich zum Auftragen auf die Hand zu verwenden. Nach einem Monat schrieb er, daß es ihm bessergehe. Er konnte wieder schlafen, und die Schwellung war verschwunden. Er setzte die Behandlung fort, und nach zwei Monaten konnte er berichten: »Dank Ihrer Behandlung geht es mir nun wieder völlig gut. Die Schwellung und die Schmerzen in meiner Hand sind verschwunden.« Die Behandlung wurde noch einen Monat weitergeführt, und die Symptome kehrten niemals wieder.

HORNBEAM
Hainbuche

Müdigkeit, körperliche und geistige Erschöpfung

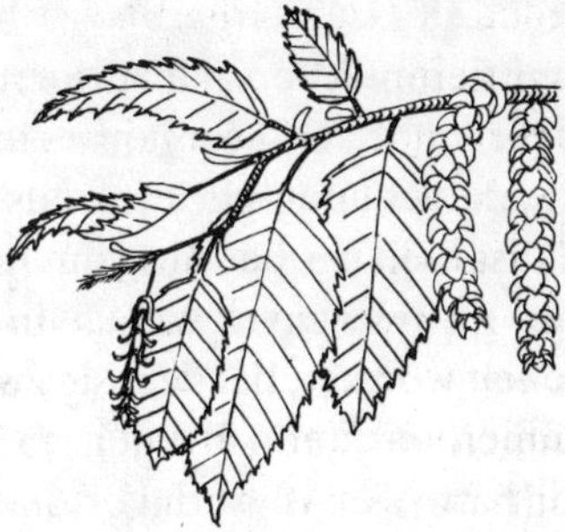

Dr. Bach: *Für jene, die das Gefühl haben, nicht genügend seelische oder körperliche Kraft zu besitzen, um die Bürde des Lebens zu tragen. Die Angelegenheiten des Alltags erscheinen ihnen zu schwer, auch wenn sie ihre Aufgabe in der Regel erfüllen können.*
Für jene, die glauben, daß sie körperlich oder seelisch einer Stärkung bedürfen, um ihr Tagewerk leichter vollbringen zu können.

Diese Art von Müdigkeit ist nicht so sehr die Folge körperlicher Anstrengung, sondern ergibt sich aus dem Gefühl der Kraftlosigkeit. Es ist der Verstand, der daran zweifelt, daß es möglich sei, die Probleme und Anforderungen des Alltags zu meistern. In Fällen, in denen man sagt: »Am Morgen nach dem Aufwachen fühle ich mich müder als am Abend vor dem Zubettgehen«, hilft HORNBEAM, die Kräfte wiederherzustellen. Es ist ein typisches Tag-danach-Mittel. Der positive Ausdruck von HORNBEAM zeigt sich bei Menschen, die sich ihrer Stärke und ihrer Fähigkeiten sicher sind, auch wenn es manchmal scheint, daß die Anforderungen ihre Kräfte übersteigen.

Beispiele für die Anwendung von HORNBEAM:

Frau mittleren Alters, unverheiratet. Sie erzählte, daß sie stets sehr müde sei. Morgens beim Aufwachen habe sie das Gefühl, daß es unmöglich sei, aus dem Bett zu kommen und die Hausarbeit zu bewältigen. Im Schlaf quälten sie Alpträume. Im Jahr zuvor war sie in ein schweres Zugunglück verwickelt worden, bei dem sie zwar selbst nicht zu Schaden gekommen war, jedoch einen starken Schock erlitten hatte. Seither hatte sie Angst davor, mit dem Zug zu fahren. Der Zustand dauernder Müdigkeit hatte schon vor dem Zugunglück begonnen, doch sie fühlte, daß ihre Ängste verschwinden würden, wenn sie die Müdigkeit überwinden könnte. Sie bekam HORNBEAM gegen die Müdigkeit, STAR OF BETHLEHEM wegen des Schocks nach dem Zugunglück und HONEYSUCKLE gegen die zwanghaft wiederkehrenden Erinnerungen an die Katastrophe. Die Blüten wurden ihr auch in Form einer Lotion verabreicht, die sie auf ihre linke Hand auftragen konnte, die nach einem Unfall im Hause geschwollen war und schmerzte. Nach einem Monat berichtete sie, daß sie neulich mit dem Zug nach Edinburgh gefahren war und dabei zu ihrer großen Verwunderung bei weitem nicht so nervös gewesen sei, wie sie erwartet hatte. Sie fühlte sich nun auch allgemein viel besser und war mehr ausgeruht. Sie nahm die Blüten weiterhin zusammen mit CRAB APPLE, da ihr rechtes Auge tränte. Ein Augenarzt hatte ihr gesagt, daß in ihrem Fall nur eine Operation helfen könne. Ihr nächster Bericht war äußerst positiv: Das Auge war geheilt, und der Arzt hatte befunden, daß eine Operation nun nicht mehr nötig sei. Die Schmerzen in der Hand waren zunächst stärker geworden, dann aber vollständig verschwunden. Sie war geheilt und hatte keinen Rückfall mehr.

Frau, 55 Jahre. »Ich habe mein ganzes Leben lang hart gearbeitet, aber meine Arbeit auch gern getan. Ich habe eine verantwortungsvolle Tätigkeit, die meine ganze Aufmerksamkeit in Anspruch nimmt. In letzter Zeit jedoch fühle ich mich morgens schrecklich müde, und es scheint mir, als wäre ich nicht imstande, aus dem Bett zu kommen und meine Pflichten zu bewältigen. Das Gefühl verschwindet, nachdem ich aufgestanden bin und merke, daß mir meine Arbeit doch gelingt. Diese Morgenmüdigkeit ist jedoch sehr qualvoll, und ich merke, daß ich mit dem Gedanken spiele, nicht mehr dagegen ankämpfen zu wollen und einmal den ganzen Tag im Bett zu bleiben.« HORNBEAM wurde ihr verschrieben, um ihr Kraft und Vitalität zu geben, und ASPEN wegen der Angst, daß sie eines Tages aufgeben und ihrer Müdigkeit nachgeben müsse. Sie nahm die Blüten einen Monat lang mit sehr gutem Resultat. »Ich bin froh, daß ich nun nicht mehr unter dieser schrecklichen Müdigkeit leide.«

WILD OAT
Wald-Trespe

Unsicherheit,
Mutlosigkeit,
Unzufriedenheit

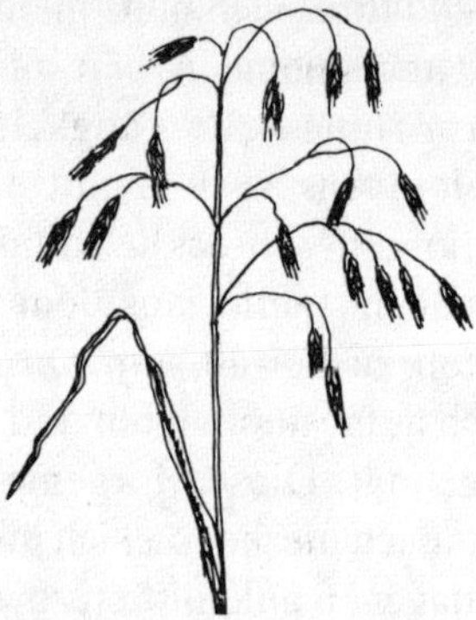

Dr. Bach: *Für jene, die den Ehrgeiz haben, in ihrem Leben etwas Außerordentliches zu leisten, die viel Erfahrung sammeln und alles genießen möchten, was das Leben ihnen zu bieten hat, die sich des Lebens in vollen Zügen erfreuen wollen.*
Ihre Schwierigkeit besteht darin, zu entscheiden, welcher Beschäftigung sie nachgehen sollen, denn obgleich ihr Ehrgeiz groß ist, fühlen sie sich von keiner Berufung besonders angezogen. Dies kann zu Verzögerungen und Unzufriedenheit führen.

Diese Art der Unentschlossenheit und Unsicherheit unterscheidet sich von der des SCLERANTHUS-Typs, dem es an der Fähigkeit mangelt, sich zwischen zwei Möglichkeiten zu entscheiden. WILD OAT hilft jenen Menschen, die viele gute Eigenschaften besitzen, es aber nicht geschafft haben, das richtige Betätigungsfeld zu finden, in dem sie ihre Fähigkeiten entfalten können. Selbst wenn sie eine recht gute Vorstellung davon haben, in welche Richtung sie sich entwikkeln sollten, tun sie sich in der Regel schwer, zwischen mehreren Möglichkeiten zu wählen. Solche Menschen lassen sich treiben und geraten in unfruchtbare Situationen, die dann bei ihnen das Gefühl der Frustration und Unzufriedenheit verstärken. Sie versuchen sich in verschiedensten Berufen, scheinen aber nie das Richtige zu finden. Dadurch bekommen sie den Eindruck, daß sie ihre Zeit verschwenden, und es entsteht das Gefühl, daß das Leben an ihnen vorbeigeht. Der positive Ausdruck von WILD OAT zeigt sich bei jenen Menschen, die wissen, was sie in ihrem Leben wollen, und zielbewußt danach handeln. Sie haben den richtigen Einsatz für ihre Ambitionen gefunden und halten ihre Interessen beständig wach.

Beispiele für die Anwendung von WILD OAT:

Junger Mann, von Beruf Hoteldiener. Er war sich nicht darüber im klaren, was er mit seinem Leben wirklich anfangen sollte, und befürchtete, von anderen auf Abwege geleitet zu werden. Er fühlte, daß es ihn mehr befriedigen würde, eine anspruchsvollere Tätigkeit auszuüben. Er war ein tüchtiger junger Mann, und obwohl er seiner Arbeit als Hoteldiener nicht viel abgewinnen konnte, war das Gastgewerbe für ihn doch ein reizvolles Betätigungsfeld. Er konnte sich vorstellen, eine Ausbildung zum Hotelverwalter oder zum Koch zu beginnen. WILD OAT wurde ihm verschrieben, um ihm zu helfen, den richtigen Weg im Leben zu finden, und CERATO, damit er sich mehr auf seine eigenen Entschlüsse verlassen könne und nicht befürchten müsse, von anderen fehlgeleitet zu werden. Er unterzog sich der Behandlung für eine gewisse Zeit, bis er sich sicher war, Koch werden zu wollen. Er begann die Ausbildung und bewährte sich bestens als Koch in einem großen Hotel.

Frau, 40 Jahre, unverheiratet, von Beruf Lehrerin. In letzter Zeit merkte sie, daß sie nicht imstande war, die Kontrolle über ihre Schüler zu behalten und sich auf den Unterricht zu konzentrieren. Sie war sich nicht sicher, ob der Lehrerberuf für sie das richtige war, doch war sie ein tüchtiger Mensch, dem viele Betätigungsmöglichkeiten offenstanden. Vor einiger Zeit war sie hingefallen und hatte eine Prellung am Rückgrat erlitten. Sie begab sich daraufhin in die Behandlung eines Osteopathen, der ihr wohl ein wenig helfen konnte, doch es blieben ihr ständige Schmerzen in der Kreuzgegend. WILD OAT wurde ihr verschrieben wegen ihres Unvermögens, die richtige Betätigung zu finden, OLIVE wegen ihrer Müdigkeit und CLEMATIS gegen ihre Konzentrationsschwierigkeiten. Nach Verlauf von zwei Wochen berichtete sie, daß sie nun weniger müde sei und daß ihre Schmerzen im Rücken nicht mehr so stark seien. Sie setzte die Behandlung mit den Blüten noch zwei Monate fort. Danach fühlte sie sich vollkommen erholt und hatte keine Schmerzen mehr im Rücken. Auch ihr Verhältnis zur Arbeit hatte sich geändert: Sie nahm eine Stelle in einer anderen Schule an und meinte, daß sie nun die Gewißheit habe, daß der Lehrerberuf doch das richtige für sie sei.

3. Ungenügendes Interesse an der Gegenwartssituation

CLEMATIS
Gemeine Waldrebe

Unaufmerksamkeit,
Gleichgültigkeit,
Verträumtheit,
Bewußtlosigkeit

Dr. Bach: *Für jene, die verträumt, schläfrig, nicht ganz wach sind und kein großes Interesse am Leben haben. Ruhige Menschen, die nicht ganz zufrieden mit den gegenwärtigen Umständen sind und mehr in der Zukunft als im Jetzt leben; sie leben in ihren Hoffnungen auf glücklichere Zeiten, in denen ihre Ideale wahr werden könnten. Im Krankheitsfalle machen manche von ihnen sich kaum oder gar keine Mühe, wieder gesund zu werden, und einige von ihnen scheinen sich sogar auf den Tod zu freuen, in Erwartung besserer Zeiten – oder vielleicht in der Hoffnung, jemandem wiederzubegegnen, den sie durch den Tod verloren hatten.*

CLEMATIS ist das Mittel für Tagträumerei und Unaufmerksamkeit. Es ist für Menschen geeignet, die durch Gleichgültigkeit und Stumpfheit gekennzeichnet sind und ein großes Schlafbedürfnis verspüren. Diese Menschen leben mehr in ihren Vorstellungen als im wirklichen Leben, sind geistesabwesend und unaufmerksam, geraten oft in Schwierigkeiten und erleiden unangenehme Zusammenstöße mit ihrer Umwelt, weil sie gar nicht motiviert sind, diese zu vermeiden. Oft scheint es, als hätten sie keinen richtigen Willen, zu leben oder gesund zu werden, und als würden sie nur darauf warten, diese Welt verlassen zu können. Dr. Bach nannte diese Art von Gleichgültigkeit eine sanfte Form des Selbstmords. Menschen, die vor der Realität flüchten, ziehen es vor, allein in ihrer Phantasiewelt zu leben. Sie leiden oft an schlechtem Gedächtnis, und ihr Mangel an Interesse und an aktiver Teilnahme am Leben verursacht häufig Krankheiten der Sinnesorgane, vor allem der Augen und Ohren, die dem Kontakt mit der Umwelt und dem Erkennen der Welt dienen. CLEMATIS ist daher die Blüte für alle Formen von mangelndem Interesse an der Umwelt und wirkt somit auch bei Bewußtlosigkeit und Koma. Der positive Aspekt von CLEMATIS kommt bei jenen zum Ausdruck, die stets ein lebhaftes Interesse am Hier und Jetzt und an dem zeigen, was um sie herum vorgeht. Es sind oft sehr sensible und kreative Menschen, die gut imstande sind, ihre Ideen in die Praxis umzusetzen.

Beispiele für die Anwendung von CLEMATIS:

Mann, 37 Jahre. Er wurde von der Firma, in der er angestellt war und eine leitende und verantwortungsvolle Stellung innehatte, zur Behandlung geschickt. Im Laufe der letzten Monate war er gegenüber seiner Arbeit völlig gleichgültig geworden, und es schien, als mache er sich auch keine Sorgen über die Versäumnisse seiner Pflichten als Angestellter der Firma und als Vorgesetzter. Er berichtete, daß er stets einen tiefen Schlaf habe und daß es ihm Schwierigkeiten bereite, morgens aufzuwachen. In der letzten Zeit hatte er Mühe gehabt, sich auf seine Arbeit zu konzentrieren, doch dies schien ihn in keiner Weise zu beunruhigen, und er war auch nicht besonders an seinem täglichen Leben interessiert. Seine völlige Gleichgültigkeit darüber, daß alles schiefgehen könne, sein allgemeiner Mangel an Initiative und seine träumerische Stumpfheit deuteten darauf hin, daß CLEMATIS das Typenmittel für ihn sei. Er nahm das Mittel zwei Monate lang. Gleich von Anfang an ging es mit ihm besser, und er war wieder imstande, seine Arbeit weiterzuführen. Nach Ablauf der zwei Monate hatte er seine Arbeitsfähigkeit wieder vollständig zurückerlangt.

Mädchen, 12 Jahre. Das Kind hatte Pickel im Gesicht. Obwohl der Arzt der Mutter versicherte, daß diese allmählich verschwinden würden, war das Mädchen sehr unglücklich und hatte kein Vertrauen in sich selbst. Es war ein stilles, zurückhaltendes Kind, das stets in Tagträumereien versunken war. Für ihren allgemeinen Zustand und für ihre Neigung zu Tagträumerei wurde ihr CLEMATIS verschrieben. Das Mädchen reagierte rasch. Sie wurde viel lebhafter und gewann mehr Interesse in der Schule und zu Hause. Dem Bericht ihrer Mutter zufolge entwickelte sie sogar bei vielen Tätigkeiten starken Eifer. Auch die Pickel vergingen gänzlich, nachdem sie das zweite Fläschchen mit dem Mittel aufgebraucht hatte.

HONEYSUCKLE
Geißblatt

Vergangenheits-
orientiertheit,
Nostalgie, Heimweh

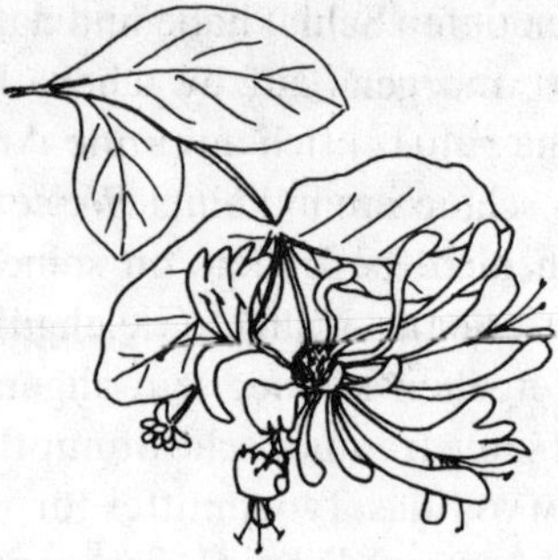

<u>Dr. Bach:</u> *Für jene, die in Gedanken viel in der Vergangenheit weilen, einer sehr glücklichen Zeit, oder die den Erinnerungen an einen verlorenen Freund nachhängen oder alten Wunschträumen, die sich nicht erfüllt haben. Sie können nicht glauben, außer dem vergangenen noch einmal Glück zu erleben.*

Dr. Bach schrieb außerdem über HONEYSUCKLE: »Dieses Mittel kann alle Ärgernisse und Sorgen der Vergangenheit aus dem Sinn verbannen, es kann allen Einflüssen, Wünschen und Ansprüchen der Vergangenheit entgegenwirken, so daß wir uns wieder dem Hier und Jetzt zuwenden können.« Wenn die Gegenwart als unangenehm, langweilig, sorgenvoll oder leer empfunden wird und das Gemüt lieber bei den glücklicheren Zeiten der Vergangenheit verweilt, um die Konfrontation mit der Gegenwart zu vermeiden, so ist HONEYSUCKLE das richtige Hilfsmittel. Wenn der Geist in der Vergangenheit lebt und der Körper allein mit der Gegenwart fertig werden muß, wird der ganze Organismus geschwächt und ist anfällig für Krankheiten. HONEYSUCKLE und CLEMATIS haben gemeinsame Charakteristika: Bei beiden geht es um die Flucht vor der Gegenwart. Doch während HONEYSUCKLE beim Verweilen in der Vergangenheit wirkt, ist CLEMATIS das Mittel für die träumerische Hoffnung auf eine bessere Zukunft. Der positive Ausdruck von HONEYSUCKLE zeigt sich bei jenen Menschen, die es verstehen, aus der Vergangenheit zu lernen, ohne sich an diese festzuklammern. Sie sind stets bereit, sich in der Gegenwart einzusetzen.

Beispiele für die Anwendung von HONEYSUCKLE:

Frau mittleren Alters, Witwe. Als sie sich in Behandlung begab, war ihr Mann bereits drei Jahre tot. Nach seinem Tod begann sie an ernsten periodischen Anfällen von Dickdarmentzündung zu leiden. Sie schrieb: »Ich bin sehr deprimiert und vermisse meinen Mann sehr. Ich fühle, daß für mich im Leben nichts mehr übriggeblieben ist.« Für das Verweilen in der Vergangenheit wurde ihr HONEYSUCKLE verschrieben und außerdem STAR OF BETHLEHEM, um dem Schock entgegenzuwirken, den sie durch den Tod ihres Mannes erlitten hatte. Ihr erster Bericht deutete an, daß sie nun weniger deprimiert war und daß die Dickdarmentzündung sie nicht mehr quälte. Sie schien nun mehr Interesse am Leben aufzubringen und mehr Vitalität zu entwickeln. Sie nahm die Mittel noch weitere drei Monate und berichtete daraufhin, daß sie nun froh war und wieder arbeiten konnte. Die Bauchschmerzen waren nicht mehr wiedergekommen.

Mann, 46 Jahre. Seine tägliche Arbeit bestand aus vielen Stunden eintöniger, aber leichter Tätigkeit. Im Jahr zuvor hatte er mit seinen Geschäften eine Niederlage erlitten und sagte: »Die Erinnerung daran kehrt oft wieder.« Er war müde und deprimiert und litt an schlechter Verdauung. Er bekam HONEYSUCKLE für die Erinnerung an die Vergangenheit und GENTIAN für seinen depressiven Zustand. Gefühlsmäßig reagierte er gut auf die Mittel, doch er beklagte sich darüber, daß er davon einen Ausschlag auf der Brust bekam. Es war klar, daß die Blüten in seinem Organismus einen durchgreifenden Reinigungsprozeß auslösten. CRAB APPLE wurde zu den Mitteln hinzugenommen, und der Ausschlag verschwand schnell. Lange Zeit später schrieb er und berichtete, daß keines der Symptome zurückgekehrt war.

Frau, 60 Jahre. Ein Arzt hatte ihr die Behandlung mit den Bach-Blüten empfohlen. Sie lebte ganz in der Vergangenheit und weinte und trauerte über ihre Verwandten, die tot waren. Sie sprach ständig von ihnen und von den glücklichen Stunden, die sie mit ihnen zusammen erlebt hatte. HONEYSUCKLE wurde ihr verschrieben. Die Wirkung stellte sich augenblicklich ein und war bemerkenswert. Im Laufe einer Woche erholte sie sich vollständig.

WILD ROSE
Heckenrose

Aufgeben, Apathie, Resignation

Dr. Bach: Für jene, die sich ohne genügenden Grund in Gleichgültigkeit allem ergeben, das geschieht, die einfach durchs Leben treiben, es annehmen, wie es sich bietet, ohne irgendeine Anstrengung zu unternehmen, die Dinge zu bessern und etwas Freude zu finden. Sie haben sich dem Lebenskampf klag- und widerstandslos ergeben.

Diese Blüte ist für Menschen geeignet, die aufgegeben haben und ihre Situation akzeptieren, sei es ein einförmiges Leben, eine langweilige Arbeit oder eine chronische Krankheit. Sie haben resigniert und können sich nicht vorstellen, daß die Verhältnisse anders sein könnten und daß sie selbst etwas unternehmen könnten, um sie zu verändern. Sie lassen sich treiben, stellen keine Fragen und erklären ihre Apathie damit, daß ihr Zustand schicksalsbestimmt, erblich bedingt oder unheilbar sei. Sie fühlen sich nicht wohl, sind müde und zeigen keinerlei Vitalität. Sie können jedoch nicht einsehen, daß es ihr eigener Mangel an Interesse und an Teilnahme am Leben ist, der jede Veränderung zum Besseren verhindert. Den positiven Ausdruck von WILD ROSE sieht man bei Menschen, die lebhaft an dem interessiert sind, was um sie herum passiert, sowohl in ihrem eigenen Leben als auch im Leben anderer. Dieses Interesse ist der Nährboden für Harmonie, Gesundheit und Freude bei allem, was sie unternehmen.

Beispiele für die Anwendung von WILD ROSE:

Mann, 39 Jahre, Künstler. Er litt schon seit über einem Jahr an einem irritierenden Ausschlag an den Armen, Händen und Beinen. Die Behandlungen, die er bekommen hatte, waren ohne Wirkung geblieben, und er hatte sich damit abgefunden, daß er nicht geheilt werden könne. Zum selben Zeitpunkt, als der Ausschlag auftauchte, war sein Vater an Krebs gestorben. Er erzählte, daß er damals noch nicht die Hoffnung aufgegeben habe, doch daß er frustriert und irritiert über sein Schicksal gewesen sei. Nun hatte er das Interesse an seiner Arbeit verloren, obwohl er auf diese großen Wert gelegt hatte und davon leben mußte. Er bekam WILD ROSE gegen die Resignation, CRAB APPLE zur Reinigung von Körper und Geist sowie STAR OF BETHLEHEM, da er offenbar beim Tode seines Vaters einen starken Schock erlitten hatte. Die Reaktion auf die Behandlung stellte sich rasch ein. Nach vier Wochen schrieb er und berichtete: »Der Ausschlag wurde zunächst schlimmer, doch nach 16 Tagen verschwand er vollständig. Nun befürchte ich, daß er zurückkommen könnte.« Der ursprünglichen Mischung wurde auch noch GENTIAN hinzugefügt, um ihm zu helfen, jeden Zweifel daran zu überwinden, daß seine Genesung von Dauer sei. Zwei Jahre später schrieb er und sagte: »Der Ausschlag ist niemals mehr wiedergekommen, nachdem ich die Mittel genommen hatte.«

Frau, 60 Jahre, unverheiratet. Sie war ein von Natur aus stiller und arbeitsamer Mensch, und sie liebte ihre Arbeit, obgleich sie sich hin und wieder müde und apathisch fühlte. Sie schrieb: »Ich bin wohl gezwungen, weiter zu arbeiten, aber mitunter scheint es mir, als wäre es bloß eine Pflicht, die ich zu erfüllen habe. Meine gewöhnliche Begeisterung ist verschwunden. Das ist nicht normal für mich, denn im allgemeinen bin ich in guter Form, liebe meine Arbeit und hoffe, sie noch lange Zeit fortsetzen zu können.« Gegen das Gefühl der Apathie wurde ihr WILD ROSE verschrieben. Nach einem Monat schrieb sie wieder und berichtete, daß das Mittel bei ihr eine ausgezeichnete Wirkung gehabt habe. Sie hatte ihre Apathie überwunden und war wieder eine normale, glückliche Frau. Ein Jahr später schrieb sie wieder und sagte, daß es ihr seither stets gutgegangen sei und sie keine größeren Probleme mehr gehabt habe.

OLIVE
Olive

Totale Erschöpfung, überwältigende Müdigkeit, chronische Krankheit

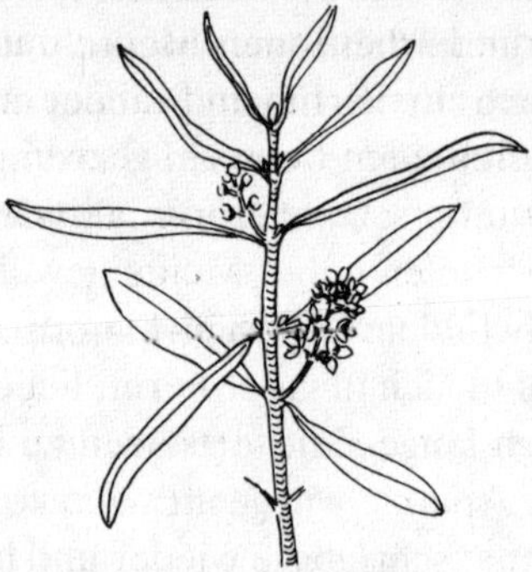

Dr. Bach: *Für jene, die seelisch oder körperlich so gelitten haben, so erschöpft und müde sind, daß sie das Gefühl haben, keine Kraft mehr zu besitzen, um sich von neuem anzustrengen. Das tägliche Leben ist für sie Schwerarbeit, freudlose Mühe.*

OLIVE ist die Blüte, die geeignet ist, einen total erschöpften Geist und Körper wieder zu stärken, wenn nach langer Krankheit, schwierigen Lebensumständen oder einer anstrengenden Arbeitslast alle Energiereserven aufgebraucht sind. Für solche Menschen, die jeden Moment zusammenzubrechen drohen, bringt die tägliche Arbeit keine Freude. Nach einer langen Krankheit kann das Mittel helfen, die Vitalität wiederaufzubauen und die Kräfte wiederherzustellen. Die Art der Erschöpfung des OLIVE-Typs unterscheidet sich von der beim HORNBEAM-Typ, die eine eher psychische Müdigkeit in bezug auf die Aufgaben des Alltags ist. Der letztgenannte Typ ist immer noch imstande, seine Pflichten zu erfüllen. OLIVE wirkt dagegen bei einem Zustand, bei dem der ganze Organismus seine Kräfte verloren hat und eine totale Erschöpfung eingetreten ist. Die positiven Eigenschaften von OLIVE zeigen sich bei jenen, die darauf vertrauen können, daß ihnen Stärke und Vitalität in ausreichendem Maße zur Verfügung stehen, und die nicht den Mut und das Interesse am Leben verlieren, auch wenn sie eine Zeitlang zum Nichtstun verurteilt sind.

Beispiele für die Anwendung von OLIVE:

Frau, 73 Jahre. Sie war ihrer Natur nach ein freundlicher und sanfter Mensch und gab sich oft der Tagträumerei hin. Während der letzten drei Monate lebte sie in einer außerordentlichen Streßsituation und hatte sich überanstrengt. Sie entdeckte plötzlich, daß ihre rechte Hand nicht mehr imstande war, einen Stift oder eine Teetasse zu halten. Wenn sie zu schreiben versuchte, vermischten sich alle Buchstaben zu einem unleserlichen Gewirr. Sie ging abends im Zustand völliger Ermattung zu Bett und hatte offensichtlich alles Interesse verloren. OLIVE wurde ihr gegen die Erschöpfung verschrieben, CLEMATIS gegen die Neigung zur Tagträumerei. Die Reaktion auf die Mittel setzte rasch und sicher ein. Nachdem sie diese zwei Monate lang genommen hatte, berichtete sie, daß sie sich wieder in ihrer alten Haut fühle und daß ihre Kraft und ihr Interesse am Leben zurückgekehrt seien.

Frau, 47 Jahre. Sie war eine sehr geschäftige Büroangestellte. Aufgrund schlechter Gesundheit war sie gezwungen gewesen, sich von der Arbeit zurückzuziehen. Sie war erschöpft, konnte weder schlafen noch Ruhe finden, begann zu stottern, war deprimiert und fühlte kein Interesse mehr am Leben und keinen Wunsch, etwas zu unternehmen. Für die Erschöpfung und den Mangel an Interesse für das Leben wurde ihr OLIVE verschrieben. Da sie ihre Depression als einen dunklen Himmel beschrieb, wurde auch MUSTARD beigefügt, und da sie eine starke Abneigung gegen ihr Stottern hatte, auch CRAB APPLE. In ihrem ersten Bericht erzählte sie: »Ich fühle mich nun besser als jemals zuvor, ich kann wieder lachen und bin viel entspannter und ruhiger. Mein Stottern ist verschwunden.« Sie nahm die Mittel noch weitere zwei Monate zusammen mit MIMULUS, da sie mitteilte, daß sie stets vor Hunden Angst hatte. Ihr nächster Bericht wird erwartet.

WHITE CHESTNUT
Weiße Kastanie

Quälender innerer Dialog, unerwünschte Gedanken, die ständig wiederkehren

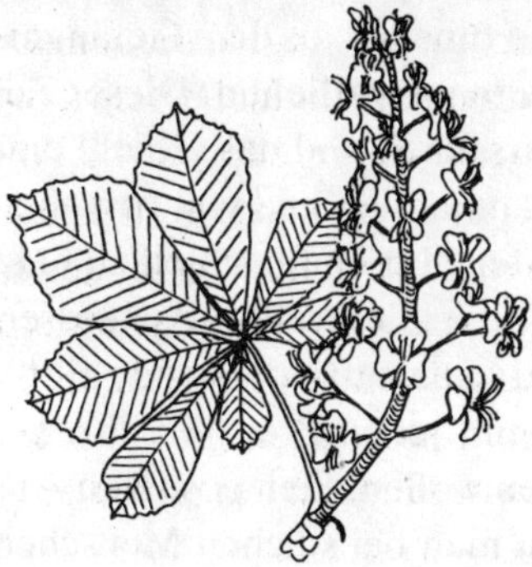

Dr. Bach: *Für jene, die sich nicht dagegen wehren können, daß ihnen Gedanken, Vorstellungen und Argumente in den Sinn kommen, die ihnen unerwünscht sind. Das geschieht gewöhnlich in jenen Augenblicken, wenn das momentane Interesse nicht stark genug ist, um ihre Aufmerksamkeit ganz zu fesseln.*
Bedrückende Gedanken drängen sich immer wieder vor, und wenn sie einige Zeit verbannt waren, kehren sie hartnäckig zurück. Sie scheinen sich ständig im Kreise zu drehen und verursachen viel seelische Qual.
Wenn diese unerwünschten, unangenehmen Gedanken da sind, nehmen sie einem den Frieden und machen es unmöglich, nur an die Arbeit, die Freude oder das Vergnügen des Tages zu denken.

Von diesem Gemütszustand, bei dem unerwünschte Gedanken und Vorstellungen ständig im Kreise gehen und psychische Qual, Müdigkeit und Konzentrationsmangel verursachen, sagte Dr. Bach, er sei »wie eine Schallplatte, die hängengeblieben ist«. Menschen, die von solchen Gedanken verfolgt werden, können keine Ruhe finden, leiden oft an

Schlaflosigkeit, empfinden alles als Plage und sind bereit, alles zu tun, um aus dem Gefängnis ihrer unkontrollierten Gedanken zu entfliehen. Dieser Zustand kann Kopfschmerzen verursachen und das Gefühl erzeugen, als wäre das Gehirn stets umnebelt und voll von nutzlosen Gedanken und Argumenten. Im Unterschied zu CLEMATIS, das jenen Menschen hilft, die mit ihren Luftschlössern und Tagträumen anscheinend ganz zufrieden sind, hilft WHITE CHESTNUT denen, die sich um jeden Preis von ihren zwanghaften Gedanken befreien wollen. Den positiven Ausdruck von WHITE CHESTNUT sieht man bei solchen Menschen, die in Harmonie mit sich selbst und ihrem Geist leben, klar denken können und ihre Gedanken für konstruktive Zwecke einsetzen.

Beispiele für die Anwendung von WHITE CHESTNUT:

Frau, 24 Jahre, unverheiratet. Sie hatte viel Kummer sowohl mit ihren kranken Verwandten als auch im Zusammenhang mit ihrer Arbeit. Sie konnte nie gut schlafen, da ihre Gedanken ihr stets im Kopf herumgingen. Es schien, als gäbe es für ihre Probleme keine Lösungen. Als sie kam, um sich behandeln zu lassen, war sie in einem Zustand großer Mutlosigkeit. WHITE CHESTNUT allein wurde ihr verschrieben. Die Wirkung stellte sich fast augenblicklich ein. Sie sagte, es sei gewesen, als hätte sich plötzlich eine Mauer zwischen sie und ihre Gedanken geschoben. Sie hätte noch versucht, eine Hand über die Mauer zu strecken, um die Gedanken wieder an sich zu ziehen, doch dies sei ihr nicht mehr gelungen. Sie hatte keine Probleme mehr, doch behielt sie für alle Fälle noch ein Fläschchen mit WHITE CHESTNUT.

Frau, 49 Jahre. »Ich leide an einem nervösen Herzen, bin unaufhörlich in Sorge und stets über viele Dinge beunruhigt. Wenn ich aus dem Gleichgewicht gekommen bin, ergreifen die Gedanken von mir Besitz, ich kann nicht mehr schlafen, und mein Herz wird unruhig. Ich wünsche mir, daß ich diese Gedanken, die mich dermaßen ermüden, anhalten könnte, und mir ist bewußt, daß mein Herz völlig in Ordnung sein könnte, wenn ich mich nicht so viel sorgte.« Sie nahm einige Wochen lang WHITE CHESTNUT, und es ging ihr allmählich besser. Später konnte sie berichten, daß sie nun imstande sei, ihre Gedanken zu kontrollieren, und sich infolgedessen viel wohler fühle.

MUSTARD
Ackersenf

Tiefe Niedergeschlagenheit, Melancholie, Depression ohne sichtbare Ursache

Dr. Bach: *Für jene, die zuweilen schwermütig oder gar verzweifelt sind, als ob eine kalte, dunkle Wolke sie überschatte und Licht und Lebensfreude vor ihnen verberge. Vielleicht ist es gar nicht möglich, solche Phasen zu begründen oder erklären. Unter diesen Umständen ist es fast ausgeschlossen, glücklich oder fröhlich zu erscheinen.*

MUSTARD ist eine Blüte, die nach einer Periode tiefer Niedergeschlagenheit und Verzweiflung wieder Licht und Freude ins Dasein bringt, besonders wenn die Ursache für diesen depressiven Zustand nicht bekannt ist. Eine solche Depression führt zu Introversion und Melancholie, und es scheint unmöglich, wirkliches Interesse, geschweige denn Freude oder Fröhlichkeit gegenüber der Welt aufzubringen. Die Depression des MUSTARD-Typs ist unerklärlich; sie kommt und geht ohne Vorwarnung, im Gegensatz zur Verzweiflung von GORSE und zu der Mutlosigkeit und dem Zweifel von GENTIAN, die stets bekannte Ursachen haben. Der positive Ausdruck von Mustard zeigt sich bei denen, die eine unerschütterliche und stete innere Abgeklärtheit besitzen und die imstande sind, unerwartete negative Erlebnisse durch ihren inneren Frohsinn auszugleichen.

Beispiele für die Anwendung von MUSTARD:

Mann, mittleres Alter. Er hatte eine wichtige Stellung in Nigeria und schrieb, daß er das Interesse an seiner Arbeit verloren habe und daß er psychisch und physisch völlig erschöpft sei. Seine Ärzte waren ziemlich ratlos, und obwohl kein Blutmangel festzustellen war, hegten sie den Verdacht, daß er an Anämie leiden könne. Sein ganzes Leben lang hatte er ohne sichtbare Ursache periodenweise an tiefer Niedergeschlagenheit gelitten. Er bekam eine Mischung aus MUSTARD für die Depressionen und OLIVE für seine psychische und physische Erschöpfung. Zwei Monate später schrieb er und berichtete, daß es ihm nun bessergehe als seit langem. »Ich muß wohl anerkennen, daß meine Besserung den Bach-Blüten zu verdanken ist, doch es fällt mir schwer, dies zuzugeben, da ich es ablehne, blind auf etwas zu vertrauen, das ich nicht kenne.« Er nahm die gleichen Mittel wieder, und nach drei Monaten schrieb er, um mitzuteilen, daß er nun bei bester Gesundheit sei und seine Depressionen verschwunden seien. Zwei Jahre später schrieb er wieder und erzählte: »Dank der Bach-Blütenmittel geht es mir nun sehr gut. Die Depressionen sind niemals mehr wieder aufgetaucht.«

Mann, 77 Jahre. Er erzählte, daß es nichts gab, worüber er deprimiert sein könnte, doch daß sich ab und zu ein Depressionszustand wie eine schwarze Wolke über ihn niedersenke, ohne daß er wisse, warum. Bei diesen Gelegenheiten litt er an Herzklopfen und fühlte sich ernstlich krank. Es dauerte stets mehrere Tage, bis die Depressionen nachließen und er wieder ein froher, unbekümmerter Mensch war. Im Laufe des ersten Monats der Behandlung mit MUSTARD hatte er nur einmal einen Anfall von Depression, der nicht länger als einen Tag dauerte. Er nahm das Mittel noch zweimal und teilte dann mit, daß die Depressionen nun vollständig verschwunden seien und daß er keine Probleme mehr mit seinem Herzen habe.

CHESTNUT BUD

Kastanienknospen

Unaufmerksamkeit, Abgehetztsein, Unfähigkeit, aus den eigenen Erfahrungen und Fehlschlägen zu lernen

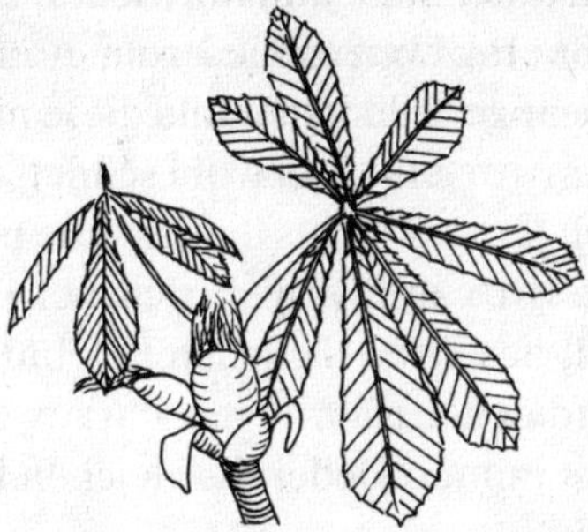

Dr. Bach: Für jene, die aus ihren Erfahrungen und Beobachtungen nicht genügend zu lernen scheinen und länger als andere brauchen, um die Lektionen des täglichen Lebens zu begreifen.

Während bei manchen Menschen eine einzige Erfahrung genügt, ist es für diese notwendig, mehrere zu erleben, bis sie die notwendige Lektion gelernt haben.

So sehen sie sich zu ihrem eigenen Bedauern gezwungen, bei verschiedenen Gelegenheiten den gleichen Fehler zu wiederholen, während einmal genügt hätte oder die Beobachtung anderer ihnen diesen Fehler ersparen könnte.

CHESTNUT BUD hilft jenen, die nicht imstande sind, aus ihren Erfahrungen und Fehlschlägen zu lernen. Sie erleben die gleichen Schwierigkeiten und Probleme wiederholte Male, ohne sie miteinander in Verbindung zu bringen und ohne die Botschaft, die darin liegt, anzunehmen. Unaufmerksamkeit, Gleichgültigkeit, Abgehetztsein schaffen den Nährboden für jene oberflächliche Haltung, aufgrund derer man nicht imstande ist, aus den Fehltritten der Vergangenheit zu lernen. Nur durch ein Schärfen des Wahrnehmungsvermögens und Erweitern des Überblicks kann es vermieden werden, daß man immer wieder auf die gleichen Probleme stößt. Im Unterschied zum HONEYSUCKLE-Typ, der an der Vergangenheit hängt und diese nicht loslassen will, kann der CHESTNUT-BUD-Typ wohl schnell das Vergangene vergessen, doch lernt er nichts daraus. Die positiven Eigenschaften von CHESTNUT BUD zeigen sich bei jenen Menschen, die fähig sind, aus ihren täglichen Erlebnissen zu lernen und die notwendigen Erfahrungen daraus zu ziehen, so daß sie sich nicht immer wieder die gleichen Probleme zu schaffen brauchen.

Beispiele für die Anwendung von CHESTNUT BUD:

Frau, 40 Jahre, unverheiratet. Sie litt an einem periodisch wiederkehrenden Ekzem in beiden Ohren, das ihr das Gefühl der Unreinheit gab. Sie litt auch an Schmerzen in einer Seite des Kopfes. Sie schrieb: »Ich mache immer wieder die gleichen Fehler, und es scheint, daß ich nie aus meinen Erfahrungen lerne. Jedesmal, wenn ich einen Fehler wieder begehe, bricht das Ekzem in meinen Ohren aus.« CHESTNUT BUD wurde als ihr Typenmittel gewählt, da sie nur sehr langsam aus ihren Erfahrungen lernen und daraus Nutzen ziehen konnte. Für das Gefühl der Unreinheit, das das Ekzem verursachte, wurde auch CRAB APPLE beigegeben. Ihr erster Bericht, den sie eine Woche später sandte, besagte, daß ihre Ohren auf dem Weg der Besserung seien. Zwei Monate später war das Ekzem vollständig verschwunden, und sie hatte keine Anfälle von Kopfschmerzen mehr. Sechs Monate später schrieb sie wieder und berichtete, daß weder das Ekzem noch die Kopfschmerzen jemals wiedergekehrt seien.

Mann. Er war ein tüchtiger, doch stets abgehetzter Geschäftsmann. »Ich habe immer zuviel zu tun und zu organisieren und bemerke dabei, daß ich die gleichen Fehler wieder und wieder mache. Ich werde sehr reizbar und müde, wenn der Arbeitstag zu Ende ist, und dies ärgert mich dann noch mehr.« Er bekam eine Mischung aus CHESTNUT BUD, da er weder Zeit noch Mühe aufbrachte, um sich daran zu erinnern, daß er den gleichen Fehler schon einmal begangen hatte, und IMPATIENS gegen seine Ungeduld und Reizbarkeit. Man riet ihm, einen Teil seiner Arbeit an andere zu delegieren, zumal er erfahrene Mitarbeiter hatte. Er befolgte den Rat, und nach zwei Fläschchen des Mittels erzählte er, daß die Wirkung bemerkenswert war. Er sah ein, daß er sich stets unnötigen Streß bereitete. Er berichtete, daß auch seine Mitarbeiter nun zufriedener waren, da er ein ausgeglichener Mensch geworden war.

4.
Einsamkeit

WATER VIOLET
Sumpfwasserfeder

Stolz, überlegen, reserviert; wünscht Ruhe und Einsamkeit

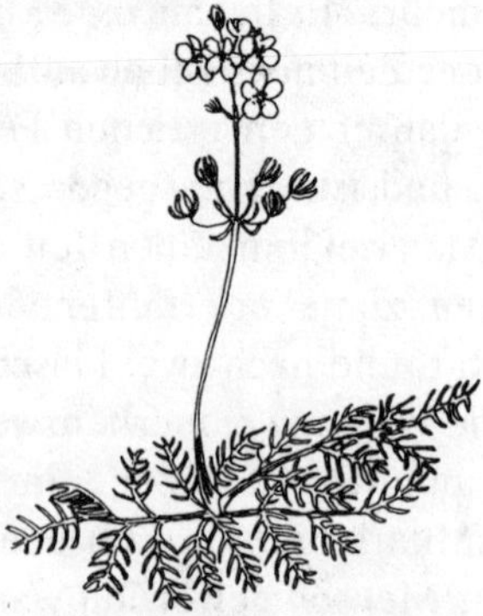

Dr. Bach: *Für jene, die in Gesundheit oder Krankheit lieber allein sind. Sehr stille Menschen, die sich lautlos bewegen, wenig und in sanftem Ton sprechen. Sie sind sehr unabhängig, fähig und selbstsicher, fast ganz unbeeinflußt von den Meinungen anderer. Sie sind zurückhaltend, lassen andere in Ruhe und gehen ihre eigenen Wege. Oft sind sie schlau und talentiert. Ihre Ruhe und ihr innerer Frieden ist ein Segen für ihre Umwelt.*

WATER VIOLET ist das Mittel für stille, freundliche Menschen, die großen Wert auf Unabhängigkeit, Ruhe und Einsamkeit legen. Sie sind oft sehr arbeitsam und tüchtig, doch ihr großes Wissen und ihre guten Eigenschaften geben ihnen oft ein Gefühl von Überlegenheit, Selbstgefälligkeit und Stolz. Diese Haltungen können Muskelverspannungen und Krankheiten wie Gicht hervorrufen, die der geistigen Steifheit und Arroganz entsprechen. Diese Menschen sind in ihrer Art jenen, die vom VINE-Typ repräsentiert werden, entgegengesetzt. Letztere versuchen andere zu beherrschen, während der WATER-VIOLET-Typ tolerant ist und kein Bedürfnis hat, sich in die Angelegenheiten anderer einzumischen. Der positive Ausdruck von WATER VIOLET zeigt sich bei jenen Menschen, die von Unabhängigkeit, Selbstvertrauen und Demut geprägt sind. Sie sind ruhige und sympathische Ratgeber und Helfer.

Beispiele für die Anwendung von WATER VIOLET:

Mann, 55 Jahre. Er war ein sehr freundlicher Mensch, der eine verantwortungsvolle Stellung innehatte. Er führte seine Arbeit zu voller Zufriedenheit aus, war bei allen beliebt und mischte sich nur in die Angelegenheiten seiner Mitarbeiter ein, wenn es absolut notwendig war. Er litt an Steifheit im Nacken und in den Schultern und konnte wegen dieser Spannungen nachts nicht schlafen. Er neigte dazu, mit sich selbst sehr hart zu sein, eine Eigenschaft, die die physische Angespanntheit verursachte. WATER VIOLET wurde ihm für seine überhebliche Unabhängigkeit verschrieben und ROCK WATER für die strenge Haltung, die er gegenüber sich selbst einnahm. Als er diese Blüten zwei Monate lang genommen hatte, berichtete er, daß er nun einsehe, daß er zu streng mit sich selbst und zu stolz auf seine Leistungen gewesen sei. Nun konnte er sich sowohl physisch als auch psychisch entspannen, die Schmerzen im Nacken und in den Schultern waren verschwunden, und er konnte wieder gut schlafen.

Frau, 57 Jahre. Sie war äußerst freundlich und tolerant gegenüber anderen, bewegte sich still umher und erledigte alles, was sie unternahm, anmutig und tüchtig. Gewöhnlich hatten andere Menschen auf ihren Gemütszustand keinen Einfluß, doch zu ihrer Überraschung hatte sie seit einiger Zeit begonnen, gereizt und intolerant gegenüber einigen Freunden zu reagieren. Sie behielt diese Gefühle für sich, doch als Folge dieser Gereiztheit, die ihrer wahren Natur fremd war, begann sie nun, unter Ischiasbeschwerden zu leiden. Der Schmerz hielt sie nachts wach und war auch tagsüber äußerst unangenehm. WATER VIOLET wurde ihr als Typenmittel verschrieben sowie IMPATIENS gegen ihre Reizbarkeit. Im Laufe von zwei Monaten wurden die Schmerzen tagsüber geringer, doch des Nachts waren sie noch immer sehr schlimm. Sie nahm zwei weitere Fläschchen des Mittels und konnte daraufhin berichten, daß nicht nur die Schmerzen vollständig verschwunden waren, sondern daß sie sich zu ihrer Freude auch nicht mehr länger gereizt und intolerant fühlte. »Ich komme mir selbst nun recht schlecht vor bei dem Gedanken, daß ich gegenüber Menschen, die ich gut leiden kann, so unfreundlich gewesen bin.«

IMPATIENS
Drüsentragendes Springkraut

Ungeduld, Reizbarkeit, starke innere Spannung

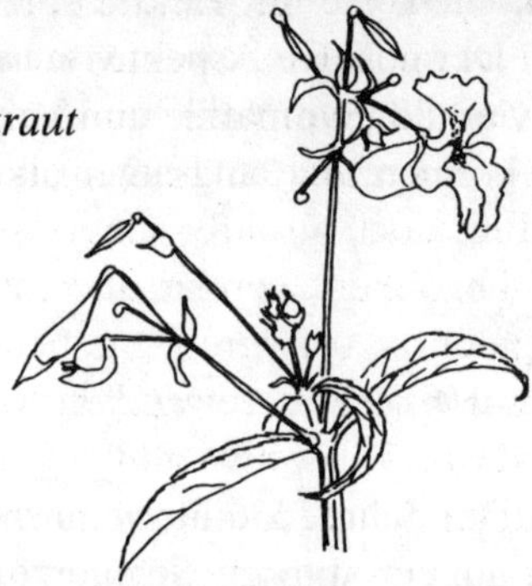

Dr. Bach: *Für jene, die rasch sind im Denken und Handeln und die alles schnell und ohne Zögern tun wollen. Im Falle einer Erkrankung sind sie darauf bedacht, rasch wieder zu genesen.*
Es fällt ihnen sehr schwer, mit langsamen Menschen Geduld zu zeigen, da sie es für falsch und eine Zeitverschwendung halten, und sie setzen alles daran, um solche Menschen in ihrem Tun zu beschleunigen.
Oft ziehen sie es vor, allein zu arbeiten und zu denken, so daß sie alles in ihrem eigenen, gewohnten Tempo erledigen können.

IMPATIENS hilft den Ungeduldigen, denen alles nicht schnell genug geht und die daher dazu neigen, auf ihre Umgebung gereizt zu reagieren. Solche Menschen sind Mißgeschicken und Unglücksfällen ausgesetzt, da sie es zu eilig haben, sich vorzusehen. Ihre Anspannung äußert sich oft in Muskelspannungen, Krämpfen und Schmerzen, und wenn sie krank werden, scheint es, als wäre ihnen der Genesungsprozeß nie schnell genug. Sie besitzen eine rasche Auffassungsgabe, sind intelligent und effektiv, doch sie sind auch nervöse

Menschen, die mit Hektik sprechen, essen und sich bewegen. Der positive Aspekt von IMPATIENS zeigt sich bei jenen, die Geduld, Sympathie und Verständnis für andere aufbringen können, die langsamer als sie selbst sind.

Beispiele für die Anwendung von IMPATIENS:

Frau, 24 Jahre. Sie litt während ihrer Menstruation jeden Morgen an starken Schmerzen. Eine Unterleibsuntersuchung ergab, daß sie eine offene Wunde in der Gebärmutter hatte. Man riet ihr zu einer Operation, und sie wurde gebeten, einen Monat später zu einer weiteren Untersuchung zu kommen. Der Gedanke an die Operation erschreckte sie sehr, und wenn die Schmerzanfälle kamen, wurde sie völlig hysterisch. Sie war von Natur aus tüchtig, schnell und arbeitsam, doch es irritierte sie sehr, wenn jemand sich in ihre Angelegenheiten einmischte oder ihr gute Ratschläge gab. IMPATIENS wurde ihr als Typenmittel für ihre hektische und ungeduldige Natur verschrieben, ROCK ROSE für die Angst und Panik und STAR OF BETHLEHEM für den Schock, den die Aussicht auf die Operation verursacht hatte. Sie nahm die Blüten regelmäßig einen Monat lang. Schon während ihrer nächsten Periode hatte sie wesentlich weniger Schmerzen. Als sie zur zweiten Untersuchung in das Krankenhaus zurückkehrte, war der Arzt überrascht, daß er von der Wunde kaum mehr eine Spur finden konnte. Nur eine kleine Narbe erinnerte daran, daß einmal eine Wunde vorhanden gewesen war. Die Operation war nun nicht mehr notwendig.

Frau, 72 Jahre. Sie gab zu, daß sie stets ungeduldig gewesen sei und es abgelehnt habe, sich bei ihrer Arbeit helfen zu lassen, da sie fühlte, daß sie dadurch gehemmt wurde. Langsame Menschen reizten sie sehr: Menschen, die sich langsam bewegten, langsam sprachen, und Menschen, die schwer von Begriff waren, so daß sie das, was sie mitteilen wollte, mehrmals wiederholen mußte. Über all dies regte sie sich oft sehr auf. Ihr Körper war sehr angespannt, und sie litt oft nachts unter Krämpfen und Schlaflosigkeit. IMPATIENS half ihr sehr. Sie begann sich zu entspannen, konnte wieder besser schlafen und begann langsam zu begreifen, daß »die Menschen nicht alle gleich sind«.

HEATHER
Heidekraut

Egozentrik; Menschen, die nur von sich sprechen und sich nur um sich selbst kümmern; Menschen, die das Alleinsein hassen.

Dr. Bach: *Für jene, die ständig Gesellschaft brauchen und suchen, weil sie es für notwendig halten, ihre eigenen Angelegenheiten mit anderen zu besprechen, ganz gleich, mit wem es auch sei. Sie sind sehr unglücklich, wenn sie einmal längere oder kürzere Zeit allein sein müssen.*

Bei diesen Menschen dreht sich alles ausschließlich um sie selbst, und sie benützen andere, um sie mit ihren Problemen zu überschütten. Sie sprechen schnell und unaufhaltsam, kommen dicht an ihre Gesprächspartner heran und nehmen oft körperlichen Kontakt mit ihren »Opfern« auf, um deren Aufmerksamkeit festzuhalten. Ihre Gegenwart kann sehr ermüdend sein. Solche Menschen lassen andere nur schwer Abschied nehmen, da sie es hassen, allein zu sein. Sie sind das genaue Gegenteil vom AGRIMONY-Typ, der seine Probleme vor anderen verbirgt. HEATHER-Typen sind schlechte Zuhörer und interessieren sich nicht für die Probleme anderer. Nervöse Menschen (MIMULUS) oder Menschen mit schwachem Willen (CENTAURY) sind die vom HEATHER-Typ bevorzugte Gesellschaft, da diese nicht die Stärke haben, es mit dem unaufhörlichen Redefluß des HEATHER-Typs aufzunehmen. Der positive Aspekt von HEATHER zeigt sich bei jenen, die selbst viel gelitten haben und deshalb imstande sind, andere, die in Not sind, zu verstehen, ihnen zuzuhören und ihnen zu helfen, ohne immer gleich an sich selbst zu denken.

Beispiele für die Anwendung von HEATHER:

Frau, 50 Jahre. Sie sprach viel und beschrieb lang und breit ihren Gesundheitszustand. Sie erzählte ihren Bekannten alles über ihre Krankheitssymptome, beklagte sich jedoch, daß diese keine Spur von Interesse für sie zeigten. Sie fühlte sich einsam und schwach. HEATHER wurde ihr verschrieben, und nach einiger Zeit berichtete sie, daß es ihr nun viel besser gehe, daß ihre Bekannten sie nun öfter besuchen kämen und daß sie auch Teilnahme für deren Probleme empfinden könne, zumal diese oft größer seien als ihre eigenen. Ihr Mann war krank, und sie ängstigte und sorgte sich sehr um seine Gesundheit. RED CHESTNUT als Mittel gegen die Angst um andere wurde hinzugefügt und erbrachte sehr gute Resultate.

Frau, 57 Jahre. Sie wollte stets das Zentrum der Aufmerksamkeit sein. Sie unterbrach das Gespräch anderer, um über sich und ihre Familie sowie über ihre eigenen und deren Krankheiten zu erzählen, und brachte damit ihre Zuhörer zur totalen Erschöpfung. Sie hatte gesundheitliche Probleme mit ihrer Brust. Gleichzeitig hatte sie viele gute Eigenschaften, war sehr interessiert an anderen und verwendete viel Zeit darauf, anderen zu helfen oder ihnen gute Ratschläge zu geben. Sie kam damit zwar nicht immer gut an, da ihr unaufhaltsamer Redestrom andere überwältigte und ihnen die Energie raubte. HEATHER wurde zusammen mit VINE verschrieben, da sie stets alles besser wußte und meinte, daß die anderen immer nur das tun müßten, was sie sagte. Allmählich wurde sie ruhiger, redete weniger, und ihre Gesundheit besserte sich.

5.
Überempfindlichkeit gegenüber Einflüssen und Ideen

AGRIMONY
Odermenning

Sorge und innerer Schmerz, der vor anderen verborgen wird; oberflächliche Fröhlichkeit

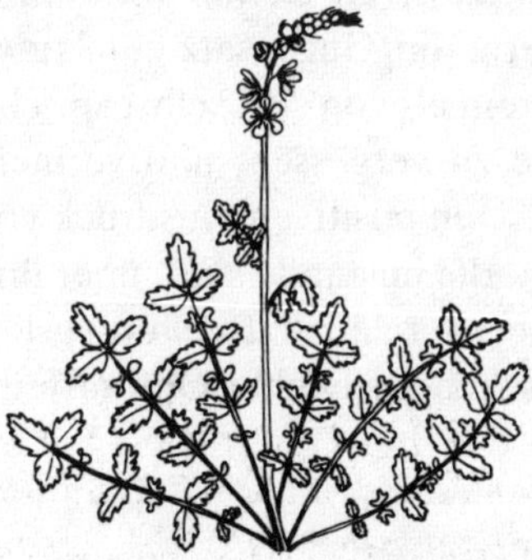

Dr. Bach: *Für die jovialen, fröhlichen und humorvollen Menschen, die den Frieden lieben und unter Meinungsverschiedenheiten und Streitigkeiten leiden; sie sind bereit, viel aufzugeben, um solche Unannehmlichkeiten zu vermeiden. Obwohl sie im allgemeinen Schwierigkeiten haben und innerlich wie äußerlich besorgt und rastlos sind, verbergen sie ihren Kummer hinter einer Maske von Humor und Witz und sind als Freunde und Gesellschafter sehr geschätzt. Häufig greifen sie zu reichlich Alkohol oder Drogen, um sich in Stimmung zu bringen und die Leichtigkeit zu gewinnen, mit der sie ihre Bürde zu tragen gedenken.*

Es ist oft schwierig, die Fassade von Fröhlichkeit und Sorglosigkeit dieser Menschen zu durchschauen. Wenn man mit ihnen zusammen ist, scheinen sie stets fröhlich und vergnügt zu sein, doch sie können in ihrem Inneren verborgen heimlich große Probleme, Schmerzen und Kümmernisse tragen. Sie wollen um jeden Preis Unfrieden vermeiden und schlechten Schwingungen aus dem Weg gehen und versuchen stets auszugleichen, wenn sie in Konflikte geraten. Oft sind sie rastlos, leiden an Schlaflosigkeit und neigen zu einem exzessiven Genuß von Stimulanzien, um ihre Last zu mildern. Im Gegensatz zum HEATHER-Typ, der von nichts anderem als von sich selbst spricht, versuchen sie, ihre Probleme zu vergessen, und vermeiden es, darüber zu sprechen. Den positiven Ausdruck von AGRIMONY sieht man bei jenen, die imstande sind, über ihre Probleme zu lachen, da sie deren relative Bedeutungslosigkeit erkennen. Solche Menschen sind echte Optimisten und Friedensstifter.

Beispiele für die Anwendung von AGRIMONY:

Mann, 40 Jahre. Er war ein tapferer Mensch, doch rastlos, überlastet und von ängstlicher Natur. Seine Familie bereitete ihm viele Sorgen, und er trank viel, um den Druck zu mildern. Es wurde ihm AGRIMONY allein verschrieben. Nach zwei Monaten der Behandlung war seine Neigung zum Alkohol verschwunden, und er war nun imstande, seine vielen Probleme zu durchschauen und zu lösen. Er war wieder zu einem ausgeglichenen Menschen geworden.

Frau, 63 Jahre, Witwe. Sie hatte sowohl vor als auch nach dem Tode ihres Mannes vor sechs Jahren stets mit vielen Sorgen gelebt, doch hatte sie diese mit Tapferkeit und Zuversicht bewältigt. Sie war eine aktive, energische Frau mit vielen Interessen, die ihr, wie sie sagte, halfen, ihren eigenen Kummer zu vergessen. Ihre freundliche, sympathische

Natur ermunterte ihre Freunde, mit allen Problemen zu ihr zu kommen. Seit vielen Jahren hatte sie an einem bläschenartigen Ausschlag an beiden Händen und Füßen gelitten, und trotz vieler verschiedenartiger Behandlungen hatte sich dieser nicht gebessert. Sie bekam AGRIMONY für ihre tapfere, fröhliche Lebenssicht, VERVAIN für ihre aktive, energische Natur und für ihr Unvermögen, sich zu entspannen. Als drittes Mittel wurde ihr noch CRAB APPLE gegeben. Die Mittel wurden hin und wieder geändert, nur AGRIMONY, ihr Typenmittel, wurde beibehalten. Der Genesungsprozeß dauerte lange, und es kam zu einigen Rückschlägen, doch ihr Durchhalten wurde belohnt. Am Ende sagte sie: »Meine Hände und Füße sind gesund, das ist phantastisch.«

Baby, 6 Monate. Das Mädchen war ein glückliches und zufriedenes Kind, das stets lächelte. Es hatte einen Ausschlag in Form von roten Flecken am Kopf, der es jedoch nicht zu bekümmern oder zu irritieren schien. AGRIMONY wurde ihm für seine fröhliche Natur verschrieben, und CRAB APPLE wurde beigefügt. Nach zwei Fläschchen der Blütenmischung verschwand der Ausschlag und kehrte nicht mehr wieder.

CENTAURY
Tausendgüldenkraut

Willensschwäche, leichte Beeinflußbarkeit, Unterwürfigkeit

Dr. Bach: Für jene freundlichen, ruhigen, sanften Menschen, die überängstlich darauf bedacht sind, anderen zu dienen. Bei all ihren Anstrengungen überschätzen sie ihre Kraft. Sie identifizieren sich so mit ihrem beflissenen Streben, daß sie mehr zu Sklaven als zu willigen Helfern werden. Ihre gute Art verleitet sie, mehr zu tun, als ihre Aufgabe wäre, und dabei könnte ihr eigenes Lebensziel vernachlässigt werden.

Menschen vom CENTAURY-Typ sind still und unterwürfig und stets bereit, anderen zu gefallen und für andere alles zu tun. Sie erschöpfen sich selbst in ihrem Eifer und wirken daher oft bleich und schlecht aufgelegt, selbst wenn sie im Unterschied zum CLEMATIS-Typ in Wirklichkeit wachsam und aufmerksam sind. Ihr Problem ist ihr schwacher Wille, der stärkere Naturen herausfordert, sie zu beherrschen. Sie argumentieren und wehren sich nicht, sondern tun, was man ihnen sagt, und akzeptieren die Meinungen und Konventionen ihrer Umwelt, ohne sich aufzulehnen. Sie hängen daher oft fest in ihren Familien oder Arbeitsverhältnissen, ohne daß sie imstande wären, mit dem Alten zu brechen und einen neuen Kurs einzuschlagen. CENTAURY stärkt Körper und

Gemüt und unterstützt die Entwicklung einer persönlichen und sozialen Selbständigkeit. Die positive Seite dieser Blüte zeigt sich in der Fähigkeit, anderen zu dienen, ohne seine Eigenart aufzugeben und ohne sein höheres Selbst durch das unkritische Befolgen der Meinungen und Ansprüche anderer zu verraten. Sie zeigt sich in der Klarheit darüber, wann man ja und wann man nein sagen will.

Beispiele für die Anwendung von CENTAURY:

Junge Frau, verheiratet. »Meine Mutter hat eine furchterregende Willensstärke. Manchmal getraue ich mich nicht einmal, ihr einen Rat zu geben oder einen Vorschlag zu machen. Ich wage es nicht zu äußern, wie sehr ich mich danach sehne, einmal allein auszugehen, auch wenn es nur für einige wenige Stunden ist. Ich bleibe lieber zu Hause, als den unausweichlichen Streit zu riskieren. Ich fühle mich auch sehr müde, und obwohl ich mir wünsche, wieder mit dem Malen anzufangen, habe ich weder Zeit noch Kraft dazu. Ich sehne mich danach, selbst planen zu können, alleine sein zu können, um mich auszuruhen und dann mit klarem Kopf zu handeln. Ein befreundetes Paar kam neulich und lud mich ein, mit ihnen auszugehen. Meine Mutter wurde wütend und sagte, daß sie kein Recht dazu hätten, nur mich einzuladen, sie hätten auch sie mitnehmen sollen. Im Gegensatz dazu sagte mein Mann: ›Das war nett von ihnen, tue, was du für richtig findest, ich hoffe, du unterhältst dich gut.‹« Für ihre mangelnde Fähigkeit, ihren Willen geltend zu machen, wurde ihr CENTAURY verschrieben, und sie nahm das Mittel drei Monate lang. Allmählich begann sie ihr eigenes Leben zu leben und nahm jeden Tag etwas mehr Zeit für sich selbst in Anspruch, um zu malen und Freunde zu besuchen. Schließlich sagte sie, daß sie nun endlich dazu imstande sei, freundlich, aber bestimmt das durchzusetzen, was sie wolle. Sie fand, daß dies auch ihrer Mutter half, die nun begann, gegenüber anderen rücksichtsvoller zu sein.

Frau, 50 Jahre. Sie arbeitete als Köchin. Sie schrieb: »Meine Mutter und meine Schwester sind in psychiatrischer Behandlung. Mein Vater war sehr dominierend und brachte uns alle dazu, das zu tun, was er wünschte. Ich selbst lasse mich, wie es scheint, ständig von anderen Menschen beeinflussen und tue stets das, was andere sagen. Ich fühle mich so müde, daß ich nicht mehr schlafen kann, und es scheint, daß es mir nie gelingt, meinen Willen geltend zu machen.« CENTAURY wurde ihr als ihr Typenmittel verschrieben. Nachdem sie zwei Fläschchen von dem Mittel genommen hatte, schrieb sie wieder und berichtete: »Es war verblüffend. Ich fühle mich wesentlich besser und bin nun endlich imstande, selbst zu entscheiden, anstatt immer das zu tun, was andere sagen.«

WALNUT
Walnuß

Menschen, die von den Ideen anderer auf Abwege geführt werden; Gebundensein an die Vergangenheit; Frustration

Dr. Bach: *Für jene, die bestimmte Ideale und feste Zielsetzungen im Leben haben und diese verfolgen, bei seltenen Gelegenheiten jedoch versucht sind, sich von ihren eigenen Vorstellungen, Zielen und Arbeiten ablenken zu lassen durch die Begeisterung, die Überzeugungen oder Ansichten anderer. Dieses Heilmittel gibt ihnen Standhaftigkeit und schützt sie vor Beeinflussung von außen.*

WALNUT unterstützt den Übergang von einer Lebensphase in eine andere. Solche Übergänge finden statt, wenn ein Baby Zähne bekommt, wenn ein Kind in die Pubertät kommt oder wenn ein Erwachsener die Wechseljahre erreicht. Entscheidende Veränderungen im Leben treten auch dann ein, wenn man das Elternhaus verläßt, sich verheiratet, den Arbeitsplatz, das Land oder die Religion wechselt. Alle solche Wendepunkte bedeuten ein Aufräumen mit der Vergangenheit und eine Öffnung gegenüber der Zukunft. Im Gegensatz zum CENTAURY-Typ ist der WALNUT-Typ zielbewußt und entschlossen, kann jedoch mitunter von einer stärkeren und dominierenden Persönlichkeit beeinflußt werden oder durch ein Gefühl der Verantwortung und Pflicht gegenüber seinen Verwandten gehemmt werden. Solche Einflüsse können die eigenen Lebenspläne durchkreuzen und Depressionen verursachen. Eine Hilfe von außen ist dann nötig, um sich von solchen Banden zu befreien und seine Lebensaufgabe erfüllen zu können. Der positive Ausdruck von WALNUT zeigt sich in der Standhaftigkeit von Menschen, die wissen, daß sie das Richtige tun und ihren eigenen Weg im Leben gehen, ohne sich von anderen beeinflussen zu lassen. Solche Menschen sind imstande, mit der Vergangenheit zu brechen und sich, ohne zu zögern, vom Alten zu trennen.

Beispiele für die Anwendung von WALNUT:

Mann, 22 Jahre. Er galt, als er klein war, als Wunderkind und konnte schon mit vier Jahren lesen. Er unterrichtete Geschichte in einer großen Schule, doch war er gezwungen, seine Arbeit aufzugeben, da er anfing, Stimmen zu hören und unter schrecklichen Alpträumen zu leiden. Er brachte diesen Zustand in Zusammenhang mit dem Einfluß eines Mannes, dem er einige Jahre zuvor begegnet war. WALNUT wurde ihm verschrieben, um ihn von dem Einfluß, den dieser Mann auf ihn ausgeübt hatte, zu befreien, da er dadurch in der Ausübung seines Berufes, den er sehr liebte, behindert wurde. Zusätzlich bekam er ROCK ROSE für die Angst vor den Alpträumen und den Stimmen. In seinem ersten Bericht teilte er mit, daß er nun imstande war, seinen ganzen Körper zu entspannen, daß er ohne Alpträume schlafen konnte und daß die Stimmen allmählich verschwanden. Er setzte die Behandlung sieben Monate lang fort und machte in dieser Zeit abgesehen von einigen Rückschlägen gute Fortschritte. Sein Mittel enthielt stets WALNUT, während die anderen Blüten je nach seinem Gemütszustand gewechselt wurden. Schließlich fühlte er sich wieder wie ein freier Mensch und hatte sich vollständig von dem Einfluß des Mannes befreit, der diese Schwierigkeiten verursacht hatte. Es wurde ihm eine gute Lehrerstellung angeboten, und er nahm diese an.

Frau, Landarbeiterin. Sie näherte sich den Wechseljahren, und ihre Menstruationen waren stark und schmerzhaft. Ihre Arbeit erschien ihr sehr anstrengend, obwohl sie sie in der Regel gerne ausführte. Sie fühlte sich sehr deprimiert und frustriert darüber, daß sie nicht alles tun konnte, was sie wollte. Ihrer Natur nach aber war sie eine muntere, optimistische Frau, die stets lächelte. Sie bekam WALNUT für die bevorstehende Veränderung in ihrem Leben und AGRIMONY als ihr Typenmittel. Sie nahm diese Blüten einige Monate lang und berichtete dann, daß ihre Menstruationen nun wesentlich weniger schmerzhaft waren und fast aufgehört hatten. Ihre Energie und ihre gute Laune waren zurückgekehrt, und sie sagte, daß die Blüten ihr so gut halfen, daß sie noch einige Zeit fortfahren wolle, sie zu nehmen, selbst wenn sie diese gar nicht mehr nötig hatte.

HOLLY
Stechpalme

Haß, Neid, Eifersucht, Mißtrauen

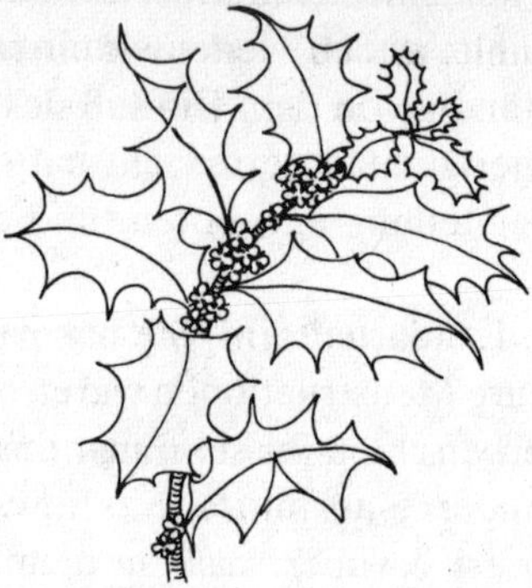

Dr. Bach: *Für jene, die manchmal von Gedanken wie Eifersucht, Neid, Rachsucht oder Argwohn befallen werden. Für die verschiedenen Formen von ärgerlicher Unruhe. Diese Menschen leiden häufig sehr stark, obwohl es oft für ihr Unglücklichsein keinen echten Grund gibt.*

So wie die Dunkelheit nichts anderes ist als die Abwesenheit von Licht, ist der Haß die Abwesenheit von Liebe. Haß ist der Nährboden für Neid, Eifersucht, Mißtrauen, Sorgen und Angst und macht aus den kleineren und größeren Proben, auf die das Leben uns stellt, bittere Ärgernisse. Der Mangel an Liebe und Hingabe trennt den Menschen von seinem Nächsten, von der Natur und von Gott. Haß und Widerwille entstehen aus der Unsicherheit und aus dem Gefühl, ausgeschlossen zu sein, abgelehnt und mißverstanden zu werden. Wenn Liebe zu einem seltenen Erlebnis wird und der Mensch sich in einem Gefängnis von Mißtrauen und Verdruß eingemauert fühlt, kann HOLLY helfen, das Licht wiederzubringen. Der positive Ausdruck von HOLLY zeigt sich bei jenen Menschen, die imstande sind zu geben, ohne eine Gegenleistung zu erwarten. Sie können liebevoll und tolerant gegenüber anderen bleiben, selbst wenn es für eine Zeitlang scheint, daß sie nur auf Widerwillen und Verdruß stoßen.

Beispiele für die Anwendung von HOLLY:

Mädchen, 11 Jahre. Sie war sehr eifersüchtig auf ihre jüngere Schwester, die, wie es schien, hübscher war, mehr Erfolg in der Schule hatte und mehr Zuwendung von den Eltern bekam. Sie fühlte sich zurückgesetzt und wurde heftig, grob und von Zeit zu Zeit ziemlich gewalttätig. Sie litt an Verstopfung, war blaß im Gesicht und hatte häufige Gallenkoliken. HOLLY wurde ihr verschrieben, und sie nahm das Mittel zwei Monate lang, woraufhin ihre Mutter mitteilte, daß das Kind sich sehr verändert hatte. Sie verhielt sich nun netter gegenüber ihrer Schwester, ihre mürrische Art war verschwunden, und nur selten wurde sie zornig. Sie war nun auch beliebter bei ihren Schulkameraden, ihre körperliche Gesundheit verbesserte sich, und sie hatte keine Gallenkoliken mehr.

Mann, mittleres Alter. Als er zur Behandlung kam, hatte er einen schweren Ausschlag an den Armen und Beinen. Er war ein haßerfüllter Mensch mit einem heftigen Temperament. Seine Arbeit machte ihm keine Freude, sondern bedrückte und erschöpfte ihn. Gegen seine starken Haßgefühle wurde ihm HOLLY verschrieben. Außerdem bekam er OLIVE gegen seine Müdigkeit und seinen Mangel an Interesse und CRAB APPLE, um ihn von den Giftstoffen zu reinigen, die sich durch die Haßgefühle in seinem Körper angesammelt hatten und den Ausschlag verursacht hatten. Nach zwei Monaten schrieb er und berichtete: »Es geht mir nun in jeder Hinsicht viel besser, ich kann gut schlafen und habe das Interesse an meiner Arbeit wiedergefunden. Gegenüber meinen Mitarbeitern bin ich nun auch viel toleranter. Der Ausschlag ist verschwunden, nur ab und zu ist eine leichte Irritation zu spüren.« Einen Monat später schrieb er wieder und berichtete, daß auch die Irritation nun vollständig verschwunden war und daß er sich sehr gut fühle.

6. Mutlosigkeit und Verzweiflung

LARCH
Lärche

Mangel an Selbstvertrauen, Erwartung von Mißerfolg, Mutlosigkeit

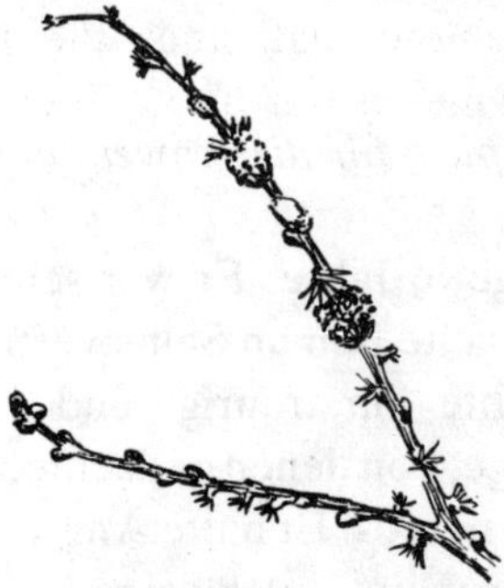

Dr. Bach: *Für jene, die sich selbst nicht für so gut oder fähig halten wie die Menschen ihrer Umgebung. Sie rechnen damit, zu scheitern, haben das Gefühl, nie Erfolg zu erleben, und so wagen sie nicht einmal eine Anstrengung, die groß genug wäre, ihnen Erfolg zu bringen.*

LARCH ist die Blüte für Menschen, die nicht auf sich selbst und ihre Fähigkeiten vertrauen und in der Erwartung leben, daß alles, was sie unternehmen, fehlschlagen wird und daß sie in ihren Leistungen nie so gut sein werden wie andere. Sie halten sich daher stets zurück und machen keinen Gebrauch von den Fähigkeiten, die sie besitzen. Sie verlieren den Mut, geben auf, sehen den Erfolg der anderen und räsonieren darüber, warum ihnen nichts gelingt. Sie werden nicht eifersüchtig oder neidisch wie die Menschen vom HOLLY-Typ oder bitter wie der WILLOW-Typ, wenn sie ihre Fehlschläge erleiden. LARCH stärkt die Entschlußkraft und den Mut. Sein positiver Aspekt zeigt sich bei jenen, die nie sagen: »Ich schaffe es nicht«, sondern: »Ich kann es, und ich will es versuchen.« Es sind jene, die ein Risiko wagen und nie über den Ausgang ihrer Versuche den Mut verlieren.

Beispiele für die Anwendung von LARCH:

Junge, 9 Jahre. Er war sehr unglücklich in der Schule. Es mangelte ihm an Selbstvertrauen in allem, was er tat. Dies machte ihn traurig, und er wurde selbst wegen kleiner Dinge, von denen er dachte, daß er sie nicht schaffen würde, sehr nervös. Er hatte Angst vor seinem Schwimmunterricht, da er meinte, daß seine Leistungen nicht so gut waren wie die seiner Kameraden. Darum wollte er jeden Dienstag, wenn Schwimmunterricht war, zu Hause bleiben. Als sein Großvater starb, traf ihn dies sehr, da er nun das Gefühl hatte, daß ihn niemand verstand und unterstützte. LARCH wurde ihm als sein Typenmittel verschrieben. Zusätzlich bekam er MIMULUS für seine Angst und Nervosität und STAR OF BETHLEHEM für den Schock, den er durch den Tod seines Großvaters erlitten hatte. Nach einem Monat schrieb seine Mutter und berichtete: »Sie können sich nicht vorstellen, wie der Junge sich verändert hat. Nun geht er sehr gerne schwimmen und kann es kaum erwarten, bis er wieder Schwimmunterricht hat. Er hat nun auch viel mehr Freude an der Schule.«

Frau, 76 Jahre, Witwe. Sie hatte einen unglücklichen Sturz erlebt, wobei sie sich im Gesicht und am Mund verletzt und ihren Knöchel verstaucht hatte. Durch die Quetschung am

Knöchel war ein altes Gichtleiden im Rücken wieder ausgebrochen. Der Sturz ereignete sich drei Wochen bevor sie zur Behandlung kam. Sie sagte, daß sie den Glauben daran verloren habe, jemals wieder sicher gehen zu können, und daß sie es nicht mehr wage, das Haus zu verlassen. Sie sagte: »Ich habe keine Angst, aber ich habe mein Selbstvertrauen verloren, wenn Sie wissen, was ich meine.« LARCH wurde ihr verschrieben, um ihr das Selbstvertrauen wiederzugeben, und STAR OF BETHLEHEM wurde beigefügt, um die Nachwirkungen des Schocks zu lindern. Einen Monat später schrieb sie und berichtete, daß es ihr nun wieder gutgehe und daß sie ihr Selbstvertrauen vollständig zurückgewonnen habe. Zu ihrer großen Überraschung war außerdem auch ihre Bronchitis verschwunden, an der sie seit einem Jahr gelitten hatte.

PINE
Kiefer

Schuldgefühle, Selbstvorwürfe; Menschen, die sich selbst die Schuld an allem geben

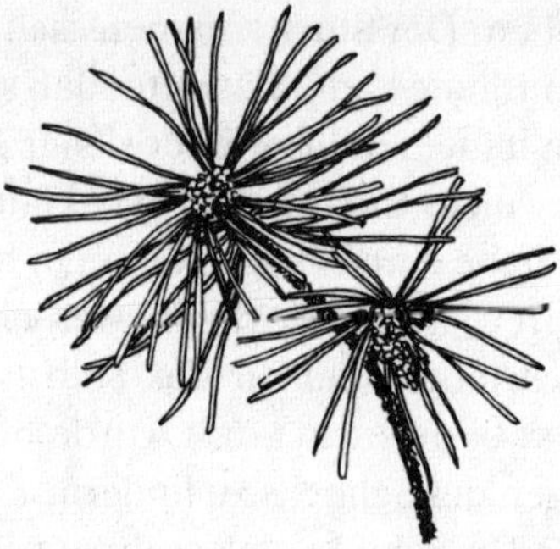

Dr. Bach: *Für jene, die sich selbst Vorwürfe machen. Selbst wenn sie erfolgreich sind, denken sie, sie hätten es noch besser machen können, und sind nie zufrieden mit ihren Bemühungen oder deren Resultaten. Sie arbeiten schwer und leiden sehr unter den Fehlern, die sie sich selbst einreden. Manchmal, wenn es einen Fehler gibt, den andere verschuldet haben, nehmen sie diesen sogar auf sich und fühlen sich verantwortlich.*

Viele Menschen fahren fort, sich selbst wegen mancher Dinge, die sie in der Vergangenheit getan haben, Vorwürfe zu machen. Sie fühlen sich schuldig an diesem oder jenem und werden mutlos und verzweifelt, weil sie ihrem Ideal, fehlerlos zu sein, nie entsprechen können. Diese Menschen arbeiten in der Regel hart, und wenn sie daraufhin erschöpft sind oder krank werden, entstehen weitere Schuldgefühle und Selbstvorwürfe, da sie es nun nicht mehr schaffen, das zu tun, was sie glauben tun zu müssen. Sie entschuldigen sich stets für ihre kleinen Fehler und Versäumnisse und neigen dazu, für etwas, das andere getan haben, die Schuld auf sich zu nehmen. Der PINE-Typ ist dem WILLOW-Typ entgegengesetzt, der eher anderen Vorwürfe macht, und unterscheidet sich auch vom ROCK-WATER-Typ, der zwar auch perfektionistisch ist, doch eher aus Stolz und Puritanismus als aufgrund von übertriebener Demut, wie sie den PINE-Typ kennzeichnet. Die positiven Eigenschaften dieser Blüte findet man bei Menschen, die ihre Fehler akzeptieren, doch nicht daran hängenbleiben. Sie sind bereit, die Verantwortung für andere zu übernehmen und ihnen zu helfen, wo immer dies sinnvoll ist.

Beispiele für die Anwendung von PINE:

Frau, mittleres Alter, Witwe. Ihr erwachsener Sohn lebte bei ihr. Seit einiger Zeit machte sie sich Vorwürfe, daß sie nicht imstande sei, ihm ein Zuhause zu bieten, in dem er glücklich wäre, da er plante, nach Amerika zu reisen und dort Arbeit zu suchen. Sie litt an Ausfluß, wodurch sie sich unrein fühlte. PINE wurde ihr gegen ihre Schuldgefühle verschrieben und CRAB APPLE, um Körper und Geist zu reinigen. Nach Verlauf eines Monats schrieb sie und berichtete: »Das Mittel hat mir sehr gutgetan. Der Ausfluß ist verschwunden, und ich fühle mich wieder wohl. Ich freue mich auch für meinen Sohn, daß er nun nach Amerika gereist ist und dort gut zurechtkommt.«

Junge Frau, verheiratet. Sie hatte zwei Knaben, Zwillinge von vier Jahren, adoptiert. Die Kinder waren sehr lebhaft und ständig in Bewegung, und sie fand es erschöpfend, den ganzen Tag mit ihnen zusammenzusein. Trotzdem versuchte sie, ihr Bestes zu geben, da sie die Kinder sehr liebte. Sie tadelte sich selbst und machte sich Vorwürfe, wenn sie ihretwegen ungeduldig und gereizt war. Aufgrund dieser dauernden Anspannung konnte sie nachts nicht schlafen und war tagsüber nur noch mehr erschöpft. Nun hatte sie eine Entzündung in der rechten Brust bekommen, die sie sehr plagte. Wegen ihrer Selbstvorwürfe wurde ihr PINE verschrieben und IMPATIENS wegen ihrer Ungeduld und Reizbarkeit. Nachdem sie die Blüten einen Monat lang genommen hatte, konnte sie bereits sehr gute Resultate verzeichnen. Die Entzündung in der Brust war vollständig verschwunden, sie machte sich keine Vorwürfe mehr und war nicht mehr ungeduldig und gereizt wegen der Zwillinge.

ELM
Ulme

Gelegentliches Gefühl von Unzulänglichkeit und Verzagtheit gegenüber großen Anforderungen und Verantwortungen

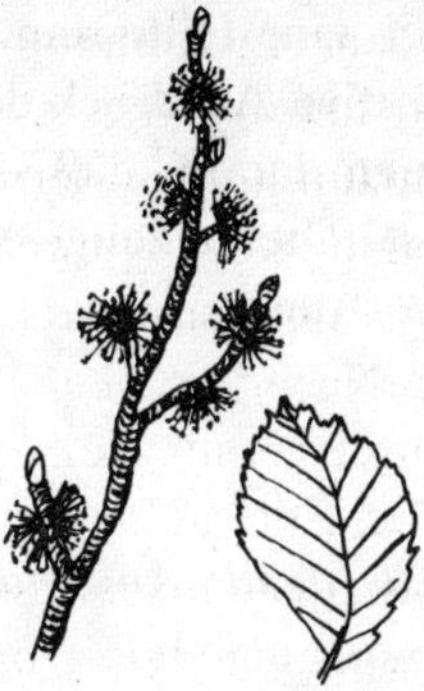

Dr. Bach: *Für jene, die gute Arbeit leisten, der Berufung ihres Lebens folgen und hoffen, etwas Wichtiges zu vollbringen, das möglichst zum Wohle der Menschheit sei.*
Es gibt Zeiten, wenn sie niedergeschlagen sind und das Gefühl haben, die Aufgabe, die sie sich aufbürdeten, sei zu schwer und ihre Erfüllung übersteige die menschliche Kraft.

Diese Blüte hilft jenen Menschen, die ihren Weg im Leben gefunden haben und ihn auch gehen. Sie sind tüchtig und intuitiv und haben oft eine verantwortungsvolle Position im sozialen Leben, die es mit sich bringt, daß andere sich auf ihre Anleitung und ihre richtige Beurteilung der Situation verlassen müssen. Oft arbeiten sie in selbstloser Weise für die Gemeinschaft, der sie angehören, und sie besitzen eine tiefe innere Überzeugung, daß sie das Richtige tun. Es können jedoch Momente eintreten, in denen die Anforderungen, die an sie gestellt werden, so groß zu sein scheinen, daß sie von einem einzelnen Menschen nicht bewältigt werden können, was sie in Mutlosigkeit und Verzweiflung stürzen kann. Dieses Gefühl hält sich jedoch nur für eine gewisse Zeit, bis sie ihre innere Überzeugung und ihr Selbstver-

trauen wiedergewonnen haben. ELM kann ihnen in diesen Perioden eine Hilfe sein.
Der positive Ausdruck der Blüte zeigt sich in einem tiefen Vertrauen darauf, daß stets Hilfe kommen wird, wenn es nötig ist. Dies erzeugt ein unerschütterliches Gefühl von Selbstvertrauen.

Beispiele für die Anwendung von ELM:

Frau, 38 Jahre, verheiratet. Sie war Mutter von fünf Kindern, die sie nach dem plötzlichen Tode ihres Mannes allein zu versorgen hatte. Obwohl sie eine äußerst tüchtige Hausfrau und Mutter war, entstand in ihr das Gefühl, außerstande zu sein, für ihre Kinder zu sorgen und diese zu erziehen. Sie empfand die Verantwortung als zu groß und war deshalb sehr bedrückt. Es wurde ihr als ihr Typenmittel ELM verschrieben, um ihr wieder die Gewißheit zu geben, daß ihr bei allem Notwendigen, das sie tun mußte, Hilfe zuteil werden würde. Außerdem bekam sie STAR OF BETHLEHEM für den Schock, den sie beim Tode ihres Mannes erlitten hatte. Sie nahm die Mittel zwei Monate lang und war daraufhin wieder imstande, ihre Probleme wirksam zu lösen. Die Depression verschwand, ihr Lebensmut kehrte zurück, und sie meinte: »Ich habe gar keine Zeit mehr, an mich selbst zu denken.«

Mann, mittleres Alter. Er war Priester und litt seit einiger Zeit an Bronchitis. Er hatte das Vertrauen in sich selbst verloren und fühlte sich außerstande, die anspruchsvolle und schwierige Arbeit in einer großen Kirche zu bewältigen. Er dachte, daß er nicht fähig genug sei, und dies bedrückte ihn sehr. ELM wurde ihm als sein Typenmittel verschrieben, und nach Ablauf eines Monats war er wieder sein altes munteres Selbst. Er gewann sein Selbstvertrauen und seine Kraft zurück und konnte wieder seine normalen Pflichten in Angriff nehmen.

SWEET CHESTNUT
Edelkastanie

Überwältigender innerer Schmerz, Verzweiflung, Hoffnungslosigkeit

Dr. Bach: *Für jene Phasen, die manche Menschen zuweilen erleben, in denen die Seelenqual so groß ist, daß sie unerträglich erscheint. Wenn man meint, seelisch oder körperlich bis zum Äußersten seiner Belastbarkeit geführt worden zu sein und jetzt zusammenbrechen zu müssen.*
Wenn es den Anschein hat, als ob man nichts anderes mehr als Zerstörung und Auslöschung zu erwarten hätte.

SWEET CHESTNUT ist das Mittel für Menschen, die über kürzere oder längere Zeit überwältigenden seelischen Schmerz und große Verzweiflung durchleben und dabei allein auf sich gestellt sind. Sie empfinden eine schmerzhafte Leere, in der alle Hoffnung verschwunden zu sein scheint und selbst der Tod keinen Ausweg mehr bietet. Im Gegensatz zum CHERRY-PLUM-Typ beherrschen diese Menschen normalerweise ihre Gefühle und denken nicht an Selbstmord oder andere drastische Handlungen. Ähnlich wie der AGRIMONY-Typ halten sie ihre Gefühle und ihren Kummer vor anderen verborgen, obwohl ihr innerer Schmerz viel überwältigender ist. Das Gefühl der Hoffnungslosigkeit, der Leere und des Nichts geht bei ihnen viel tiefer als die Mutlosigkeit und

Verzweiflung des GORSE-Typs. Den positiven Aspekt von SWEET CHESTNUT sieht man bei jenen, die imstande sind, auf das Leben zu vertrauen und in ihrer Not Gott um Hilfe anzurufen. Es sind Menschen, die an die äußersten Grenzen der Seele vorgestoßen sind und wissen, was Leiden ist. Sie können deshalb auch anderen helfen.

Beispiele für die Anwendung von SWEET CHESTNUT:

Mann, 77 Jahre. In den letzten 40 Jahren hatte er ein sehr hartes Dasein voll von Enttäuschungen, Schockerlebnissen und Sorgen gehabt, die er mit innerer Stärke getragen hatte. Als jedoch seine Frau starb, fühlte er, daß er den Kampf nun nicht mehr länger durchstehen könne. Er spürte, daß er nun an der Grenze seines Durchhaltevermögens angelangt sei, und war verzweifelt, niedergeschlagen und ohne Hoffnung. Er fühlte sich dabei auch noch völlig einsam, da er keinen Menschen hatte, auf den er sich stützen konnte. Körperlich war er bei ziemlich guter Gesundheit, doch litt er bereits seit 60 Jahren an Verstopfung, gegen die er jeden Abend ein Abführmittel nehmen mußte. Für seine unerträgliche Depression und das Fehlen jeglicher Hoffnung wurde ihm SWEET CHESTNUT verschrieben. Sein Bericht, nachdem er zwei Fläschchen von dem Mittel genommen hatte, war ermunternd: »Meine Depression läßt langsam nach. Es gibt wieder einen Lichtblick, und mein Selbstvertrauen kehrt langsam wieder zurück.« Er nahm das Mittel weiterhin, und nach weiteren zwei Monaten schrieb er: »Die Niedergeschlagenheit ist vollständig verschwunden, und meine Verstopfung hat sich unbeschreiblich gebessert. Ich lebe in einem wunderbaren seelischen Frieden.«

Frau, 56 Jahre. Sie hatte geheiratet, als sie noch sehr jung war und noch nicht einmal wußte, wie die Kinder auf die Welt kommen. Sie bekam in rascher Folge drei Kinder, bevor sie begann, Empfängnisverhütungsmittel zu verwenden. Jemand erzählte ihr, daß dies eine Art von Mord am ungeborenen Leben sei, worauf bei ihr der Gedanke entstand, daß ihr niemals verziehen werden würde. Dieses Gefühl trug sie ihr ganzes Leben lang mit sich herum. Sie litt an Schlaflosigkeit, und schreckliche Träume quälten sie. Sie spürte, daß sie nicht imstande war, ihre Gefühle und Impulse zu kontrollieren, und befürchtete daher, daß sie jemandem Schaden zufügen könne. Sie hatte es nicht gewagt, bei der Wiege ihres dritten Kindes zu schlafen, da sie befürchtete, sie könnte verleitet werden, ihm etwas anzutun. Auch nachdem sie diese Gefühle bis zu einem gewissen Grad überwunden hatte, war sie ständig verzweifelt und unglücklich und fühlte, daß sie dies nicht mehr länger durchstehen könne. Keinerlei Hilfe, kein Frieden und keine Hoffnung waren für sie in Sicht. Die Zukunft erschien ihr als reine Finsternis. SWEET CHESTNUT wurde ihr als Typenmittel verschrieben und außerdem CHERRY PLUM für die mangelnde Kontrolle über ihre Gefühle. Sie nahm die beiden Blüten dreimal, was eine allmähliche Besserung zur Folge hatte. Die Angst vor ihrer eigenen Gewalttätigkeit nahm ab, und sie konnte wieder besser schlafen. Doch die Selbstvorwürfe und das Gefühl, daß ihr nicht verziehen werden könne, waren geblieben. Um diesem Zustand abzuhelfen, wurde PINE dem Mittel zugefügt. Nach vier Monaten berichtete sie, daß sie sich wesentlich besser fühle. Die Angst war vergangen, und sie hatte begonnen, wieder Hoffnung zu fassen. Nach zwei weiteren Monaten schrieb sie: »Während des letzten Monats habe ich mich besser gefühlt als jemals zuvor in den letzten Jahren.«

STAR OF BETHLEHEM

Goldiger Milchstern

Nachwirkungen von physischem oder psychischem Schock

Dr. Bach: *Für jene, die in großer Bedrängnis oder in Umständen sind, die sie sehr unglücklich machen. Sie leiden unter dem Schock einer schlimmen Nachricht, dem Verlust eines lieben Menschen, dem Schreck nach einem Unfall und ähnlichen Zuständen. Für jene, die sich eine Zeitlang gar nicht trösten lassen wollen, bringt dieses Heilmittel Erleichterung.*

STAR OF BETHLEHEM ist das Universalmittel für alle Formen von Schock, sowohl physischem als auch psychischem. Schockerlebnisse haben eine tiefgreifende Wirkung auf den Körper und können die Ursachen vieler Krankheiten sein, deren Ursprung wir nicht kennen. Manche Menschen erscheinen nach einem schweren Schockerlebnis zunächst unberührt, und erst nach Wochen oder Monaten zeigen sich bei ihnen tiefe seelische oder körperliche Nachwirkungen. Andere wieder geraten sofort außer sich und reagieren mit großer Verzweiflung. Bei beiden Reaktionsweisen hilft STAR OF BETHLEHEM. Die meisten Menschen sind irgendwann einmal in ihrem Leben einem mehr oder weniger schweren Schock ausgesetzt gewesen. STAR OF BETHLEHEM ist ein unerläßliches Hilfsmittel für sie.

Beispiele für die Anwendung von STAR OF BETHLEHEM:

Junge Frau, unverheiratet. Sie schrieb: »Ich befand mich bis Ende November (1940) in London, als wir bombardiert wurden, doch erst jetzt beginnen sich die Auswirkungen der nervösen Spannung während all jener Wochen bemerkbar zu machen. Mein Kopf und mein Hals fühlen sich an, als wären sie in einem eisernen Band eingeschlossen, und die Drüsen im Hals sind geschwollen.« Für die verspätete Reaktion auf den Schock wurde ihr STAR OF BETHLEHEM gegeben und außerdem VERVAIN für den Spannungszustand und ihr Unvermögen, sich zu entspannen. Einen Monat später schrieb sie und berichtete: »Ich weiß nicht, was ich sagen soll oder wie ich mich für das Mittel bedanken soll. Ich fühle mich wie ein anderer Mensch, und die Schmerzen im Kopf sind fast verschwunden.« Sie nahm die beiden Blüten noch eine Zeitlang und schrieb dann: »Die Kopfschmerzen sind vollständig verschwunden, und die Drüsen sind wieder normal.« Sie berichtete außerdem, daß sich ihre Augen gebessert hätten, so daß sie ihre Brille nicht mehr brauche. »Ich fühle mich nun so wohl wie seit vielen Jahren nicht mehr.«

Frau, mittleres Alter, verheiratet. Sie schrieb: »Ich mache eine Periode unbeschreiblichen Kummers durch. Der Mensch, den ich am meisten liebe, ist an Krebs erkrankt und liegt im Sterben.« STAR OF BETHLEHEM wurde ihr für den Schock verschrieben und auch CHICORY, da ihre Liebe und Sorge offensichtlich mit einem Besitzwunsch verbunden waren, der weder ihr selbst noch ihrem Geliebten guttat. Sie berichtete später: »Es ist wie ein Wunder. Ich konnte weinen, und das Gefühl der Trostlosigkeit war verschwunden.«

WILLOW
Weide

Bitterkeit, Zorn; Vorwurf gegenüber anderen wegen eines bösen Schicksals

Dr. Bach: *Für jene, die ein Mißgeschick oder Unglück erlitten haben und dies schwer ohne Klagen und Verbitterung annehmen können, da sie das Leben vor allem nach dem Erfolg beurteilen, den es ihnen bringt.*
Sie haben das Gefühl, so schwere Prüfungen nicht verdient zu haben, sie meinen, es sei ihnen Unrecht widerfahren, und werden verbittert.
Oft zeigen sie weniger Interesse und sind weniger aktiv in bezug auf jene Dinge, die ihnen früher Freude und Befriedigung gebracht haben.

Dies ist die Blüte für Menschen, deren Einstellung zum Leben von Bitterkeit und Zorn geprägt ist. Sie meinen, daß sie die Widrigkeiten oder die Unglücksfälle, die ihnen zuteil wurden, nicht verdient hätten, und sie geben daher anderen Menschen oder dem Schicksal die Schuld daran. Es scheint, als wären sie die unschuldigen Opfer eines boshaften Ränkespiels ihrer Umwelt, und sie neiden anderen ihre Gesundheit, ihr Glück und ihren Erfolg. Sie sehen nicht, daß es ihre eigenen negativen Haltungen und Erwartungen sind, die zu all den Schwierigkeiten führen. Statt dessen werden sie bitter und niedergeschlagen, verweilen bei ihrem Unglück und erwarten aber von ihren Nächsten volle Anteilnahme. Die positiven Eigenschaften von WILLOW sieht man bei jenen, die akzeptieren können, daß sie selbst für ihre Erlebnisse und Handlungen verantwortlich sind. Sie sind Optimisten, da sie wissen, daß ihr Schicksal im Guten oder Schlechten von ihren eigenen Handlungen und Erwartungen bestimmt wird und daher auch verändert werden kann.

Beispiele für die Anwendung von WILLOW:

Mann, 49 Jahre. Er litt seit fünf Jahren an einer stark ausgebreiteten Psoriasis. Er hatte mit seiner Arbeit als Lehrer wenig Erfolg und war der Ansicht, daß dies die Schuld eines mangelnden Verständnisses von seiten des Schulinspektors und der Kollegen sei. Er sagte, daß man ihm die schwierigste Klasse gegeben habe. Die Jungen unternahmen alles, um ihn zu reizen, und dies machte ihn sehr ärgerlich. Seine Gesundheit hatte stets zu wünschen übriggelassen, und die Umstände waren ständig gegen ihn gewesen. Er bekam WILLOW für seinen Zorn und für seine Neigung, andere für seinen mangelnden Erfolg verantwortlich zu machen, sowie CRAB APPLE, um seinen Organismus von dem Gift zu befreien, das diese negativen Gedanken in Umlauf gebracht hatten. Nach dem ersten Fläschchen sagte er, daß nun zum erstenmal seit fünf Jahren seine Haut stellenweise reiner geworden war. Er war jedoch ständig müde und befürchtete nun, daß die Besserung nicht von Dauer sein würde, wenn er in die Schule zurückkehren und sich wieder mit dem Unverständnis der anderen konfrontieren müsse. Er setzte die Behandlung mit den beiden Blüten während des ganzen Schulhalbjahres fort, und kurz vor Weihnachten konnte er mitteilen, daß nun abgesehen von einigen wenigen Rückfällen eine dauerhafte Besserung eingetreten sei. Er sagte, daß er aus welchem Grund auch immer zufriedener geworden sei und daß es mit seiner Arbeit bessergehe. Nun wurde noch GENTIAN den beiden anderen Blüten hinzugefügt, da er während seiner Rückfälle niedergeschlagen und mutlos war. Nach weiteren drei Monaten berichtete er, daß abgesehen von ein wenig Trockenheit und Rauheit seine Haut rein war und daß er eine völlig andere Sicht des Lebens gewonnen habe.

Frau, 74 Jahre. Sie ärgerte sich, daß sie an Migräneanfällen litt, seit sie 20 Jahre alt war, und daß keine Behandlung ihr geholfen hatte. Sie war eine sehr aktive Frau und ärgerte sich vor allem darüber, daß sie nicht mehr all das tun konnte, was sie wollte, da ihre Anfälle stark und schmerzhaft waren. Wenn alles gut verlief, fühlte sie sich obenauf, doch sobald etwas schiefging, begann sie gleich zu leiden. WILLOW wurde ihr verschrieben gegen ihre Neigung, sich zu ärgern, und VERVAIN für ihr angespanntes, überaktives Wesen. Einen Monat später berichtete sie, daß sie nur ein einziges Mal noch einen schwachen Anfall von Kopfschmerz bekommen hatte. Sie nahm die beiden Blüten noch weitere zwei Monate, und als sie wiederkam, um über ihre Fortschritte zu berichten, schien sie ein neuer Mensch zu sein. Sie hatte keine weiteren Anfälle von Migräne mehr und war entspannt und glücklich. Sie war sehr dankbar für ihre wiedergewonnene Gesundheit.

OAK
Eiche

Menschen, die trotz Verzweiflung nicht aufgeben wollen

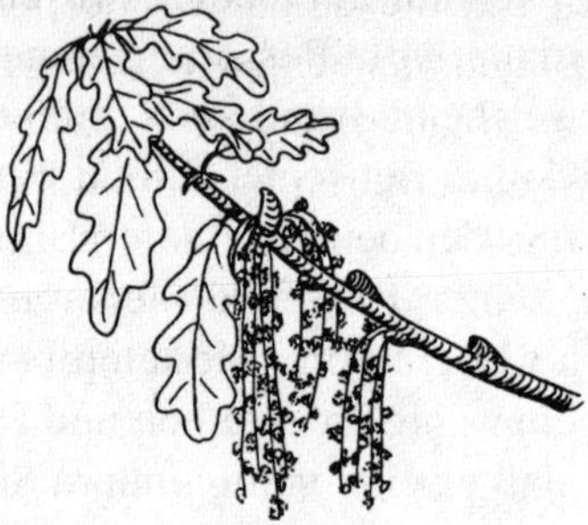

<u>Dr. Bach:</u> *Für jene, die sich sehr anstrengen und sich Mühe geben, um wieder gesund zu werden, und auch in ihrem täglichen Leben hart kämpfen. Sie werden weiterhin eines nach dem anderen ausprobieren, auch wenn ihr Fall hoffnungslos scheint.*
Sie kämpfen weiter. Sie sind nicht zufrieden mit sich selbst, wenn Krankheit ihnen die Erfüllung ihrer Pflichten oder ihrer Hilfe für andere durchkreuzt.
Sie sind tapfere Menschen, die gegen große Schwierigkeiten ankämpfen, ohne daß ihre Anstrengungen oder ihre Hoffnung dabei nachlassen.

Menschen dieses Typs verlieren nicht den Mut, wenn sie mit großen Schwierigkeiten konfrontiert sind. Sie halten sich in Bewegung, kämpfen weiter und geben die Hoffnung nicht auf, daß sie eine Lösung für ihre Probleme finden oder von ihren Krankheiten geheilt werden können. Im Unterschied zum GORSE-Typ geben sie sich nicht geschlagen, sondern versuchen statt dessen mit Zähigkeit, Geduld und Durchhaltekraft die alltäglichen Herausforderungen zu bewältigen. Oft arbeiten sie zu hart, so daß sie in extremen Fällen dem

Druck nicht mehr standhalten und einen Nervenzusammenbruch erleiden können. Die positiven Eigenschaften von OAK findet man bei jenen, die tapfer gegen große Schwierigkeiten ankämpfen, ohne dabei ihre Hoffnung und ihre Kräfte zu verlieren. Sie sind stabil, zäh und standhaft wie die Eiche selbst.

Beispiele für die Anwendung von OAK:

Frau, 54 Jahre, von Beruf Krankenschwester und Sozialarbeiterin. Sie hatte es stets eilig, stand dauernd unter Druck und war jederzeit bereit, allen zu helfen. Sie hatte auch die Verantwortung für einen kranken Freund übernommen. Von Zeit zu Zeit war sie sehr bedrückt und mutlos wegen ihrer schlechten Gesundheit, eines Leberleidens und häufiger Migräneanfälle. Sie fühlte, daß ihr Beruf, den sie gerne ausübte, über ihre Kräfte ging. Sie sagte, daß sie stets schläfrig sei und zur Tagträumerei neige. Sie bekam daher OAK für den Kampf, den sie führte, um trotz der körperlichen Schwierigkeiten und der Depressionen ihre Arbeit fortsetzen zu können, sowie CLEMATIS für die Tagträumerei und die Schläfrigkeit. Nach einem Monat berichtete sie, daß sie nun keinen einzigen Anfall von Kopfschmerz mehr gehabt habe und daß sie sich im allgemeinen besser fühle und mehr Energie habe. Auf ihren eigenen Wunsch nahm sie das Mittel weitere drei Male und sagte dann: »Jetzt bin ich aus dem Schlimmsten raus. Ich bin nun viel ausgeglichener und habe nicht mehr diese Anfälle von Niedergeschlagenheit.«

Mann, 38 Jahre, Lehrer. Er hatte 15 Jahre zuvor einen Nervenzusammenbruch erlitten und war danach zwei Jahre lang außerstande gewesen zu arbeiten. Dann erholte er sich so weit, daß er wieder unterrichten konnte, obwohl es ihm ständig an Selbstvertrauen mangelte. Es wurde ihm eine verantwortungsvolle Arbeit an seiner Schule anvertraut. Er kämpfte mutig und verbarg seine Müdigkeit und seine Depressionen, da er nicht wollte, daß dies seine Arbeit beeinflußte. OAK wurde ihm verschrieben für seinen mutigen Kampf sowie MIMULUS für die gelegentlich auftauchende Angst, daß er dem Druck nicht standhalten könne. Er setzte die Behandlung drei Monate lang fort und gewann daraufhin wieder mehr Selbstvertrauen, inneren Frieden und Frohsinn. Er schrieb: »Es ist in mir eine kleine Veränderung vor sich gegangen, die ich nicht erklären kann, doch in meinem Leben läuft jetzt alles viel besser.«

CRAB APPLE
Holzapfel

Gefühl der Unreinheit, Ekel vor sich selbst, Verzerrung der Proportionen

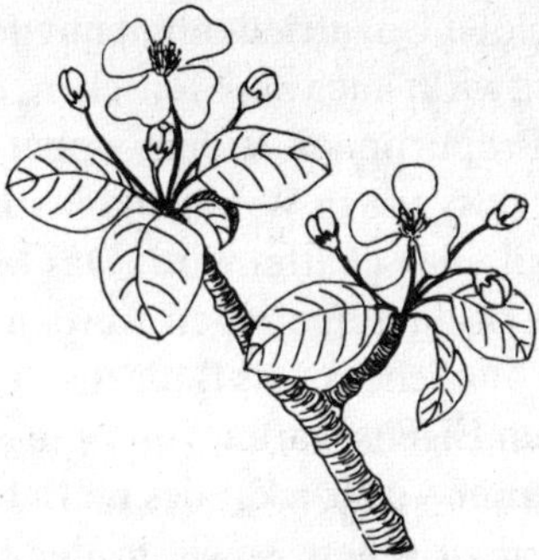

Dr. Bach: *Dies ist ein Heilmittel zur Reinigung.*
Es ist für jene, die das Gefühl haben, etwas nicht ganz Reines an sich zu haben.
Oft ist dies etwas offensichtlich Unbedeutendes. Andere mögen eine weitaus ernstere Krankheit haben. Diese bleibt fast unbeachtet im Vergleich mit der einen Kleinigkeit, auf die sie ihre Aufmerksamkeit konzentrieren.
In beiden Fällen sind sie jedoch ängstlich darauf bedacht, frei zu sein von jener einen bestimmten Angelegenheit, die ihr ganzes Denken mit Beschlag belegt und ihnen so wesentlich erscheint, daß sie davon geheilt werden wollen.
Sie werden verzagt, wenn die Behandlung fehlschlägt.
Als reinigendes Heilmittel kann diese Medizin auch Wunden säubern, wenn der Patient Grund zu der Annahme hat, daß Giftstoffe eingedrungen sind, die entfernt werden müssen.

Menschen, die ein Gefühl von Unbehagen haben oder sich unrein fühlen, können CRAB APPLE dazu benutzen, Körper und Geist zu reinigen. Das Gefühl des Unbehagens oder der Unreinheit kann beispielsweise durch eine schlechte Angewohnheit ausgelöst werden, durch unangenehme Gedanken oder Vorstellungen oder durch eine Warze, ein Ekzem oder die bloße Unzufriedenheit mit dem eigenen Aussehen. CRAB APPLE wirkt auch bei Menschen, die an einer verzerrten Sicht der Proportionen leiden, wobei das grundlegende Problem oder das, was in Wirklichkeit von Bedeutung ist, von einem Detail überschattet wird. Das Mittel kann auch in Form einer Lotion aufgetragen werden oder kann – bei Ekzemen oder ähnlichem – als Badezusatz verwendet werden. Die positiven Eigenschaften von CRAB APPLE kommen in der Fähigkeit zum Ausdruck, alles im Leben in den richtigen Proportionen zu sehen, sowie in der Erkenntnis, daß große und kleine körperliche Probleme ihre Wurzeln in einer inneren Disharmonie haben.

Beispiele für die Anwendung von CRAB APPLE:

Frau, 39 Jahre. Sie war ein energischer, lebhafter und angespannter Mensch. Sie reagierte verzweifelt auf eine Eiterpustel im Ohr, da ihr diese das Gefühl von Unreinheit gab. Außerdem litt sie seit vielen Jahren an Verstopfung, ein Umstand, den sie nur nebenbei erwähnte. VERVAIN wurde ihr gegen ihre Angespanntheit verschrieben und CRAB APPLE gegen das Gefühl der Unreinheit. Es wurde ihr empfohlen, das Mittel auch äußerlich als Lotion zu verwenden – vier Tropfen in ein wenig angewärmtes Olivenöl gelöst –, die sie im Ohr und um das Ohr herum auftragen sollte. Sie bekam zwei Fläschchen mit dem Mittel, und nachdem sie das erste aufgebraucht hatte, berichtete sie, daß die Pustel aufgebrochen und das Ohr nun rein war. Zu ihrer Überraschung war auch ihre Verstopfung auf dem Weg der Besserung. Nach der zweiten Flasche sagte sie, daß sie nun täglichen Stuhlgang habe und sich ganz großartig fühle. Sie bat um ein weiteres Fläschchen mit dem Mittel, das sie als Reserve behalten wollte.

Frau, 19 Jahre. Sie wurde, besonders wenn sie mit anderen Menschen zusammen war, sehr nervös. Dabei bekam sie kräftige Schweißausbrüche in den Achselhöhlen, die ihr das Gefühl gaben, unsauber zu sein. Sie bekam CRAB APPLE für dieses Gefühl der Unreinheit und MIMULUS für ihre Schüchternheit. Sie war für die Behandlung sehr empfänglich und sagte, daß sie nun mehr Selbstvertrauen bekommen und daß das abstoßende Schwitzen nachgelassen habe, wenn es auch noch nicht vollständig verschwunden sei. Sie bekam die beiden Mittel noch zweimal und konnte dann berichten, daß es ihr viel besserginge. Sie war nun imstande, auszugehen und andere Menschen zu treffen, ohne sich darüber zu sorgen, wie sie auf die anderen wirken würde. Das schreckliche Gefühl von Unreinheit war verschwunden: »Ich schwitze jetzt nicht mehr unter den Armen.«

7. Übergroße Sorge um das Wohl anderer

CHICORY
Wegwarte

Egozentrik; übergroßes Sorgen um andere; Selbstmitleid, Übereifer, Herrschsucht

<u>*Dr. Bach:*</u> *Für jene, die sich sehr um das Wohl und die Bedürfnisse anderer Menschen bekümmern und dazu neigen, sich zu sehr um Kinder, Angehörige, Freunde etc. zu sorgen, bei denen sie immer etwas finden, das sie in Ordnung zu bringen hätten. Sie sind ständig dabei, besser zu machen, was sie meinen korrigieren zu müssen, und fühlen sich dabei wohl. Sie haben den innigen Wunsch, daß jene, um die sie sich kümmern, in ihrer Nähe sind.*

CHICORY ist die Blüte für Menschen, deren Liebe eher dem eigenen Selbst gilt als anderen. Sie sind egozentrisch, meinen, daß alles sich um sie drehen müsse, und versuchen, ihre Mitmenschen unter Kontrolle zu kriegen, indem sie deren Sympathie und Pflichtgefühle ausnutzen. Sie halten sich selbst für das Zentrum der Welt und erheben den Anspruch, daß diejenigen, die sie lieben, ihnen immer nahe sind. Sie leiden oft an Selbstmitleid (»Niemand liebt mich«) und versuchen andere nach ihrem Willen zu manipulieren. Der positive Ausdruck von CHICORY zeigt sich bei jenen, die andere selbstlos lieben und beschützen können, ohne dafür eine Gegenleistung zu verlangen.

Beispiele für die Anwendung von CHICORY:

Mädchen, 6 Jahre. Sie war äußerst gesprächig und streitlustig und genoß es, sich in die Angelegenheiten anderer einzumischen und andere zu kritisieren. Sie neigte außerdem zu Pedanterie und wollte die ganze Zeit im Zentrum der Aufmerksamkeit stehen. Wenn sie die Aufmerksamkeit nicht bekam, reagierte sie sofort mit Anzeichen körperlicher und geistiger Erschöpfung. CHICORY und IMPATIENS wurden ihr verschrieben. Schon nach einigen Tagen berichteten die Eltern über eine bemerkenswerte Veränderung bei dem Kind. Es machte noch weitere Fortschritte in seiner Entwicklung, nachdem es die beiden Blüten längere Zeit eingenommen hatte.

Frau, 57 Jahre. Sie pflegte stets ihren Mann und ihren Sohn zu kritisieren, wenn diese Schmutz ins Haus brachten, nachdem sie im Garten gewesen waren. Sie sagte: »Ich versuche das Haus sauberzuhalten, doch sie denken nie an all das, was ich für sie tue. Sie zeigen mir nie Anerkennung dafür.« Sie war voll von Selbstmitleid und klagte stets über ihre häufigen Verkühlungen und ihren Schnupfen, der zu einer Taubheit auf beiden Ohren geführt hatte. CHICORY wurde ihr verschrieben, und sie berichtete später, daß sie seit einem Monat keine Verkühlung mehr gehabt habe und daß sie nun ein wenig besser hören könne, obwohl die Ohren noch immer recht verstopft waren. Sie beklagte sich noch immer über die mangelnde Anerkennung für ihre Arbeit und meinte, daß sie dessen überdrüssig sei. Zusammen mit CHICORY bekam sie auch noch WHITE CHESTNUT für ihre kummervollen Gedanken. Sie nahm die beiden Blüten weitere zwei Monate und zeigte gute Resultate. Außer einer einmaligen leichten Verkühlung war sie nun stets bei guter Gesundheit, und auch der Schnupfen plagte sie kaum mehr. »Ich quäle mich nicht mehr so sehr mit allem ab, und es ärgert mich nicht mehr, wenn etwas Schmutz auf den Boden kommt! Ich bin nun viel fröhlicher, und merkwürdigerweise ist auch die ganze Familie bei besserer Laune.«

VERVAIN
Eisenkraut

Überanstrengung, Streß, innere Spannung, Überschwenglichkeit

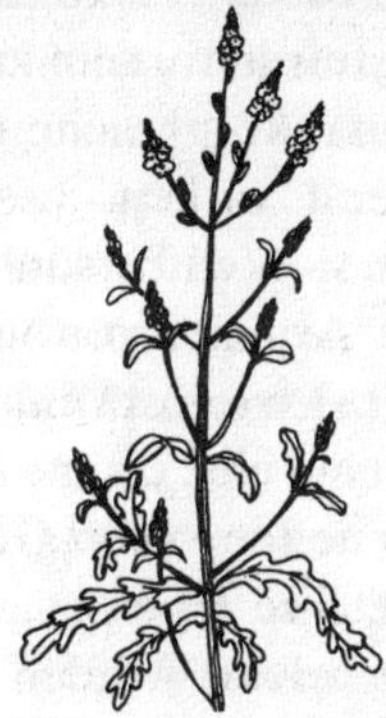

Dr. Bach: *Für jene mit festen Prinzipien und fixen Vorstellungen, die sie für richtig halten und nur sehr selten ändern. Sie haben das starke Verlangen, alle zu ihren eigenen Ansichten über das Leben zu bekehren.*
Sie sind willensstark und zeigen viel Mut, wenn sie überzeugt sind von den Dingen, die sie andere lehren möchten. Sind sie krank, halten sie sich noch lange auf den Beinen und bleiben an ihrer Arbeit, wenn andere ihre Pflichten schon längst aufgegeben hätten.

VERVAIN ist die Blüte für Menschen, deren innerer Wille und deren feste Überzeugung sie in einem Zustand von Spannung und starkem Enthusiasmus leben lassen. Sie halten sich ständig in Bewegung, arbeiten ohne Rücksicht auf ihre körperlichen Grenzen und sind oft gestreßt. Ihre nervöse Hochspannung zeigt sich körperlich in Form von Muskelspannungen und in der Unfähigkeit, sich zu entspannen. Solche Menschen sind von ihren eigenen Meinungen felsenfest überzeugt und versuchen auch stets, andere davon zu überzeugen, daß sie recht haben. Sie reden viel, allerdings nicht bloß von sich selbst wie der HEATHER-Typ, sondern über ihre Ideen, Visionen und Ambitionen. Sie haben das Gefühl, stets aktiv sein zu müssen, und ihre fortwährende geistige und körperliche Unruhe kann auf ihre Umgebung erschöpfend wirken, besonders auf Menschen, die sich leicht von starken Persönlichkeiten beeinflussen lassen. Die positiven Aspekte von VERVAIN zeigen sich bei den Menschen, die sich selbst kennen und auch einsehen, daß andere ein Recht auf eine eigene Meinung haben. Sie halten sich offen für neue Ideen und Gedanken und haben keine Schwierigkeiten, ihre Überzeugungen zu ändern, wenn sie eines Besseren belehrt werden.

Beispiele für die Anwendung von VERVAIN:

Frau, 40 Jahre. Sie war sehr aktiv und redselig, hatte es stets eilig, war voll von Begeisterung und außerstande, zur Ruhe zu kommen oder sich zu entspannen. Sie war stets so erfüllt von Ideen für den nächsten Tag, daß sie bis in die frühen Morgenstunden nicht einschlafen konnte. Oft strengte sie sich bei ihren Vorhaben übermäßig an. Sie erlitt eine ernste Zerrung im Handgelenk, als sie sich abmühte, in ihrem Garten einen großen Busch auszugraben. Davon hatte sie starke Schmerzen. VERVAIN wurde ihr gegen die Überanstrengung und die körperliche und geistige Anspannung gegeben. Sie sollte das Mittel auch äußerlich in Form von Umschlägen am Handgelenk und am Unterarm anwenden. Am nächsten Morgen waren die Schmerzen vollständig verschwunden, und im Laufe von einigen Tagen, an denen die Umschläge und die Einnahmen des Mittels wiederholt wurden, war ihr Handgelenk völlig ausgeheilt. Sie fuhr mit dem Einnehmen der Tropfen fort und erzielte dadurch eine deutliche Besserung ihres allgemeinen Gesundheitszustandes und ihres Temperaments. Sie konnte wieder besser schlafen und sah ein, daß es nicht notwendig war, bis zum Umfallen zu arbeiten.

Mann, mittleres Alter. Bei einem Unfall hatte er die Sicht auf einem Auge verloren. Eines Morgens, als er im Bett lag und die Zeitung las, wurde auch die Sicht auf dem anderen Auge plötzlich schwächer, und er wurde vollständig blind. Ein Augenspezialist, den er konsultierte, teilte ihm mit, daß er vermutlich im Laufe von drei Monaten sein Augenlicht zurückerhalten könne, mehr konnte er ihm nicht versprechen. Nachdem mehrere Freunde ihn dazu überredet hatten, willigte er ein, die Bach-Blüten auszuprobieren. Während der Konsultation ließ er erkennen, daß er ein Perfektionist sei und daß er sich mit nichts zufriedengebe, das nicht perfekt sei. Diese Art von Perfektionismus deutete darauf hin, daß VERVAIN sein Mittel war, und es wurde ihm diese Blüte allein verschrieben. Nach einer Woche war sein Augenlicht wieder vollständig hergestellt. Daraufhin fuhr er wieder Auto und ging regelmäßig ins Kino, hatte jedoch ständig Angst, daß er von neuem sein Augenlicht verlieren und den gleichen gefühlsmäßigen Schock wie zuvor erleiden könne. STAR OF BETHLEHEM wurde ihm verschrieben, um einem neuen Schock vorzubeugen und ihn von dem Gedanken daran wegzubringen. Mehrere Jahre später schrieb er und berichtete, daß die Blindheit nie mehr zurückgekehrt war.

VINE
Weinrebe

Machtgier, Unbeugsamkeit, hohe Ambitionen, Herrschsucht

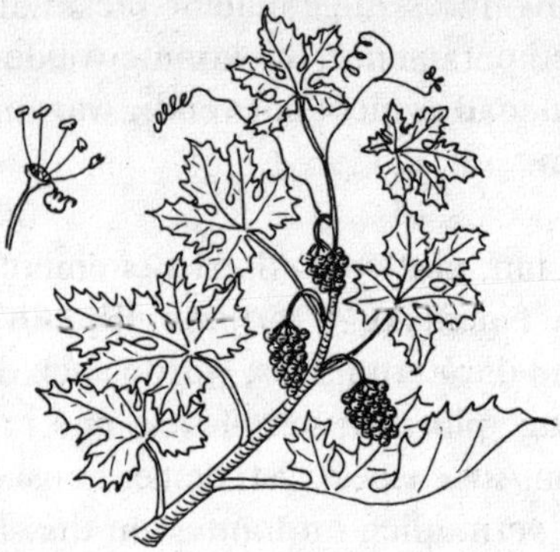

Dr. Bach: Sehr fähige Menschen, die sich ihrer Fähigkeiten gewiß sind und ihren Erfolg zuversichtlich erwarten. Bei all ihrer Sicherheit denken sie, daß es auch für andere gut wäre, wenn sie sich überreden ließen, so zu handeln wie sie selbst oder wie sie meinen, daß es richtig sei. Selbst im Krankheitsfall werden sie denen, die ihnen helfen und sie pflegen, Anweisungen erteilen und sich besserwisserisch zeigen. In Notsituationen sind sie zu außerordentlichen Leistungen in der Lage.

Menschen, die vom VINE-Temperament geprägt sind, sind willensstark, ehrgeizig, effektiv und selbstsicher. Sie sind von schneller Auffassungsgabe und tun stets, ohne zu zögern, das, was die Situation erfordert. Sie übernehmen daher oft die Rolle des Anführers. Dabei können sie in Versuchung geraten, ihre Qualitäten in negativer Weise einzusetzen. Sie versuchen dann, Macht über andere zu gewinnen oder andere zu beherrschen, ohne auf deren Rechte und Wünsche Rücksicht zu nehmen. Sie können schonungslos und tyrannisch sein, und jedes Mittel kann ihnen recht sein, um ihre Umgebung unter ihre Kontrolle zu bringen. Sie sind davon überzeugt, daß sie recht haben, behaupten sich selbst und setzen durch, was sie wollen. Im Gegensatz zum VERVAIN-Typ sind sie nicht angespannt oder nervös, sondern stehen mit beiden Beinen auf dem Boden. Menschen mit schwächerem Charakter (CENTAURY) oder solche, die um jeden Preis Frieden haben wollen (AGRIMONY), werden leicht zu Opfern der Herrschsucht und der willensstarken Natur des VINE-Typs. Den positiven Ausdruck dieser Blüte findet man bei solchen Führern und Lehrmeistern, die andere mit Liebe und Verständnis leiten. Solche Menschen brauchen andere nicht zu dominieren, sondern sind im Gegenteil dazu fähig, andere durch ihr gutes Beispiel um sich zu sammeln.

Beispiele für die Anwendung von VINE:

Mann, 65 Jahre, verheiratet, Arzt; ein energischer Mensch von hoher Entschlußkraft. Er war ein hervorragender Heiler und bestand darauf, daß sowohl seine Patienten als auch seine Familie ihm unbedingten Gehorsam leisteten, wobei dieser Anspruch in der Regel gerechtfertigt war. Als wir hinzugerufen wurden, litt er an Hexenschuß in der rechten Seite und hatte Krämpfe in den Beinen. Zur gleichen Zeit war bei ihm ein starker Schnupfen mit hohem Fieber ausgebrochen. Seine größte Sorge war, nicht imstande zu sein, sich um seine Patienten zu kümmern. VINE wurde ihm als Typenmittel für sein gebieterisches Wesen verschrieben. Außerdem bekam er ELM, da er fühlte, daß er seine Patienten enttäuscht hatte, und auch ROCK ROSE für seinen ernsten Gesundheitszustand und das hohe Fieber. Nach zwei Tagen war seine Temperatur normal, er sah wieder viel gesünder aus, und der Hexenschuß hatte sich wesentlich gebessert.

HORNBEAM wurde den Blüten hinzugefügt, um ihn wieder zu Kräften kommen zu lassen. Nach Ablauf einer Woche war er wieder imstande, seine Praxis zu führen. Die Schmerzen im Rücken und im Bein waren verschwunden. Und seine Tochter sagte noch: »Er ist jetzt auch nicht mehr so streng!«

Frau, verheiratet, ohne Kinder. Sie war sehr fleißig, neigte aber dazu, alle, auch ihren Mann, zu dominieren. Sie wollte stets anderen etwas Gutes tun, ob diese wollten oder nicht. Sie sagte, sie käme mit anderen Menschen gut aus, vorausgesetzt, daß diese auch ihrer Meinung waren. Und ihre Meinung war die richtige! Als sie zur Behandlung kam, war ihr körperlicher Zustand schlecht. Sie war oft verkühlt und bekam Kopfschmerzen, wenn sie mit Hut ausging. VINE wurde ihr für ihre dominierende Persönlichkeit als Typenmittel verschrieben sowie IMPATIENS für die Anspannung und die Kopfschmerzen. Nach etwa sechs Wochen berichtete sie, daß die Kopfschmerzanfälle nicht mehr wiedergekommen waren und daß sie wieder mit Hut ausgehen konnte. Sie war nicht mehr länger verkühlt und fühlte sich gut. Das wichtigste von allem war jedoch, wie sie sagte, »daß ich jetzt nicht mehr halb so aggressiv bin wie zuvor, wie übrigens meine Freunde auch bemerkt haben«.

BEECH
Buche

Intoleranz, Kritiksucht, Urteilsucht

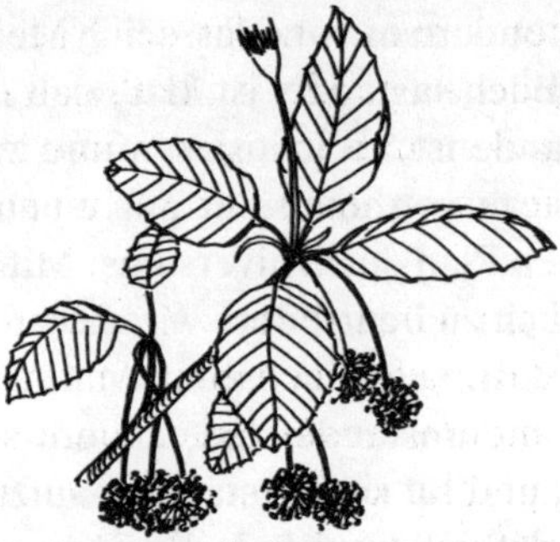

<u>Dr. Bach:</u> *Für jene, die das übergroße Bedürfnis haben, in allem, was sie umgibt, nur das Gute und Schöne zu sehen. Auch wenn vieles offensichtlich falsch ist, müssen sie doch die Fähigkeit entwickeln, das Gute im Innern zu erkennen. So sollten sie darauf achten, toleranter, nachsichtiger und verständnisvoller gegenüber den verschiedenen Weisen zu sein, in denen jeder einzelne und alles sich seiner jeweiligen Vollendung nähert.*

BEECH ist die Blüte für Menschen, die nur das Negative in ihrer Umgebung sehen können. Sie versuchen erst gar nicht, die Ursachen dafür zu verstehen, warum anderen etwas mißlingt, sondern sind gleich mit einem Urteil bei der Hand. Infolge ihrer Intoleranz können sie die guten Eigenschaften der anderen nicht sehen, sondern nur deren Fehler, die sie dann kritisieren. Es mangelt ihnen an Demut und an der Fähigkeit, sich in andere hineinzuversetzen. Oft sind sie einsam, da sie sich durch ihre scharfe Zunge und ihre Intoleranz von anderen Menschen abkapseln. Diese negative, besserwisserische Lebenssicht unterscheidet sich von der Arroganz und dem Stolz des WATER-VIOLET-Typs, da letzterer sich nicht darauf einläßt, andere zu kritisieren und zu verurteilen, sondern es vorzieht, seine Meinung für sich zu behalten. Dr. Bach sagt: »Es ist klar, daß niemand von uns wirklich imstande ist, zu kritisieren und zu urteilen, denn auch der Weiseste von uns sieht nur einen kleinen Ausschnitt vom großen Plan des Universums. Mit so wenig Wissen ist es unmöglich zu beurteilen, wie dieser große Plan funktioniert.« Die positiven Eigenschaften von BEECH zeigen sich bei jenen, die imstande sind, andere so zu akzeptieren, wie sie sind, und für sie Verständnis aufzubringen, da sie wohl wissen, daß jeder im Leben seinen eigenen Weg zu gehen hat, der nicht notwendigerweise mit ihrem eigenen übereinstimmen muß.

Beispiele für die Anwendung von BEECH:

Mann, 70 Jahre. Er war sehr intolerant und kritisch gegenüber jedem, der nicht so dachte wie er. Er konnte oft voll Ärger ausrufen: »Wie kann jemand nur so denken?« oder »Ich kann nichts Gutes an diesem Menschen sehen.« Er war sehr reizbar und mürrisch, und es gab kaum eine Freude in seinem Leben. BEECH wurde ihm als sein offensichtliches Typenmittel verschrieben. Nach einigen Wochen konnte er sagen: »Ich kann meine eigenen Fehler einsehen.« Er fuhr mit der Einnahme des Mittels fort, woraufhin er allmählich mehr Energie bekam. Gleichzeitig entwickelte er nun auch einen außerordentlichen Sinn für Humor.

Frau, 69 Jahre. Sie war ein außerordentlich tüchtiger und tatkräftiger Mensch, doch auch schrecklich kritisch gegenüber anderen. Sie konnte nicht verstehen, warum manche

Menschen nicht imstande zu sein schienen, ebenso präzise zu arbeiten wie sie selbst. Dabei sprach sie ihre Kritik gegenüber anderen nicht direkt aus, sondern ignorierte diese mit einem Gefühl der Erhabenheit. Als Folge ihrer überheblichen Einstellung begann sie an Schleimabsonderungen in der Brust und an Bronchitis zu leiden. BEECH wurde ihr als Typenmittel für ihre Intoleranz verschrieben und CRAB APPLE, um einen Reinigungsprozeß einzuleiten und die Anhäufung von Giftstoffen in der Brust und in ihren Gedanken zu entfernen. Sie nahm diese Blüten eine gute Weile, bevor sie sich allmählich darüber klar wurde, daß ihre Lebenssicht sich zu ändern begann. Sie sagte, daß sie nun ein viel besseres Verständnis für die Probleme und die Schwierigkeiten anderer Menschen hätte. Von den Schleimanhäufungen und der Bronchitis, an denen sie gelitten hatte, war sie befreit, und vier Jahre später schrieb sie, um zu berichten, daß die Symptome niemals mehr wiedergekehrt waren.

ROCK WATER
Quellwasser

Selbstverleugnung, hohe Ideale; geistige Starrheit, Perfektionismus

Dr. Bach: *Für jene, die in ihrer Lebenseinstellung sehr strikt sind. Sie versagen sich selbst viel von der Freude und den Vergnügungen des Lebens, weil sie meinen, diese ständen ihrer Arbeit im Wege.*
Sie sind sich selbst gestrenge Lehrmeister. Sie wünschen, gesund, kräftig und aktiv zu sein, und werden alles tun, das sie ihrer Meinung nach in diesem Zustand erhält. Sie hoffen, Vorbilder zu sein, die andere anregen werden, die dann ihren Vorstellungen folgen und bessere Menschen dadurch werden.

Menschen von diesem Typ haben sehr rigide Ansichten über Religion, Politik, Ernährung oder ideelle Lebensweisen. Sie versuchen, in Übereinstimmung mit diesen Ideen zu leben, und sind dabei sehr hart zu sich selbst. Sie sehen in der Selbstverleugnung einen Weg, um ihren moralischen und ideologischen Idealen zu entsprechen. Ihr Leben verläuft diszipliniert, sie versagen sich jede Freude und jeden Genuß und können nicht verstehen, warum sie nicht glücklich sind, selbst wenn ihr Lebensstil ihren Ideen entspricht. Sie versuchen nicht, Einfluß auf andere zu nehmen wie der VINE-Typ, sondern hoffen darauf, anderen ein gutes Vorbild zu sein. Hinter ihrer perfekten Fassade leiden sie oft sehr, doch haben sie Angst davor, ihre Ideale aufzugeben, da sie befürchten, dadurch die Kontrolle über sich selbst zu verlieren. Der positive Ausdruck von ROCK WATER zeigt sich bei jenen Menschen, die hohe Ideale und klare Theorien besitzen, aber sich auch nicht davor scheuen, diese zu ändern, wenn ihre Erfahrung es nahelegt. Auf diese Weise entwickeln sie eine innere Freude und einen Frieden, der auf andere inspirierend wirken kann.

Beispiele für die Anwendung von ROCK WATER:

Frau, in den Siebzigern. Sie war niemals zufrieden mit sich selbst, weder mit ihren Handlungen noch mit ihrem Verhalten und besonders nicht mit ihrer »Moral«. Sie machte sich selbst zum Märtyrer und versuchte beständig, allen Menschen in ihrer Umgebung ein gutes Vorbild zu sein. Sie litt an zunehmender Steifheit in den Gelenken, was auf ihre inflexible Lebenssicht zurückzuführen war. ROCK WATER wurde ihr als einziges Mittel verschrieben, und sie nahm das Mittel drei Monate lang mit gutem Resultat. Langsam begann sie sich sowohl körperlich als auch geistig von ihrer Steifheit zu befreien, und schließlich gelang es ihr, sich selbst und ihre strengen Ideen zu vergessen. Sie wurde beliebter bei anderen Menschen und konnte an der Freude anderer teilnehmen. In der Folge verschwand auch die Steifheit in ihren Gelenken.

Junger Mann, 20 Jahre. Er lebte mit sehr festen Prinzipien, die es ihm nicht erlaubten, gewisse Speisen zu sich zu nehmen oder sich irgendwelchen Genüssen hinzugeben. Er weigerte sich, mit anderen Menschen zu diskutieren oder Bücher zu lesen, da er befürchtete, daß ihn dies beeinflussen und seine Prinzipien schwächen würde. Er bekam ROCK WA-

TER für seine geistige Steifheit und ROCK ROSE wegen seiner großen Angst, von anderen dazu gebracht zu werden, seine Prinzipien aufzugeben. Sein Fortschritt verlief langsam, denn er bestand weiterhin darauf, daß er selbst imstande sein müsse, seine Schwierigkeiten zu überwinden, und daß es ein Zeichen von Schwäche sei, sich auf die Hilfe anderer zu stützen. Er schrieb aber weiterhin Briefe, in denen er um Hilfe bat, und langsam akzeptierte er die Tatsache, daß wir die Hilfe einer Gottesgabe, nämlich der Blüten in der Natur, in Anspruch nehmen können, wenn etwas unsere Kräfte übersteigt.

RESCUE

Das Erste-Hilfe-Mittel

Die sogenannten »Notfall-Tropfen« bestehen aus einer Kombination von fünf der 38 Blüten und können in allen Erste-Hilfe-Fällen Verwendung finden. Rescue kann sowohl bei ernsten als auch bei augenscheinlich weniger dramatischen Notsituationen eingesetzt werden: bei Unglücken aller Art, bei plötzlichen Trauerfällen oder schlimmen Nachrichten, bei akuten psychischen oder körperlichen Schmerzzuständen und bei Schockerlebnissen. In einer Notsituation erlebt der darin Verwickelte eine oder mehrere überwältigende Gefühlsreaktionen. Die fünf Blüten sind so ausgewählt, daß sie der dadurch entstehenden gefühlsmäßigen Disharmonie entgegenwirken, die, wenn sie unbehandelt bleibt, eine Heilung oder Linderung hinausschiebt, wenn nicht gar verhindert.

Die fünf Blüten sind:

STAR OF BETHLEHEM für den Schockzustand,
ROCK ROSE für Angst und Panik,
IMPATIENS für geistige und körperliche Anspannung,
CHERRY PLUM für Verzweiflung,
CLEMATIS gegen das Gefühl, von dem, was geschieht, weit weg zu sein – ein Zustand, den man oft erlebt, bevor Bewußtlosigkeit eintritt.

Rescue lindert die Angst und Unruhe des Leidenden und stellt das Gefühl von Sicherheit und Vertrauen wieder her, ein Zustand, der bei jeglicher Art von Heilung außerordentlich wichtig ist und der in vielen Situationen als erstes hergestellt werden muß, bevor qualifizierte ärztliche Hilfe zur Stelle ist. Viele, die mit den Bach-Blüten vertraut sind, haben es daher zu ihrer Angewohnheit gemacht, ständig ein Fläschchen mit Rescue bei sich zu tragen. In den USA gibt es den Slogan: »Trage stets Rescue mit dir. Das Leben, das du rettest, könnte dein eigenes sein!«

Zubereitung von Rescue: Geben Sie zwei Tropfen von jeder der fünf Blütenessenzen in eine Tropfflasche (10 ml), die mit Cognac gefüllt ist. Rescue kann auch fertig als Essenz gekauft werden. In diesem Fall geben Sie zehn Tropfen davon in eine Tropfflasche voll Cognac.

Anwendung: Vier Tropfen aus der Tropfflasche werden einem Glas mit kaltem Wasser zugesetzt, das der Patient in mehreren kleinen Schlucken trinkt, bis er ruhiger geworden ist und wieder zu sich findet. Wenn der Patient nicht in der Lage ist, zu trinken, können die Lippen, das Zahnfleisch, die Stellen hinter den Ohren und die Handgelenke mit dem Mittel befeuchtet werden. Wenn die Behandlung mit Rescue über längere Zeit erfolgen soll, gilt als Dosierung: viermal täglich vier Tropfen in einem Teelöffel mit Wasser. Wo es sinnvoll ist, kann das Nothilfemittel auch äußerlich angewandt werden, zum Beispiel im Fall von Quetschwunden oder lokalen körperlichen Schmerzen. Dabei löst man sechs Tropfen in einem halben Liter Wasser, das je nach Bedarf warm oder kalt sein kann.

Rescue gibt es auch als Salbe, die zerstörtes Gewebe wiederherstellen hilft und daher bei allen Formen von Quetschungen, Reizungen, Pickeln, Insektenstichen etc. außerordentlich effektiv ist.

Es gibt viele Beispiele für die heilenden Eigenschaften von Rescue, und überall auf der Welt werden im Experiment Bereiche erprobt, in denen es mit Erfolg verwendet werden kann. Diese Kombination von Blüten ist sowohl für Menschen als auch für Tiere und Pflanzen eine unschätzbare Hilfe, wenn aufgrund von Unglücksfällen, Schmerzen, Trauer, starkem gefühlsmäßigem oder physischem Druck oder irgendwelcher Art von Schock das innere Gleichgewicht zeitweise gestört ist.

DIE HERSTELLUNG DER BLÜTENESSENZEN

Die Essenzen der Blüten von wildwachsenden Blumen und Bäumen, die die Grundlage von Dr. Bachs Blütenmitteln darstellen, werden auf zweierlei Art hergestellt: entweder mit Hilfe der *Sonnenmethode* oder durch *Kochen.* Beide Methoden setzen voraus, daß die Blüten an einem Vormittag bei klarem Sonnenschein gepflückt werden. Vermeiden Sie dabei soweit wie möglich, die Blüten direkt zu berühren; verwenden Sie statt dessen ein Blatt derselben Pflanze, um die Blüten abzupflücken.

Die Sonnenmethode

Füllen Sie eine dünnwandige Glas- oder Kristallschale mit dem reinsten und klarsten Wasser, das Sie finden können. Frisches Wasser von einer nicht verunreinigten Quelle ist das beste. Die Schale mit dem Wasser wird in der Nähe der Pflanzen, aus denen das Mittel hergestellt werden soll, in den klaren Sonnenschein gestellt. Wählen Sie die Blüten von möglichst vielen gesunden Exemplaren der Pflanze, und bedecken Sie die Oberfläche des Wassers in der Schale mit den Blütenköpfen, sofort nachdem Sie sie gepflückt haben. Die Schale wird drei Stunden in der Sonne stehengelassen, danach werden die Blüten sorgfältig entfernt. Verwenden Sie wieder ein reines Blatt derselben Pflanze, um sie aufzunehmen. Das Blütenwasser wird nun in eine mitgebrachte sterile Flasche gegossen, die bereits zur Hälfte mit Cognac gefüllt sein soll, um die Essenz zu konservieren. Die Flasche soll hermetisch verschlossen an einem kühlen und dunklen Ort aufbewahrt werden. Zwei Tropfen dieser Essenz, aufgelöst in einem kleinen Fläschchen mit Wasser, reichen aus, um ein wirkungsvolles Blütenmittel abzugeben.

Die Essenzen der folgenden Blüten werden mit Hilfe der Sonnenmethode hergestellt:

AGRIMONY	GORSE	ROCK ROSE
CENTAURY	HEATHER	SCLERANTHUS
CERATO	IMPATIENS	VERVAIN
CHICORY	MIMULUS	VINE
CLEMATIS	OAK	WATER VIOLET
GENTIAN	OLIVE	WHITE CHESTNUT
		WILD OAT

Die Essenz von ROCK WATER wird auf ähnliche Weise hergestellt. Das Wasser wird von einer unberührten Quelle genommen, die für ihre heilkräftigen Eigenschaften bekannt ist oder die sich zumindest, genährt von Sonne und frischer Luft, ständig in ihrem natürlichen Zustand befindet.

Die Kochmethode

Die Essenzen von Blumen, Büschen und Bäumen, die schon im frühen Frühjahr blühen, wenn die Sonne noch wenig Kraft hat, werden mit Hilfe der Kochmethode hergestellt. Pflücken Sie die Blüten unter den gleichen Bedingungen und auf die gleiche sorgfältige Weise wie bei der Sonnenmethode. Bringen Sie anstelle der Glasschale eine sorgfältig gereinigte Kasserolle aus rostfreiem Stahl mit. Füllen Sie die

Kasserolle zu drei Vierteln mit Blüten, Zweigen und Blättern von möglichst vielen gesunden Exemplaren der betreffenden Pflanze, setzen Sie den Deckel auf, und bringen Sie die Kasserolle sofort nach Hause.
Nehmen Sie den Deckel dann ab, und bedecken Sie die Blüten und Blätter mit frischem Quellwasser oder mit »stillem« (CO_2-freiem) Mineralwasser. Bringen Sie das Wasser zum Kochen, und drücken Sie in Abständen die Blüten mit einem Zweig vom gleichen Baum oder Strauch, von dem die Blüten stammen, unters Wasser. Kochen Sie die Blüten auf diese Weise eine halbe Stunde lang. Setzen Sie den Topf daraufhin ins Freie, bis das Wasser sich abgekühlt hat. Entfernen Sie dann die Zweige, Blätter und Blüten ebenfalls wieder mit einem Zweig, so daß das Wasser nicht mit Menschenhänden in Berührung kommt. Lassen Sie den Rest von Blüten und Blättern sich am Boden absetzen. Füllen Sie eine sterilisierte Flasche zur Hälfte mit Cognac, und gießen Sie die Blütenessenz langsam durch ein Stück Filterpapier dazu. Die Flüssigkeit, die Sie so erhalten haben, kann gegebenenfalls sofort oder zu einem späteren Zeitpunkt noch einmal gefiltert werden. Die endgültige therapeutische Mischung besteht aus einer Tropfflasche mit Wasser, der zwei Tropfen dieser Blütenessenz zugesetzt werden.

Die Blüten der folgenden Blumen oder Bäume werden mit der Kochmethode zubereitet:

ASPEN	HOLLY	RED CHESTNUT
BEECH	HONEYSUCKLE	STAR OF BETHLEHEM
CHERRY PLUM	HORNBEAM	SWEET CHESTNUT
CHESTNUT BUD	LARCH	WALNUT
CRAB APPLE	MUSTARD	WILD ROSE
ELM	PINE	WILLOW

Bei CHESTNUT BUD werden die Blattknospen der Roßkastanie, kurz bevor sich die Blätter entfalten, gepflückt.
Bei der Herstellung der Essenzen werden die Blüten nicht von Menschenhand berührt. Es ist tatsächlich die Natur selbst, die die Arbeit mit ihren potenten Kräften verrichtet: mit Erde, Wasser, Feuer und Luft. Wenn die Blütenköpfe im vollen Sonnenschein drei Stunden lang in der Glasschale gelegen haben oder in frischem Wasser eine halbe Stunde lang gekocht worden sind, haben sie all ihre Lebenskraft auf das Wasser übertragen. Das Wasser funkelt nun und vibriert und hat Leben bekommen. Dr. Bach entdeckte diese Methode, aus den Blüten die Essenz zu gewinnen, als er zeitig an einem Sommermorgen in Wales über die Felder wanderte. Er bemerkte, daß in der Mitte einer jeden Löwenzahnblume, die dort auf den Feldern wuchsen, ein Tautropfen saß, der in der Sonne glänzte. Er sagte: »Der Tautropfen könnte die gesamte Lebenskraft der Blume enthalten. Die Wärme der Sonne zieht die Kraft in den Tropfen.« Mit seinen sensitiven Händen untersuchte er eine Blüte und fand zu seiner großen Freude, daß er recht gehabt hatte: Der Tautropfen besaß eine überaus starke Ausstrahlung.

Wie bereits erwähnt, sind die Blütenessenzen konzentrierte Lösungen der jeweiligen Blüten, die mit der Sonnenmethode oder durch Kochen hergestellt werden. Die individuelle Arznei, die aus einem oder aus mehreren Mitteln bestehen kann, wird auf der Basis dieser Essenzen der 38 Blütenmittel zusammengestellt. Wenn es nicht möglich oder nicht zweckmäßig ist, die Blütenessenzen selbst herzustellen, können diese auch in fertiger Form gekauft werden. Ob man die Essenzen nun kauft oder selbst herstellt, die Blütenarznei wird stets auf folgende Weise zubereitet:

Nehmen Sie zwei Tropfen der betreffenden Blütenessenz oder der verschiedenen gewählten Essenzen, die dem Zustand des Patienten entsprechen – wenn es sich um eine Kombination mehrerer Blüten handeln soll, sollen es so wenige wie möglich sein, höchstens aber fünf –, und geben Sie diese in ein kleines steriles Tropffläschchen (10 ml), das mit CO_2-freiem Mineralwasser oder frischem Quellwasser gefüllt ist. Wenn die Arzneimischung für einen längeren Zeitraum dienen soll, kann man etwas Cognac als Konservierungsmittel zusetzen. Das Fläschchen mit der zubereiteten Blütenarznei wird folgendermaßen verwendet:
Vier Tropfen der Mischung werden in einem Löffel voll Wasser aufgelöst, in den Mund genommen und erst nach einigen Sekunden geschluckt. Die Tropfen sollen auf diese Art viermal täglich eingenommen werden. In akuten Fällen kann eine häufigere Einnahme notwendig sein – auch zum Beispiel im Abstand von wenigen Minuten –, bis sich die ersten Anzeichen einer Besserung bemerkbar machen.

Danach sollten die Intervalle größer werden, bis wieder die Häufigkeit von viermal täglich erreicht ist. Der Patient kann selbst abschätzen, wie oft er das Mittel nehmen will, in der Regel gilt jedoch viermal täglich als ein Minimum während eines Behandlungszeitraumes.
Wenn der Patient bewußtlos ist, können die Lippen, die Handgelenke und die Stellen hinter den Ohren mit dem Mittel befeuchtet werden. Bei lokalen Schmerzen, Steifheit, Entzündungen, Ekzemen und ähnlichen äußerlichen Symptomen kann die betreffende Körperstelle mit einer Lotion, der das Mittel beigegeben ist, behandelt werden. Drei Tropfen der Arzneimischung werden in einer Schale mit Wasser gelöst. Ein Stück reiner Baumwollstoff wird in das Wasser getaucht und die betreffende Körperstelle damit bedeckt. Der Stoff kann wiederholt befeuchtet werden, wenn dies notwendig ist. Auch einem Wannenbad können einige Tropfen der Arznei beigemischt werden.

Da dic Blütenmittel völlig frei von schädlichen Nebenwirkungen sind und nur positive und heilende Eigenschaften besitzen, können sie auch zusammen mit anderen Arten von Arzneimitteln genommen werden. Es soll jedoch daran erinnert werden, daß Bachs Blütenmittel allein durch Naturkräfte gewonnen werden und sich daher wesentlich unterscheiden von synthetischen Arzneimitteln und Nahrungsstoffen, von denen unsere Gegenwart so stark geprägt ist. Eine wirkungsvolle Anwendung der Blütenmittel kann daher unterstützt werden durch eine schrittweise Umstellung von synthetisch hergestellten Nahrungs- und Heilmitteln auf Naturprodukte.

TEIL 3

Edward Bach

IHR LEIDET AN EUCH SELBST

Ansprache in Southport im Februar 1931

Dr. Edward Bach, 1931/32

Die Aufgabe, heute abend vor Ihnen zu sprechen, ist keine einfache.
Sie sind eine medizinische Gesellschaft, und ich komme zu Ihnen als Mediziner – doch die Medizin, über die gesprochen werden soll, ist so weit von den konventionellen Ansichten der heutigen Zeit entfernt, daß in dieser Abhandlung nur wenig zu finden sein wird, das nach Sprechzimmer, Pflegeheim oder Krankenstation schmecken wird, wie wir sie gegenwärtig kennen.
Wären Sie als Anhänger Hahnemanns nicht ohnehin schon jenen weit voraus, die die Lehren Galens und der Schulmedizin der letzten zweitausend Jahre predigen, würde man sich fürchten, überhaupt diese Ansprache zu halten.
Aber die Lehre Ihres großen Meisters und seiner Nachfolger hat so viel Licht auf das Wesen der Krankheit geworfen und so viel von dem Wege offengelegt, der zur richtigen Behandlung führt, daß ich weiß, daß Sie bereit sein werden, mit mir einem weiteren Stück dieses Weges zu folgen und mehr von dem Glanz der vollkommenen Gesundheit und dem wahren Wesen von Krankheit und Heilung zu schauen.
Die Inspiration, die Hahnemann erfuhr, brachte ein Licht in das Dunkel des Materialismus, in dem der Mensch so weit gekommen war, Krankheit allein als materielles Problem anzusehen, das nur durch materielle Mittel gelindert und geheilt werden kann.
Er wußte – wie Paracelsus –, daß Krankheit nicht bestehen konnte, wenn des Menschen spirituelle und mentale Aspekte sich in Harmonie befanden; und er ging daran, Arzneien zu finden, die unser Gemüt behandelten und somit Frieden und Gesundheit brächten.
Hahnemann machte einen großen Fortschritt und brachte uns ein gutes Stück weiter auf dem Wege, aber er hatte nur die Zeit eines Menschenlebens für dieses Werk, und so ist es

an uns, seine Forschungen weiterzuführen, wo er aufgehört hat: das Gerüst der vollkommenen Behandlung zu erweitern, nachdem er so verdienstvoll das Fundament dieses Gebäudes gelegt hat.
Der Homöopath hat sich bereits von einem großen Teil der unnötigen und unwichtigen Aspekte der konventionellen Medizin getrennt, aber er muß noch weiter gehen. Ich weiß, daß Sie vorauszuschauen wünschen, denn weder das Wissen der Vergangenheit noch das der Gegenwart ist dem Wahrheitssucher genügend.
Paracelsus und Hahnemann lehrten uns, den Krankheitsdetails nicht zuviel Aufmerksamkeit zu widmen, sondern die Persönlichkeit, den inneren Menschen, zu behandeln, aus der Erkenntnis, daß Krankheit verschwände, wenn unser spirituelles und mentales Wesen in Harmonie wären. Die breite Grundlage ihres Gebäudes ist die fundamentale Lehre, die wir weiterführen müssen.
Als nächstes erkannte Hahnemann, wie jene Harmonie herbeizuführen sei, und er fand heraus, daß er bei den Arzneien und Heilmitteln der alten Schule und bei den Elementen und Pflanzen, die er selbst auswählte, die Wirkung durch Potenzierung umdrehen konnte, so daß die gleiche Substanz, die Vergiftungen und Krankheitssymptome nach sich zog, in winziger Menge gegeben, ebendiese bestimmten Symptome heilen konnte, wenn man sie nach seiner speziellen Methode aufbereitete.
So formulierte er das Gesetz: »Gleiches heilt Gleiches«, ein weiteres, großes, fundamentales Prinzip des Lebens. Und er überließ es uns, mit dem Bau des Tempels fortzufahren, dessen frühere Pläne ihm enthüllt worden waren.
Wenn wir der Richtung dieser Gedanken folgen, dann begegnen wir zuerst der tiefen Erkenntnis, daß es die Krankheit selbst ist, durch die »Gleiches Gleiches heilt« – denn

Krankheit ist die Folge von falschem Tun. Sie ist die natürliche Konsequenz aus der Disharmonie zwischen unserem Körper und unserer Seele. Sie ist »Gleiches, das Gleiches heilt«, weil es eben die Krankheit ist, die uns zurückhält und daran hindert, unser falsches Tun zu weit zu treiben, und zugleich ist sie eine Lektion, die uns lehrt, unsere Verhaltensweise zu korrigieren und unser Leben nach Maßgabe unserer Seele zu harmonisieren.

Krankheit ist das Ergebnis von falschem Denken und falschem Tun, und sie hört auf, wenn Tun und Denken in Ordnung gebracht sind. Wenn die Lektion von Schmerz und Leid und Not gelernt ist, dann haben diese keinen weiteren Zweck mehr in unserem Leben, und sie verschwinden automatisch.

Das ist es, was Hahnemann etwas unvollständig durch »Gleiches heilt Gleiches« ausdrückte.

Dann eröffnet sich ein anderer, herrlicher Ausblick, und wir sehen hier, daß echte Heilung zu erreichen ist: nicht durch Abwehren des Falschen, sondern so: Rechtes ersetzt Falsches, Gut ersetzt Böse, Licht ersetzt Finsternis.

Hier beginnen wir zu begreifen, daß wir Krankes nicht länger mehr mit Krankem bekämpfen, Leiden nicht länger mehr mit den Erzeugnissen des Leids abwehren und Gebrechen nicht länger mehr mit solchen Substanzen auszutreiben versuchen können, die sie verursachen, sondern im Gegenteil die entsprechende Tugend herbeiführen, die den Fehler ausgleichen und beseitigen wird.

Das Arzneibuch der nahen Zukunft sollte nur jene Heilmittel enthalten, die die Kraft haben, das Gute herbeizuführen, und von all jenen Arzneien befreit sein, deren einzige Eigenschaft darin besteht, daß sie dem Bösen Widerstand entgegensetzen.

Es stimmt wohl, daß Haß durch größeren Haß besiegt werden kann, aber heilen kann ihn nur die Liebe. Grausamkeit kann durch eine größere Grausamkeit verhindert werden, aber sie wird nur dann beseitigt, wenn sich die Qualitäten von Mitgefühl und Mitleid entfaltet haben. Eine Angst mag verloren und vergessen scheinen, wenn eine größere Angst vorherrscht, aber die echte Heilung aller Angst ist vollkommener Mut.

So müssen wir aus dieser medizinischen Schule unsere Aufmerksamkeit auf jene schönen Heilmittel richten, die Gottes Hand in die Natur gegeben hat, um uns zu heilen; sie finden sich unter den wohltätigen, feinen Blumen und Pflanzen auf dem Lande.

Es ist anscheinend doch falsch zu sagen, daß »Gleiches Gleiches heilt«. Hahnemann hatte wohl die richtige Vorstellung von der Wahrheit, aber er drückte sie unvollständig aus. Gleiches mag Gleiches stärken, Gleiches mag Gleiches abwehren, aber im eigentlichen Sinne des Heilens kann Gleiches nicht Gleiches heilen.

Wenn man die Lehren Krishnas, Buddhas oder Christi hört, stößt man immer wieder auf die Aussage, daß Gutes das Böse überwindet. Christus lehrte uns, dem Bösen keinen Widerstand entgegenzusetzen, unsere Feinde zu lieben und jene zu segnen, die uns verfolgen – da gibt es nirgendwo ein »Gleiches heilt Gleiches«. Und so müssen wir beim wirklichen Heilen und in der spirituellen Entwicklung immer danach streben, daß Gutes das Böse vertreibt, Liebe den Haß besiegt und Licht die Finsternis zerstreut. Also müssen wir alle Gifte, alle schädlichen Dinge meiden und nur das Wohltuende und Schöne verwenden.

Ohne Zweifel hatte Hahnemann sich mit seiner Potenzierungsmethode bemüht, Falsches in Richtiges zu verkehren, Gift in Heilmittel – aber es ist einfacher, die schönen und heilwirkenden Arzneien direkt zu gebrauchen.

Heilung, die höher steht als alle materialistischen Dinge und materialistischen Gesetze, ist ihrem Ursprung nach göttlich und nicht an irgendeine unserer Konventionen oder herkömmlichen Maßstäbe gebunden. Das heißt, daß wir unsere Ideale, unsere Gedanken und unsere Bestrebungen in jene herrlichen und lichten Ebenen lenken müssen, die uns die großen Meister gelehrt und gewiesen haben.

Denken Sie keinen Augenblick daran, daß man Sie von Hahnemanns Werk abbringt – im Gegenteil: Er zeigte die großen, grundlegenden Gesetze, die Basis. Aber er hatte nur ein Leben. Hätte er sein Werk weiter fortführen und entwickeln können, so wäre er ohne Zweifel in diese Richtung gegangen. Wir bringen sein Werk nur weiter voran und tragen es auf die nächste, natürliche Ebene weiter.

Wir wollen uns jetzt überlegen, warum die Medizin sich unausweichlich verändern muß. Die Wissenschaft in den letzten zweitausend Jahren hat Krankheit als einen materiellen Faktor betrachtet, der durch materielle Mittel eliminiert werden kann: Solches ist natürlich völlig falsch.

Krankheit des Körpers, wie wir sie kennen, ist ein Resultat, ein Endprodukt, ein letztes Stadium von etwas, das viel tiefer wurzelt. Krankheit entspringt oberhalb der körperlich-materiellen Ebene, näher der mentalen. Sie ist ganz das Resultat eines Konflikts zwischen unserem geistigen und dem sterblichen Selbst. Solange Harmonie zwischen diesen beiden Aspekten herrscht, sind wir vollkommen gesund; aber wenn es zu Dissonanzen kommt, folgt daraus das, was uns als Krankheit bekannt ist.

Krankheit ist einzig und allein korrektiv: Sie ist weder rachsüchtig noch grausam, vielmehr ist sie ein Mittel, dessen sich unsere Seele bedient, um uns auf unsere Fehler hinzuweisen, um uns davor zu bewahren, größeren Irrtümern zu verfallen, um uns daran zu hindern, größeren Schaden anzurichten, und um uns auf jenen Pfad der Wahrheit und des Lichtes zurückzuführen, den wir nicht hätten verlassen sollen.

Krankheit dient in Wirklichkeit unserem Guten und ist wohltätig, doch wir könnten sie meiden, wenn wir nur das rechte Verständnis – verbunden mit dem Verlangen, das Rechte zu tun – besäßen.

Ganz gleich, welchen Fehler wir machen: er wirkt auf uns selbst zurück, verursacht Unglückseligkeit, Unbehagen oder Leiden, seinem Wesen entsprechend. Das Ziel ist hierbei, uns die schädlichen Wirkungen falschen Tuns oder Denkens zu zeigen, und indem wir ähnliche Auswirkungen an uns selbst bemerken, wird uns gezeigt, wie unser Verhalten anderen Leid bringt und damit im Widerspruch steht zu dem großen, göttlichen Gesetz der Liebe und Einheit.

Den wissenden Arzt weist die Krankheit selbst auf das Wesen des Konfliktes hin. Vielleicht belegen dies am besten einige Beispiele, um Ihnen zu demonstrieren, daß – ganz gleich, an welcher Krankheit Sie leiden mögen – die Ursache in einer Disharmonie zwischen Ihnen und dem Göttlichen in Ihrem Innern besteht und daß Sie irgendeinen Fehler machen, einem Irrtum unterliegen, den Ihr höheres Selbst zu korrigieren versucht.

Schmerz ist die Folge von Grausamkeit, die anderen Schmerz bringt, und er kann mental oder körperlich sein. Seien Sie aber gewiß: Wenn Sie Schmerzen leiden, brauchen Sie nur in sich zu forschen, und Sie werden eine harte Handlungs- oder Denkweise finden, die in Ihrem Wesen besteht. Entfernen Sie sie, und Ihr Schmerz wird aufhören. Wenn Sie unter der Steifigkeit eines Gelenkes oder Gliedes leiden, dann können Sie gleichermaßen gewiß sein, daß Starrheit auch in Ihrem Denken besteht, daß Sie stur an irgendeiner Idee, einem Grundsatz, vielleicht einer Konvention festhalten, die Sie nicht unterstützen sollten. Falls Sie an Asthma oder Atemschwierigkeiten leiden, dann ersticken Sie selbst auf irgendeine Weise eine andere Persönlichkeit – oder, mangels Mut, das Richtige zu tun, nehmen Sie sich selbst die Luft weg. Wenn Sie dahinsiechen, dann ist dies, weil Sie irgendeinem erlauben, Ihre eigene Lebenskraft davon abzuhalten, Ihren Körper zu betreten.

Selbst der Teil des Körpers, der betroffen ist, gilt als ein Hinweis auf das Wesen des Fehlers. Die Hand weist auf Versagen oder Fehler im Tun; der Fuß auf das Versagen, anderen beizustehen; das Gehirn auf mangelnde Kontrolle; das Herz auf Mangel oder Übertreibung oder falsches Tun im Zusammenhang mit dem Liebe-Aspekt; das Auge auf Versagen, recht zu sehen und die Wahrheit zu erfassen, wenn sie vor einen gestellt wird. Und genau so kann die Ursache und das Wesen einer Krankheit festgestellt werden, die für den Patienten notwendige Lektion und die Korrektur, die vorzunehmen ist.

Werfen wir nun einen kurzen Blick auf das Krankenhaus der Zukunft.

Es wird ein Heiligtum des Friedens, der Hoffnung und der Freude sein. Da ist keine Eile, kein Lärm, kein einziger dieser erschreckenden Apparate und Maschinen von heute, kein Geruch nach Desinfektionsmitteln und Narkotika, nichts von all dem, was an Krankheit und Leiden erinnert. Da wird nicht immer wieder die Temperatur gemessen und die Ruhe des Patienten gestört, es sind keine täglichen Untersuchungen mit Abklopfen und Stethoskop, um dem Denken des Patienten das Kranksein einzuprägen. Da wird nicht ständig der Puls gefühlt, um den Eindruck zu erwecken, daß das Herz zu rasch schlägt. Denn all diese Dinge zerstören die Atmosphäre von Frieden und Ruhe, die so notwendig ist, damit der Patient bald genest. Auch Laboratorien werden

nicht mehr nötig sein, denn auf die spitzfindige, mikroskopische Untersuchung des Details wird es nicht mehr ankommen, wenn erst einmal erkannt wurde, daß es der Patient ist, der behandelt werden soll, und nicht die Krankheit.
Zweck aller Einrichtungen wird die Schaffung einer Atmosphäre von Frieden, Hoffnung, Freude und gläubigem Vertrauen sein. Alles wird man unternehmen, um dem Patienten zu helfen, seine Krankheit zu vergessen, nach Gesundheit zu streben und zugleich den Fehler in seinem Wesen zu korrigieren und ein Verständnis der Lektion zu gewinnen, die zu lernen ist.
Alles an und in diesem Hospital der Zukunft wird erhebend und schön sein, so daß der Patient hier seine Zuflucht findet, nicht nur, um von seinem Leid befreit zu werden, sondern auch, um das Verlangen zu entwickeln, ein Leben zu führen, das mehr in Harmonie mit den Geboten seiner Seele ist, als es vorher war.
Das Hospital wird dem Kranken wie eine Mutter sein; es wird ihn in seine Arme aufnehmen, beruhigen und trösten, es wird ihm Hoffnung, Glaube und Mut bringen, um seine Schwierigkeiten zu überwinden.
Der Arzt von morgen wird erkennen, daß er selbst keine Kraft zu heilen besitzt, sondern daß das Wissen, den Kranken Weisung zu geben, und die Kraft der Heilung, ihren Schmerz zu lindern, durch ihn geschickt werden kann, wenn er sein Leben in den Dienst an seinen Geschwistern stellt, wenn er das Wesen des Menschen so studiert, daß er seinen Sinn wenigstens zum Teil verstehen mag, wenn er aus tiefstem Herzen das Verlangen hat, Leiden zu lindern und alles für die Hilfe für die Kranken zu geben. Und selbst dann wird seine Kraft und Fähigkeit zu helfen proportional sein zur Intensität seines Verlangens und seiner Bereitschaft zu dienen. Er wird verstehen, daß Gesundheit – wie das Leben –

von Gott kommt, und von Gott allein. Er wird begreifen, daß er und die Arzneien, die er gebraucht, bloße Instrumente, Mittler im göttlichen Plan sind, die helfen, den Leidenden auf den Weg des göttlichen Gesetzes zurückzuholen.

Er wird kein Interesse an Pathologie oder pathologischer Anatomie haben, denn sein Studium gilt der Gesundheit. So wird es für ihn nicht von Belang sein, ob beispielsweise eine Kurzatmigkeit durch Tuberkelbazillen, Streptokokken oder irgendwelche anderen Erreger verursacht ist; statt dessen wird er sich bemühen, Kenntnis darüber zu erlangen, warum der Patient Atembeschwerden haben sollte. Es wird ohne Bedeutung sein zu wissen, welche der Herzklappen beschädigt oder fehlerhaft ist, aber um so wichtiger zu erkennen, in welcher Hinsicht der Patient den Liebe-Aspekt seines Wesens falsch entfaltet. Röntgenstrahlen werden dann nicht mehr zu Hilfe genommen, um ein arthritisches Gelenk zu untersuchen, sondern man wird das Denken des Patienten erforschen, um die Art der Starrheit dort zu entdecken.

Die Krankheitsprognose wird nicht mehr abhängig sein von körperlichen Anzeichen und Symptomen, sondern von der Fähigkeit des Patienten, seinen Fehler zu korrigieren und sich in Harmonie mit seinem geistigen Leben zu bringen.

Die Ausbildung des Arztes wird der eingehenden Beschäftigung mit dem Wesen des Menschen gewidmet sein, der tiefen Erkenntnis des Reinen und Vollkommenen und einem Verständnis der Göttlichkeit des Menschen sowie dem Wissen, wie den Leidenden beizustehen ist, auf daß sie ihr Verhalten in Harmonie mit ihrem geistigen Selbst bringen und so Einklang und Gesundheit in die Persönlichkeit kommt.

Der Arzt der Zukunft wird die Fähigkeit besitzen müssen,

aus der Lebensgeschichte des Patienten den Konflikt zu erkennen, der die Unausgeglichenheit oder Disharmonie zwischen Leib und Seele verursacht, und so in der Lage sein, den notwendigen Rat und die richtige Behandlung zur Erleichterung des Leidenden zu geben.
Er wird sich auch mit der Natur und ihren Gesetzen befassen müssen sowie sich mit ihren Heilkräften auskennen, damit cr diese zum Wohle und Nutzen des Patienten einzusetzen vermag.
Die Behandlung der Zukunft wird dem Patienten im wesentlichen vier Qualitäten vermitteln:
Erstens: Frieden, zweitens: Hoffnung, drittens: Freude, und viertens: Glauben.
Alle Aufmerksamkeit und alle Aspekte der Umgebung werden sich nach diesem Ziel zu richten haben. Den Patienten mit einer Atmosphäre von Gesundheit und Licht zu umgeben wird seine Genesung fördern. Zugleich wird auf die Irrtümer des Patienten hingewiesen, die festzustellen Aufgabe der Diagnose ist, und er soll Hilfe und Zuspruch erhalten, um sie zu überwinden.
Darüber hinaus werden jene schönen Heilmittel, die von göttlichen Heilkräften durchdrungen sind, verabreicht, um jene Gefäße zu öffnen, die mehr von dem Licht der Seele hereinlassen, daß der Patient von heilenden Qualitäten durchströmt wird.
Die Wirkung dieser Arzneien besteht darin, daß sie unsere Schwingungen anheben und unsere Gefäße für die Aufnahme unseres geistigen Selbst öffnen, daß sie unser Wesen mit der bestimmten Tugend erfüllen, derer wir bedürfen, und den Fehler hinauswaschen, der Schaden und Leid verursacht. Wie schöne Musik oder irgend etwas anderes Erhebendes, das uns Inspiration schenkt, sind sie imstande, unser innerstes Wesen zu erheben und uns unserer Seele nä-

herzubringen. Dadurch bringen sie uns Frieden und lindern unser Leiden.
Sie heilen nicht durch einen Angriff auf die Krankheit, sondern indem sie unseren Körper mit den schönen Schwingungen unseres höheren, geistigen Wesens überfluten, in dessen Anwesenheit Krankheit dahinschmilzt wie Schnee in der Sonne.
Und schließlich müssen sie die Einstellung des Patienten zu Krankheit und Gesundheit verändern:
Völlig vorbei und der Vergangenheit angehören muß der Gedanke, daß Linderung zu erhalten sei durch Bezahlung mit Gold oder Silber. Gesundheit ist, wie das Leben selbst, göttlichen Ursprungs und kann nur durch göttliche Mittel erlangt werden. Geld, Luxus, Reisen sind vielleicht äußerlich auf den ersten Blick in der Lage, uns eine Steigerung des körperlichen Wohlbefindens zu erkaufen; aber wahre Gesundheit können diese Dinge uns nie geben.
Der Patient von morgen muß verstehen, daß er, und nur er allein, sich Entlastung vom Leid verschaffen kann, auch wenn er Rat und Hilfe von älteren Geschwistern erhalten mag, die ihm bei seinem Bemühen zur Seite stehen.
Gesundheit ist da, wenn vollkommene Harmonie zwischen Seele, Gemüt und Körper herrscht. Diese Harmonie, und allein diese Harmonie, müssen wir erreichen, bevor eine Heilung erwirkt werden kann.
In der Zukunft wird man nicht Stolz darüber empfinden können, krank zu sein – im Gegenteil: Die Menschen werden sich des Krankseins schämen wie eines Vergehens.
Und jetzt möchte ich Ihnen zwei Faktoren erläutern, die in diesem Lande vermutlich zu mehr Krankheit führen als jeder andere Grund: die großen Schwächen unserer Zivilisation – Habgier und Götzendienerei.
Krankheit ist uns natürlich als eine Zurechtweisung ge-

schickt. Wir sind es ganz und gar selbst, die sie uns auferlegen; sie ist die Folge unseres falschen Tuns und falschen Denkens. Könnten wir unsere Fehler nur korrigieren und in Harmonie mit dem göttlichen Plan leben, würde uns keine Krankheit je erreichen.

In dieser unserer Zivilisation wirft die Habgier über alles ihren Schatten. Es gibt da die Gier nach Wohlstand, Status, Position, weltlichem Ruhm, nach Komfort und Beliebtheit. Aber von diesen Aspekten der Gier wollen wir nicht reden, denn sie sind – vergleichsweise – harmlos.

Am schlimmsten ist jedoch die Gier, einen anderen zu besitzen. Wahrlich, sie ist so weit verbreitet unter uns, daß man sie fast als billig und anständig betrachtet. Aber das mindert nicht ihr Übel, denn das Verlangen, Besitz an einem anderen Individuum oder Einfluß auf eine andere Person zu haben, bedeutet doch, die Macht unseres Schöpfers an sich zu reißen.

Wie viele Leute unter Ihren Freunden oder Verwandten könnten Sie aufzählen, die wirklich frei sind? Wie viele sind es, die nicht durch irgendein anderes Menschenwesen gebunden, beeinflußt oder kontrolliert werden? Wie viele gibt es, die jederzeit, Tag für Tag, Monat um Monat, jahrein, jahraus sagen können: »Ich folge den Geboten meiner Seele, unbehindert durch den Einfluß anderer Menschen«?

Und doch ist jeder von uns eine freie Seele, und allein Gott Rechenschaft schuldig über sein Tun, ja, sogar über seine Gedanken.

Möglicherweise ist die gewaltigste Lektion des Lebens, Freiheit zu lernen. Freiheit von Umständen, Umgebung, anderen Persönlichkeiten und vor allem von uns selbst; denn solange wir nicht frei sind, sind wir unfähig, unseren Mitmenschen ganz zu geben und zu dienen.

Denken Sie daran: Ob wir Krankheit oder Not leiden, ob wir umgeben sind von Angehörigen oder Freunden, die uns eine Last sind; ob wir inmitten jener leben müssen, die uns befehlen und beherrschen, die unsere Pläne durchkreuzen und unser Fortkommen behindern – wir haben es selbst geschaffen. Es ist so, weil sich in uns selbst immer noch eine Spur von dem befindet, das die Freiheit eines anderen einschränkt – oder weil uns der Mut fehlt, unsere eigene Individualität zu behaupten, die unser Geburtsrecht ist.

In dem Augenblick, in dem wir selbst allen und allem um uns herum völlige Freiheit gegeben haben – wenn wir nicht mehr das Verlangen haben, zu binden und zu begrenzen; wenn wir von niemandem mehr irgend etwas erwarten; wenn all unser Denken allein »Geben« heißt und nie mehr »Nehmen« –, dann werden wir feststellen, daß wir frei sind von der ganzen Welt. Alle Fesseln werden von uns abfallen, unsere Ketten zerspringen, und zum ersten Male in unserem Leben werden wir die köstliche Freude vollkommener Freiheit erfahren. Befreit von allen menschlichen Beschränkungen, sind wir dann der willige und freudige Diener unseres höheren Selbst allein.

Die Macht des Besitzens hat sich im Westen so stark entwickelt, daß es großen Leids bedarf, bis die Menschen ihren Irrtum erkennen und umkehren werden. Je nach dem Umfang und der Art der Herrschaft übereinander müssen wir leiden, solange wir uns eine Macht anmaßen, die nicht des Menschen ist.

Absolute Freiheit ist unser Geburtsrecht, und wir können es nur erlangen, wenn wir die gleiche Freiheit jeder Seele gewähren, die unser Leben betritt. Denn, wahrlich, wir ernten, wie wir säen, und »mit welcherlei Maß wir messen, so wird auch uns zugemessen werden«.

Genau so, wie wir einem anderen Leben entgegenarbeiten,

sei es jung oder alt, so muß es sich auf uns selbst auswirken. Wenn wir die Aktivität anderer begrenzen, können wir unseren eigenen Leib durch Steifigkeit in seiner Bewegungsfreiheit eingeschränkt finden; und wenn wir anderen noch dazu Schmerzen und Leid zufügen, müssen wir bereit sein, selbiges am eigenen Leibe zu ertragen, bis wir uns gebessert haben. Es gibt keine Krankheit, wie schwer sie auch sei, die nicht benutzt werden könnte, unser Tun zu überprüfen und unsere Richtung zu ändern.

Jene unter Ihnen, die durch andere leiden: Faßt Mut! Denn es bedeutet, daß Sie jene Stufe Ihres Weges erreicht haben, in der Sie gelehrt werden, Ihre Freiheit zu gewinnen. Der Schmerz und das Leid, das Sie jetzt ertragen, lehrt Sie, Ihre Fehler selbst richtigzustellen; und sobald Sie den Fehler erkannt und korrigiert haben, sind Ihre Schwierigkeiten vorüber.

Solches in Angriff zu nehmen bedeutet, äußerste Sanftmut zu üben und nie durch Gedanken, Wort oder Tat einen anderen zu verletzen. Denken Sie daran, daß alle Menschen ihr Heil selbst erarbeiten und durch das Leben gehen, um jene Lektionen zur Vervollkommnung ihrer Seele zu lernen. Sie müssen das selbst tun, sie müssen ihre Erfahrungen selbst machen, sie müssen die Fallgruben dieser Welt kennenlernen und aus eigener Bemühung den Weg finden, der auf den Berggipfel führt. Das Äußerste, was wir tun können, wenn wir ein wenig mehr Wissen und Erfahrung als jüngere Geschwister besitzen, ist, sie behutsam zu leiten. Wenn sie darauf hören, ist es schön und gut; wenn nicht, dann müssen wir geduldig warten, bis sie weitere Erfahrung gewonnen haben, die ihnen ihren Fehler zeigt, dann können sie sich wieder an uns wenden.

Wir sollten bedacht sein, so sanft, so still und so geduldig Hilfe zu leisten, daß wir uns zwischen unseren Mitmenschen mehr wie ein Lufthauch oder ein Sonnenstrahl bewegen: allzeit bereit zu helfen, wenn sie uns bitten, ihnen aber nie unsere eigene Ansicht aufzuzwingen.

Jetzt möchte ich Ihnen von einem anderen großen Verhinderer der Gesundheit erzählen, der heutzutage sehr, sehr verbreitet ist, und noch dazu eine der größten Barrieren, denen die Ärzte in ihrem Bemühen zu heilen begegnen. Dieses Hindernis ist eine Form des Götzendienstes. Christus sagte: »Ihr könnt nicht Gott dienen und dem Mammon«, und doch ist der Dienst am Mammon einer unserer mächtigsten Stolpersteine.

Es war einmal ein Engel, ein strahlender, herrlicher Engel. Der erschien Johannes, und Johannes fiel auf die Knie und betete ihn an. Aber der Engel sprach zu ihm: »Siehe zu, tue es nicht; ich bin dein und deiner Brüder Mitknecht. Bete Gott an.« Und doch beten heute Zehntausende von uns nicht Gott an, nicht einmal einen hohen Engel, sondern einen Mitmenschen. Ich kann Ihnen versichern, daß eine der größten Schwierigkeiten, die überwunden werden muß, die Anbetung ist, die der Leidende einem anderen Sterblichen entgegenbringt.

Wie oft hört man doch: »Ich muß meinen Vater, meine Schwester, meinen Mann fragen.« Was für eine Tragödie, zu denken, daß eine menschliche Seele, die ihre Göttlichkeit entfaltet, die Erlaubnis eines anderen Mitreisenden auf dem Entwicklungswege einholen müßte! Wem glaubt sie denn ihren Ursprung, ihr Sein, ihr Leben zu verdanken – einem ihresgleichen oder ihrem Schöpfer?

Wir müssen verstehen, daß wir Gott Rechenschaft schulden für unser Tun und für unser Denken, und keinem außer Gott. Und sich darin beeinflussen zu lassen, sich fremden Wünschen zu fügen oder dem Verlangen eines anderen Sterblichen zu folgen ist in der Tat Götzendienst. Die Strafe

dafür ist hart, sie bindet uns mit Ketten, sie steckt uns in Gefängnisse und schränkt unser ganzes Leben ein – und das sollte sie auch, so verdienen wir es zu Recht, wenn wir den Geboten eines Menschenwesens folgen, während unser ganzes Selbst nur ein einziges Gebot kennen sollte: das unseres Schöpfers, der uns Leben und Verstehen schenkte.
Wisset also, daß der, der vor allem seiner Frau, seinem Kind, seinem Vater oder seinem Freund folgt, ein Götzendiener ist, der dem Mammon, aber nicht Gott dient.
Erinnern Sie sich der Worte Christi: »Wer ist meine Mutter, und wer sind meine Brüder?« Sie bedeuten, daß selbst wir alle, so gering und unbedeutend wir auch sein mögen, hier sind, um unseren Menschengeschwistern, um aller Menschheit und der Welt insgesamt zu dienen, und nie, auch nicht den winzigsten Augenblick unter dem Wollen und Befehlen eines anderen stehen sollen, wenn dieses den Motiven entgegensteht, die wir als die Gebote unserer Seele kennen.
Seien wir Kapitäne unserer Seele, Meister unseres Schicksals (das heißt, lassen wir uns führen und anweisen ganz und allein vom Göttlichen in unserem Innern ohne Zugeständnis an oder Hindernis von seiten irgendeines Menschen oder Umstandes), und leben wir allezeit in Übereinstimmung mit den und in Verantwortung vor den Gesetzen des Gottes, der uns das Leben gab.
Doch es gibt noch einen weiteren Punkt, auf den Sie aufmerksam werden sollen. Halten Sie sich immer das Gebot vor Augen, das Christus seinen Jüngern gab: »Widerstrebt nicht dem Übel.« Krankheit und Falsches sind nicht zu besiegen im direkten Kampf, sondern indem man sie durch Gutes ersetzt. Finsternis verschwindet im Licht und ist nicht durch größeres Dunkel zu vertreiben; Haß wird durch Liebe überwunden, Grausamkeit durch Sympathie und Mitgefühl – und Krankheit durch Gesundheit.

Unser ganzes Ziel ist es, unsere Fehler zu erkennen und uns entsprechend zu bemühen, die entgegengesetzte Tugend zu entfalten, so daß der Fehler von uns abfällt, wie der Schnee unter der Sonne schmilzt. Kämpfen Sie nicht gegen Ihre Sorgen; kämpfen Sie nicht gegen Ihre Krankheit; hadern Sie nicht mit Ihren Schwächen – verlieren Sie sie vielmehr aus den Augen, wenn Sie sich auf die Entfaltung der Tugenden konzentrieren, derer Sie bedürfen.
Und so können wir zusammenfassend nun sehen, welche bedeutende Rolle die Homöopathie bei der Überwindung der Krankheit in der Zukunft spielen wird – nun, da wir uns dem Verständnis nähern, daß durch die Krankheit selbst »Gleiches Gleiches heilt«, daß wir selbst sie geschaffen haben, uns als Zurechtweisung und letztlich zu unserem Wohle, daß wir sie vermeiden können, wenn wir nur die notwendigen Lektionen lernen und unsere Fehler richtigstellen, bevor die schwerere Lektion des Leidens notwendig wird. Das ist die ganz natürliche Fortsetzung von Hahnemanns großem Werk, die Weiterführung jener Gedanken, die ihm offenbart worden sind, die uns einen weiteren Schritt hin zum vollkommenen Verstehen von Krankheit und Gesundheit führt und die Kluft überbrückt zwischen der Phase, in der er uns und sein Werk verlassen hat, und dem Morgen des Tages, an dem die Menschheit jene Stufe ihrer Entwicklung erreicht haben wird, auf der sie die Herrlichkeit göttlicher Heilung direkt empfangen kann.
Der wissende und verstehende Arzt wird dann seine Arzneien sorgfältig aus den Heilpflanzen in der Natur, die von Gottes Hand befruchtet und gesegnet sind, auswählen und seinem Patienten helfen können, jene Gefäße aufzuschließen, die eine größere Einheit zwischen Seele und Körper erlauben, und damit die Entfaltung der Tugenden, die notwendig sind, um die Fehler auszulöschen. Das schenkt der

Menschheit die Hoffnung auf wahre Gesundheit, die verbunden ist mit geistigem und spirituellem Fortschritt.
Für die Patienten wird es notwendig sein, daß sie darauf vorbereitet sind, der Wahrheit ins Auge zu sehen, daß Krankheit einzig und allein auf Fehler in ihnen selbst zurückzuführen ist, so wie der Tod der Sünde Sold ist. Sie werden das innere Verlangen besitzen müssen, diese Fehler zu berichtigen, ein besseres und nützlicheres Leben zu führen und zu erkennen, daß Heilung von ihrer eigenen Bemühung abhängig ist, auch wenn sie zum Arzt gehen, um dort Rat und Hilfe in ihren Schwierigkeiten zu erhalten.
Gesundheit läßt sich ebensowenig durch Geld und Gold erwerben, wie ein Kind seine Ausbildung kaufen kann. Kein Geldbetrag kann dem Schüler das Schreiben beibringen; er muß es selbst lernen unter der Anleitung eines erfahrenen Lehrers. Und das gilt ebenso für die Gesundheit.
Es gibt zwei große Gebote: »Du sollst Gott und deinen Nächsten lieben.« Wir wollen unsere Individualität entfalten, so daß wir die völlige Freiheit erlangen, dem Göttlichen in uns selbst zu dienen, und dem Göttlichen allein – und allen anderen ihre absolute Freiheit zu gewähren und ihnen so weit zu dienen, wie es in unseren Kräften liegt, nach dem Gebot unserer Seele und immer im Gedenken daran, daß im gleichen Maße, in dem unsere eigene Freiheit wächst, auch unsere Freiheit und Fähigkeit zunimmt, unseren Mitmenschen zu dienen. So müssen wir uns also der Tatsache stellen, daß Krankheit allein unserem Tun zuzuschreiben ist und daß der einzige Weg zur Heilung in der Richtigstellung unserer Fehler besteht. Alle wahre Behandlung hat das Ziel, dem Patienten zu helfen, seine Seele, sein Denken und seinen Körper in Harmonie zu bringen. Das kann er nur selbst tun, wenngleich Rat und Hilfe eines kundigen Mitmenschen ihn sehr dabei unterstützen können.

Wie Hahnemann bereits darlegte, ist jegliche Behandlung, die nicht von innen kommt, schädlich, und eine scheinbare Heilung des Körpers, die durch materialistische Methoden, allein durch das Tun anderer und ohne Selbsthilfe erreicht wird, mag gewiß körperlich Erleichterung bringen, aber Schaden für unser höheres Wesen; denn die notwendige Lektion bleibt ungelernt, und der Fehler ist nicht richtiggestellt worden.

Es ist schrecklich, an all die künstlichen und oberflächlichen Heilungen heutzutage zu denken, die durch Geld und falsche medizinische Methoden zu erhalten sind – falsche Methoden, weil sie lediglich Symptome unterdrücken, scheinbar Erleichterung verschaffen, ohne aber die Ursache zu beseitigen.

Heilung muß aus unserem Innern kommen, durch Anerkennung und Richtigstellen unserer Fehler und harmonisierendes Einstimmen unseres Wesens auf den göttlichen Plan. Und da der Schöpfer in seiner Barmherzigkeit gewisse mit göttlichem Segen erfüllte Pflanzen wachsen läßt, um uns zu unserem Sieg zu verhelfen, so laßt uns diese suchen und sie nach bestem Vermögen gebrauchen, auf daß sie uns stützen, wenn wir den Berg unserer Entwicklung erklimmen, bis zu jenem Tage, an dem wir den Gipfel der Vollendung erreichen.

Hahnemann hat die Wahrheit »Gleiches heilt Gleiches« erkannt, die eigentlich bedeutet: Krankheit heilt falsches Tun. Wahre Heilung ist eine Stufe höher als Krankheit: Liebe und all ihre Attribute vertreiben das Falsche.

Bei der korrekten Behandlung darf nichts Verwendung finden, das dem Patienten seine Eigenverantwortlichkeit abnimmt, sondern es dürfen nur solche Maßnahmen gebraucht werden, die ihm helfen, seine Fehler zu überwinden.

Wir wissen heute, daß gewisse Mittel im homöopathischen

Arzneienschatz die Kraft besitzen, unsere Schwingungen zu erheben und so eine größere Einheit zwischen unserem sterblichen und dem spirituellen Selbst zu schaffen und die Heilung durch die so erreichte, größere Einheit zu bewirken.

Und schließlich wissen wir, daß es unsere Aufgabe ist, das Arzneimittelbuch zu säubern und neue Heilmittel hinzuzufügen, bis es nur noch solche enthält, die dem Menschen wohltun und ihn erheben.

TEIL 4

Edward Bach

BEFREIE DICH SELBST

EINFÜHRUNG

Es ist unmöglich, Wahrheit in Worte zu fassen. Der Autor dieser Schrift wird nicht vom Verlangen getrieben zu predigen, sondern hat eine starke Abneigung gegen diese Methode, Wissen zu vermitteln. Auf den folgenden Seiten hat er versucht, so klar und einfach wie möglich den Sinn unseres Lebens, den Nutzen der Schwierigkeiten, die uns belasten, und die Mittel zu zeigen, mit deren Hilfe wir unsere Gesundheit wiedererlangen können – ja, wie tatsächlich jeder von uns sein eigener Arzt werden kann.

KAPITEL I

So einfach ist sie, die Geschichte des Lebens.

Ein kleines Kind hat sich vorgenommen, rechtzeitig zum Geburtstag seiner Mutter ein Bild von einem Haus zu malen. In seiner Vorstellung hat das Mädchen das Haus schon fertiggemalt; sie weiß genau, wie es aussehen wird, bis hin zu der kleinsten Einzelheit, und muß es nur noch zu Papier bringen.

Sie holt den Farbkasten, den Pinsel und einen Lappen hervor und macht sich voller Begeisterung und Freude ans Werk. Ihre ganze Aufmerksamkeit und allen Fleiß konzentriert sie auf das, was sie tut – nichts kann sie von der Arbeit, die vor ihr liegt, abhalten.

Das Bild wird rechtzeitig zum Geburtstag fertig. So gut sie nur konnte, hat sie ihre Vorstellung von einem Haus Gestalt werden lassen. Es ist ein Kunstwerk, denn es ist alles ganz von ihr; jeden Pinselstrich hat sie aus Liebe zu ihrer Mutter

gemacht, jedes Fenster, jede Tür gemalt voller Überzeugung, daß es genau an dieser Stelle zu sein habe. Und selbst wenn das Ganze aussieht wie ein Heuschober, ist es das vollkommenste Haus, das je gemalt wurde: Es ist gelungen, weil die kleine Künstlerin Herz und Seele, ja, ihr ganzes Wesen hineingelegt hat.
Das ist Gesundheit, das ist Erfolg und Glück und echter Dienst: Dienen durch Liebe in vollendeter Freiheit auf unsere eigene Weise.
So kommen wir in diese Welt: Wir wissen, welches Bild wir zu malen haben; den Weg durchs Leben haben wir bereits ausgearbeitet, und alles, was uns noch zu tun bleibt, ist, ihm materielle Gestalt zu geben. Voll Freude und Interesse gehen wir los, konzentrieren all unsere Aufmerksamkeit auf die Vervollkommnung jenes Bildes und übertragen nach bestem Vermögen unsere Gedanken und Ziele in das physische Leben in der Umgebung, die wir uns gewählt haben.
Dann, wenn wir von Anfang bis Ende ganz unseren Idealen und unseren ureigenen Plänen mit aller Kraft folgen, die wir besitzen, dann gibt es kein Versagen, und unser Leben ist ein gewaltiger Erfolg geworden, gesund und glücklich.
Diese gleiche kleine Geschichte der kleinen Malerin wird uns aber auch illustrieren, wie – wenn wir sie zulassen – die Schwierigkeiten des Lebens jenen Erfolg, die Glückseligkeit und die Gesundheit durchkreuzen und uns von unserem Ziel abbringen.
Das Kind malt fleißig und glücklich, als jemand hereinkommt und sagt: »Warum malst du nicht hierhin noch ein Fenster, und dort eine Tür; und der Garten sollte natürlich auf dieser Seite sein.« Die Folge wird sein, daß das Kind sein Interesse an der Arbeit völlig verliert. Vielleicht malt es weiter, aber nun bringt es nur noch die Vorstellung eines ande-

ren zu Papier. Vielleicht wird es mürrisch, gereizt, verärgert, unglücklich, vielleicht traut es sich nicht, jene Vorschläge abzuweisen. Vielleicht fängt es an, die Freude an seinem Bild zu verlieren, es allmählich zu hassen und womöglich gar zu zerreißen. Je nach der Art des Kindes wird seine Reaktion ausfallen.
Am Ende wird das Bild vielleicht ein erkennbares Haus zeigen, aber es ist ein unvollkommenes und mißlungenes, weil es die Deutung der Gedanken eines anderen darstellt und nicht die Vorstellung des Kindes. Es hat keinen Wert als Geburtstagsgeschenk, weil es vielleicht nicht rechtzeitig fertig geworden ist und die Mutter noch ein Jahr zu warten hat, bis sie ihr Geschenk erhält.
Das ist Krankheit: die Reaktion auf Störung. Das ist vorübergehendes Scheitern und Unglücklichsein, und es tritt ein, wenn wir zulassen, daß andere sich in unseren Lebenssinn einmischen und Zweifel in unserem Denken säen oder Angst oder Gleichgültigkeit.

KAPITEL II

Gesundheit hängt davon ab, daß wir in Harmonie mit unserer Seele sind.

Es ist von größter Wichtigkeit, daß die wahre Bedeutung von Gesundheit und Krankheit richtig verstanden wird.
Gesundheit ist unser Erbe, unser Geburtsrecht. Sie ist die vollständige und vollkommene Einheit von Seele, Gemüt und Körper, und das ist kein weit hergeholtes, schwer zu erreichendes Ideal, sondern so einfach und natürlich, daß es viele von uns schlicht übersehen haben.

Alle irdischen Dinge sind nur die Deutung, die Übertragung von geistigen Dingen. Hinter dem kleinsten, scheinbar unbedeutendsten Geschehnis steht göttlicher Sinn.
Wir alle haben eine göttliche Mission in dieser Welt, und unsere Seelen gebrauchen unser Gemüt und unseren Körper als Instrumente, um dieses Werk zu vollbringen, so daß – wenn alle drei im Einklang sind – das Resultat vollkommene Gesundheit und vollkommenes Glück sein wird.
Eine göttliche Mission bedeutet kein Opfer, keinen Rückzug aus der Welt, keine Abweisung der Freuden und Schönheit und Natur – im Gegenteil: Die göttliche Sendung bringt mit sich eine umfassendere und tiefere Freude an allen Dingen. Das bedeutet, daß wir die Arbeit, die wir lieben, mit ganzem Herzen und ganzer Seele verrichten, sei es nun Haushalten, Landwirtschaft, Malen, Schauspielen oder das Bedienen unserer Mitmenschen im Haus oder Geschäft. Und diese Arbeit, ganz gleich, worin sie besteht, ist, wenn wir sie über alles lieben, der eindeutige Auftrag unserer Seele, das Werk, das wir in dieser Welt zu vollbringen haben und das allein unserem wahren Selbst entspricht und auf gewöhnliche, materielle Weise die Botschaft jenes wahren Selbst ausdrückt.
Wie gut wir diese Botschaft deuten, können wir also anhand unserer Gesundheit und unseres Glücksgefühls beurteilen.
Alle spirituellen Eigenschaften sind im vollkommenen Menschen vertreten, und wir kommen in diese Welt, um sie, eine nach der anderen, zu offenbaren, sie so zu vervollkommnen und stärken, daß kein Erlebnis, keine Schwierigkeit, kein Problem uns schwächen oder von der Erfüllung dieser Sendung abhalten kann. Wir wählen selbst unsere Beschäftigung auf Erden sowie die äußeren Umstände, die die besten Voraussetzungen dafür bieten, daß wir aufs Ganze geprüft

werden. Wir kommen im vollen Wissen um unsere jeweilige Aufgabe; wir kommen mit dem unvorstellbaren Vorrecht zu wissen, daß all unsere Schlachten schon gewonnen sind, bevor sie überhaupt ausgefochten werden, daß der Sieg unser ist, bevor wir überhaupt auf die Probe gestellt werden, weil wir wissen, daß wir die Kinder des Schöpfers sind und daß wir als solche göttlich sind, unüberwindlich und unbesiegbar. Mit diesem Wissen ist das Leben eine Freude. Mühsal und alle Erlebnisse können wir als Abenteuer ansehen, denn wir müssen nur unsere Kraft erkennen, unserer Göttlichkeit treu sein, und jene lösen sich auf wie Nebelschwaden im Lichte der Sonne. Gott gab seinen Kindern wahrlich Gewalt über alle Dinge.

Unsere Seele wird uns leiten, wenn wir nur auf sie horchen, unter allen Umständen, in jeder Schwierigkeit; und wenn Denken und Leib so ausgerichtet sind, werden wir durch das Leben gehen und Glück und vollkommene Gesundheit ausstrahlen; wir werden von allen Sorgen und jeglicher Verantwortung so frei sein wie das kleine, vertrauensvolle Kind.

KAPITEL III

Unsere Seelen, Kinder des Schöpfers, sind vollkommen, und alles, was sie uns sagen, dient unserem Wohle.

Gesundheit ist also die wahre Erkenntnis dessen, was wir sind: Wir sind vollkommen, wir sind Kinder Gottes. Da gibt es kein Streben nach dem, was wir bereits erlangt haben. Wir sind hier nur, um in materieller Gestalt jene Vollkommenheit zu manifestieren, die uns schon zu Anbeginn der Zeit geschenkt wurde. Gesundheit heißt, allein auf die

Stimme der Seele zu hören, Vertrauen zu haben wie kleine Kinder, den Intellekt (jenen Baum des Wissens um Gut und Böse) mit seinem Vernünfteln, seinem Für und Wider, seinen vorgreifenden Ängsten zurückzuweisen, Konvention, unbedeutende Vorstellungen und Anweisungen anderer Menschen zu ignorieren, so daß wir unberührt, unbeschadet durchs Leben gehen können: frei, unseren Mitmenschen zu dienen.
Wir können unsere Gesundheit daran messen, wie glücklich wir sind, und anhand unseres Glücksempfindens können wir erkennen, daß wir den Geboten unserer Seele Folge leisten. Es ist nicht notwendig, Mönch zu sein oder Nonne oder sich vor der Welt zu verbergen. Die Welt ist da, damit wir uns ihrer erfreuen und ihr dienen, und nur indem wir aus Liebe und Glück dienen, können wir wirklich von Nutzen sein und unser Bestes geben. Was aus einem Pflichtgefühl heraus getan wird – womöglich verbunden mit leichter Gereiztheit und Ungeduld –, ist überhaupt nichts wert; es ist lediglich eine Vergeudung kostbarer Zeit, während unser Nächster vielleicht wirklich unserer Hilfe bedarf.
Wahrheit braucht nicht analysiert, diskutiert oder in viele Worte verpackt zu werden. Du erkennst sie im Bruchteil einer Sekunde; sie ist Teil von dir. Nur bei den unwesentlichen, komplizierten Dingen des Lebens brauchen wir die Überzeugungsgabe, und diese sind es, die zur Ausdehnung des Intellekts geführt haben. Die Dinge, auf die es ankommt, sind einfach. Das sind solche Dinge, die einen sagen lassen: »Oh, das ist wahr; das habe ich anscheinend schon immer gewußt.« Das gilt auch für das Glücksgefühl, das uns erfüllt, wenn wir uns in Harmonie mit unserem geistigen Selbst befinden; und je enger, je umfassender die Einheit ist, desto intensiver die Freude. Denke an das Leuchten, das man zuweilen auf dem Antlitz einer Braut am Hochzeits-

morgen sieht; die Verzückung einer Mutter über ihr neugeborenes Baby; die Ekstase eines Künstlers, der ein Meisterwerk vollendet hat – das sind die Augenblicke der Einheit mit dem Geistigen.
Stell dir vor, wie wunderbar das Leben wäre, wenn wir es ganz in solcher Freude lebten – und solches ist möglich, wenn wir ganz in unserem Lebenswerk aufgehen.

KAPITEL IV

Folgten wir unserem eigenen Instinkt, unseren eigenen Wünschen, unseren eigenen Gedanken, unserem eigenen Verlangen, sollten wir nie etwas anderes kennenlernen als Freude und Gesundheit.

Es ist auch kein weit hergeholtes, schwer zu erreichendes Ideal, die Stimme der eigenen Seele zu vernehmen; das war immer ganz leicht für uns, wenn wir es nur zugeben wollen. Einfachheit ist der Grundton der ganzen Schöpfung.
Unsere Seele (die kleine, sanfte Stimme im Innern; Gottes Stimme) spricht zu uns durch unsere Intuition, unsere Instinkte, unsere inneren Wünsche, Ideale, unsere gewöhnlichen Vorlieben und Abneigungen – auf die Weise, die für uns jeweils am leichtesten zu vernehmen ist. Wie sonst kann Er zu uns sprechen? Unsere echten Instinkte, Wünsche, Neigungen und Abneigungen sind uns gegeben, auf daß wir die geistigen Weisungen unserer Seele vermittels unserer begrenzten, körperlichen Wahrnehmung deuten können, denn nicht vielen von uns ist es möglich, in direkter Kommunikation mit unserem höheren Selbst zu stehen. Diese Weisungen sollen unbedingt befolgt werden, weil allein die

Seele weiß, welche Erfahrungen notwendig sind für die jeweilige Persönlichkeit. Ganz gleich, ob eine solche Weisung von innen belanglos oder wichtig scheint – ob es sich um den Wunsch nach einer weiteren Tasse Tee handelt oder das Verlangen nach einer vollkommenen Veränderung der Lebensgewohnheiten –, sollte sie bereitwillig befolgt werden. Die Seele weiß, daß Zufriedenheit die eine wirkliche Heilung für alles ist, was wir in dieser Welt als Sünde und Falsch bezeichnen, denn solange das ganze Wesen sich gegen eine bestimmte Tat auflehnt, ist dieser Fehler nicht ausgemerzt, sondern nur schlummernd. Das gilt ebenso, wie es viel besser und schneller ist, so lange von der Marmelade zu naschen, bis einem so schlecht wird, daß die Marmelade keinerlei Anziehungskraft mehr besitzt.
Unser wahres Verlangen, die Wünsche unseres wahren Selbst, dürfen wir nicht verwechseln mit den Wünschen und dem Wollen anderer Menschen, das so oft unserem Denken eingeprägt ist, oder mit dem Gewissen, das so häufig nur eine andere Bezeichnung für die gleiche Sache ist. Wir dürfen keine Rücksicht nehmen darauf, wie die Welt unser Tun deutet. Allein unsere Seele ist verantwortlich für unser Wohl, und unser Ruf ist in Seiner Obhut. Wir können beruhigt sein, daß es nur eine einzige Sünde gibt: nicht den Geboten des Göttlichen in uns zu folgen. Das ist die Sünde gegen Gott und unseren Nächsten. Diese Wünsche, Intuitionen, Gedanken sind nie egoistisch; sie gehen allein uns an und sind immer richtig für uns; sie bringen uns Gesundheit in Leib und Gemüt.
Krankheit im materiellen Körper ist das Ergebnis des Widerstandes der Persönlichkeit gegen die Weisung der Seele: wenn die »leise, sanfte Stimme« bei uns auf taube Ohren stößt, wenn wir die Göttlichkeit in unserem Innern vergessen, wenn wir versuchen, anderen unsere Wünsche aufzu-

zwingen, oder zulassen, daß ihre Vorschläge, Gedanken und Befehle uns beeinflussen.
Je mehr wir von äußerlichen Einflüssen, von anderen Persönlichkeiten frei werden, desto mehr kann unsere Seele uns gebrauchen, um Sein Werk zu vollbringen.
Nur wenn wir darangehen, einen anderen zu kontrollieren und zu beherrschen, sind wir egoistisch. Die Welt aber versucht uns zu sagen, daß es Egoismus wäre, seinem eigenen Verlangen zu folgen. Das geschieht, weil diese Welt uns knechten will, denn nur wenn wir unser wahres Selbst erkennen und ungehindert sein können, sind wir dem Wohle der Menschheit von Nutzen. Diese große Wahrheit drückte auch Shakespeare aus: »Deinem eigenen Selbst sei treu, und daraus muß folgen, wie die Nacht auf den Tag, daß du dann gegen keinen anderen untreu sein kannst.«
Die Biene, die sich auf ihrer Suche nach Honig für eine ganz bestimmte Blüte entscheidet, ist das Mittel, durch das der Blütenstaub übertragen wird, der notwendig ist für das Leben künftiger Pflanzen.

KAPITEL V

Das Zulassen der Einmischung von anderen Menschen ist es, was unser Lauschen auf die Gebote unserer Seele unterbindet und was Disharmonie und Krankheit bringt. In dem Augenblick, in dem der Gedanke eines anderen Einlaß in uns findet, lenkt er uns von unserem wahren Weg ab.

Gott gab jedem von uns sein Geburtsrecht, eine Individualität zu eigen. Er gab jedem von uns eine bestimmte Aufgabe, die nur er erfüllen kann. Er gab jedem von uns seinen bestimmten Weg, dem er folgen soll und in den niemand dreinreden darf. Laßt uns darauf achten, daß wir nicht nur keine Einmischung zulassen, sondern, und noch wichtiger, daß wir auf keine wie auch immer geartete Weise irgendeinem anderen Menschen dreinreden. Darin liegt wahre Gesundheit begründet, wahres Dienen und die Erfüllung unseres Zieles auf Erden.

Störungen gibt es in jedem Leben, sie sind Teil des göttlichen Planes, und sie sind notwendig, damit wir lernen können, ihnen mutig entgegenzutreten. Ja, wir können sie als wirklich nützliche Gegner betrachten, die allein dazu da sind, uns zu helfen, an Stärke zu gewinnen, unserer Göttlichkeit gewahr zu werden und unsere Unbesiegbarkeit zu erkennen. Wir dürfen auch wissen, daß sie nur dann, wenn wir zulassen, daß sie uns beeinträchtigen, an Bedeutung und Macht gewinnen und dazu tendieren, unser Weiterkommen zu blockieren. Es liegt ganz allein bei uns, wie rasch wir vorangelangen: ob wir eine Störung unserer göttlichen Mission zulassen, ob wir die Manifestation einer Störung (Krankheit genannt) annehmen und zulassen, daß sie unseren Körper beeinträchtigt und verletzt – oder ob wir, als Kinder Gottes, diese Störungen gebrauchen, um uns desto fester unserer Bestimmung zu besinnen.

Je mehr Schwierigkeiten auf unserem Weg sichtbar werden, desto gewisser können wir sein, daß unsere Mission lohnend ist. Florence Nightingale erreichte ihr Ideal angesichts des Widerstandes einer ganzen Nation. Galilei glaubte, daß die Erde rund ist, obgleich die ganze Welt dies ableugnete, und aus dem häßlichen Entchen wurde ein schöner Schwan, obwohl die ganze Familie es verhöhnte.

Wir haben nicht das geringste Recht, uns in das Leben irgendeines Kindes Gottes einzumischen. Jeder von uns hat seine eigene Aufgabe, die zu erfüllen er ganz allein die

Macht und das Wissen besitzt. Nur wenn wir diese Tatsache vergessen und versuchen, unsere Aufgabe anderen aufzuzwingen, oder zulassen, daß sie unsere Arbeit stören, gelangen Reibung und Disharmonie in unser Wesen.
Diese Disharmonie – Krankheit – manifestiert sich im Körper, denn dieser dient lediglich dazu, das Wirken der Seele widerzuspiegeln – wie das Antlitz Glücksgefühle durch ein Lächeln, Zorn hingegen durch Stirnrunzeln wiedergibt. Im Größeren gilt das gleiche: Der Körper reflektiert die wahren Ursachen von Krankheit (das sind Dinge wie Angst, Unentschlossenheit, Zweifel etc.) in der Störung seiner Organe und Gewebe.
Krankheit ist also das Resultat von Einmischung: Einmischung in das Leben eines anderen oder Zulassen, daß andere uns selbst stören.

KAPITEL VI

Alles, was wir zu tun haben, ist, unsere Persönlichkeit zu bewahren, unser Leben selbst zu leben, unser Lebensschiff auf seiner Fahrt selbst zu steuern – und alles wird gut sein.

Es gibt gewisse Haupteigenschaften, in denen alle Menschen sich allmählich vervollkommnen, wobei sie sich nach Möglichkeit auf jeweils eine oder zwei konzentrieren. Das sind jene Qualitäten, die durch die Erdenleben aller großen Meister offenbart wurden, die von Zeit zu Zeit in diese Welt kommen, um uns zu lehren und uns den leichten und einfachen Weg sehen zu helfen, all unsere Schwierigkeiten zu überwinden.
Es sind dies Eigenschaften wie:

LIEBE	SANFTMUT	WEISHEIT
MITGEFÜHL	STÄRKE	VERGEBUNG
FRIEDEN	VERSTÄNDNIS	MUT
STANDHAFTIGKEIT	TOLERANZ	FREUDE

Durch Entfaltung und Vervollkommnung dieser Attribute in uns trägt jeder dazu bei, daß die Welt einen Schritt weiter, ihrem höchsten, unvorstellbar herrlichen Ziel entgegengehoben wird. Dann erkennen wir, daß wir nicht einem egoistischen Ziel oder persönlichem Verdienst nacheifern, sondern daß buchstäblich jedes Menschenwesen, sei es reich oder arm, hohen oder niederen Standes, im göttlichen Plan die gleiche Bedeutung besitzt und daß jedem das gleiche, gewaltige Privileg geschenkt wurde, Erretter der Welt zu sein – einfach durch das Wissen, daß es ein vollkommenes Kind des Schöpfers ist.

Während es diese Qualitäten, diese Schritte zur Vollkommenheit gibt, sind da auch Hindernisse oder Störungen, die dazu dienen, uns in unserer Entschlossenheit und Standfestigkeit zu stärken.

Diese sind die wahren Ursachen von Krankheit, und darunter zählen:

ZWANG	GLEICHGÜLTIGKEIT	UNWISSENHEIT
ANGST	SCHWÄCHE	UNGEDULD
RUHELOSIGKEIT	ZWEIFEL	SCHRECKEN
UNENTSCHLOSSENHEIT	FANATISMUS	KUMMER

Diese Attribute werden sich, wenn wir es zulassen, im Körper widerspiegeln und zu dem führen, was wir Krankheit nennen. Da wir die wahren Ursachen nicht verstehen, haben wir Disharmonien äußeren Einflüssen zugeschrieben – Krankheitskeimen, Kälte, Hitze –, und haben den Resulta-

ten Namen gegeben – Arthritis, Krebs, Asthma etc. – und meinen, daß Krankheit im materiellen Körper beginne.
Weiterhin gibt es verschiedene Gruppen in der Menschheit, und jede Gruppe erfüllt ihre jeweilige Funktion, das heißt, sie manifestiert in der materiellen Welt die bestimmte Lektion, die sie gelernt hat. Jeder Angehörige dieser Gruppen hat seine ganz bestimmte, eigene Persönlichkeit, eine bestimmte Aufgabe und einen bestimmten, individuellen Weg zur Erfüllung dieser Aufgabe. Es gibt auch Ursachen für Disharmonie, die – wenn wir nicht an unserer Persönlichkeit und unserer Aufgabe festhalten – sich in Form von Krankheit in unserem Körper auswirken können.
Wirkliche Gesundheit ist Glücksempfinden, und dieses Glück ist so leicht zu spüren, weil es das Glück über die kleinen Dinge ist: jene Dinge zu tun, die wir wirklich liebend gerne tun, und mit den Menschen zu sein, die wir wirklich mögen. Da gibt es kein Bemühen, Anstrengung, Jagen nach etwas Unerreichbarem; Gesundheit ist für uns da, und wir können sie annehmen, wann immer wir möchten. Es gilt also herauszufinden, für welche Arbeit wir tatsächlich geeignet sind, und diese dann zu tun. So viele unterdrücken ihre eigentlichen Wünsche und sind dann immer am falschen Platze: Auf Wunsch der Eltern wird der Sohn Anwalt, Soldat oder Geschäftsmann, während er selbst eigentlich von Herzen gerne Zimmermann geworden wäre. Oder weil die Mutter den Ehrgeiz hat, ihre Tochter gut zu verheiraten, verliert die Welt eine zweite Florence Nightingale. Dieses Pflichtgefühl ist dann ein falsches Pflichtgefühl und kein Dienst an der Welt; es führt zu einem unglücklichen Leben, dessen größerer Teil vermutlich vergeudet wird, bevor sich der Fehler berichtigen läßt.
Es war einmal ein Meister, der da sagte: »Wisset ihr nicht, daß ich sein muß in dem, das meines Vaters ist?« Das heißt,

daß er seiner Göttlichkeit zu folgen hat und nicht seinen irdischen Eltern.

Laßt uns das eine im Leben suchen, das uns am meisten anzieht, und es tun. Laßt dieses eine derart Teil von uns sein, daß es uns so natürlich und selbstverständlich wird wie das Atmen, so natürlich wie das Honigsammeln für die Biene, wie das herbstliche Abwerfen des Laubes für den Baum, um neue Blätter hervorzubringen, wenn der Winter vorüber ist. Wenn wir die Natur studieren, stellen wir fest, daß jedes Geschöpf, jeder Vogel, jeder Baum und jede Blume, seine eigene und bestimmte Aufgabe hat, durch die es der Gesamtheit des Universums hilft und sie bereichert. Schon der Regenwurm, der seiner täglichen Beschäftigung nachgeht, trägt dazu bei, daß die Erde gereinigt und verfeinert wird; die Erde sorgt für die Nährstoffe alles Grünen; die Pflanzenwelt wiederum ernährt alles tierische Leben und wird schließlich wieder zu Erde, die sie bereichert. Ihr Leben ist ein Leben voll Schönheit und Nützlichkeit, und ihr Werk ist ihnen so natürlich wie das Leben selbst.

Und das uns eigentümliche Werk – wenn wir es finden – gehört so zu uns, paßt so zu uns, daß es mühelos vonstatten geht, es ist leichte Arbeit, es ist eine Freude, wir werden nie müde, es zu tun, es ist wie unser Hobby. Es bringt unsere wahre Persönlichkeit zum Vorschein, all die Talente und Fähigkeiten, die in jedem von uns schlummern und warten, daß sie offenbart werden. In solcher Arbeit fühlen wir uns glücklich und wohl, und nur wenn wir glücklich sind (das heißt den Weisungen unserer Seele folgen), können wir unser Bestes geben.

Vielleicht haben wir unsere Aufgabe schon gefunden; was für eine Freude ist das Leben dann! Manche haben bereits von Kindheit an ein Wissen um das, was zu tun sie bestimmt sind, und halten sich ihr ganzes Leben daran. Andere wissen es schon in der Kindheit, werden davon aber abgebracht durch Gegenvorschläge und die Umstände oder durch die Entmutigung durch andere. Doch wir alle können zu unserem Ideal zurückgelangen, und selbst wenn wir es nicht sofort verwirklichen können, steht es uns doch frei, danach zu streben; dann wird uns schon dieses Streben Trost sein, denn unsere Seele ist sehr geduldig mit uns. Das rechte Verlangen, die rechte Motivation: das ist, worauf es ankommt, was zählt; das ist der eigentliche Erfolg – ganz gleich, was dabei herauskommt.

Wenn du also lieber Landwirt wärst als Rechtsanwalt, Barbier statt Busfahrer oder Koch anstelle eines Lebensmittelhändlers, dann wechsle deine Beschäftigung und sei, was du sein willst. Dann wirst du glücklich sein und dich wohl fühlen, dann wirst du mit Begeisterung arbeiten, und dann wirst du als Landwirt, Barbier oder Koch bessere Arbeit leisten, als du je in einem Beruf erreicht hättest, der nie zu dir gehörte.

Und dann wirst du den Weisungen deines geistigen Selbst folgen.

KAPITEL VII

Wenn wir erst einmal unsere eigene Göttlichkeit erkannt haben, dann ist der Rest einfach.

Im Anfang gab Gott dem Menschen Gewalt über alle Dinge. Der Mensch, das Kind des Schöpfers, hat eine tiefere Ursache für seine Disharmonie als ein kalter Luftzug vom offenen Fenster. Unser »Fehler liegt nicht in den Sternen, sondern in uns selbst«, und wie tief können wir uns von Dankbarkeit und Hoffnung erfüllen lassen, wenn wir erkennen,

daß auch die Heilung in uns liegt! Beseitigen wir die Disharmonie, die Angst, den Schrecken oder die Unentschlossenheit, und wir gewinnen die Harmonie zwischen Seele und Gemüt wieder, und der Körper ist wieder vollkommen.
Was auch immer die Krankheit sein mag, das Ergebnis dieser Disharmonie, so dürfen wir doch ganz sicher sein, daß die Heilung wohl in unseren Kräften und Möglichkeiten liegt, denn unsere Seele verlangt nie etwas von uns, das wir nicht leicht zu tun vermögen.
Jeder von uns ist ein Heiler, weil jeder von uns in seinem Herzen eine Liebe zu etwas besitzt, zu unseren Mitmenschen, zu Tieren, zur Natur, zur Schönheit in irgendeiner Form; und jeder von uns hegt den Wunsch, dies zu schützen und dazu beizutragen, daß es mehr wird. Jeder von uns empfindet auch Mitgefühl gegenüber jenen, die in Not sind, und das ist ganz natürlich, denn wir alle sind selbst irgendwann einmal in unserem Leben in Not gewesen. So vermögen wir uns nicht nur selbst zu heilen, sondern haben auch das große Vorrecht, anderen helfen zu können, sich selbst zu heilen, und die einzigen Voraussetzungen, die dazu nötig sind, sind Liebe und Mitgefühl.
Wir, die Kinder des Schöpfers, haben alle Vollkommenheit in uns, und wir kommen auf diese Welt nur, um unsere Göttlichkeit zu erkennen. Alle Prüfungen und Erlebnisse werden uns also unberührt lassen, denn durch die göttliche Kraft sind uns alle Dinge möglich.

KAPITEL VIII

Die heilenden Pflanzen sind jene, denen die Kraft gegeben ist, uns zu helfen, unsere Persönlichkeit zu bewahren.

Wie Gott uns in seiner Gnade Nahrung zum Essen gegeben hat, so hat er unter die Blumen des Feldes schöne Pflanzen gesetzt, die uns heilen, wenn wir leidend sind. Diese Blumen sind da, um den Menschen in seinen dunklen Stunden des Vergessens eine helfende Hand entgegenzustrecken, wenn er das Bewußtsein seiner Göttlichkeit aus dem Sinn verliert und den trüben Wolken der Angst oder des Schmerzes erlaubt, seine Sicht zu verdecken.

Solche Pflanzen sind:

Wegwarte (CHICORY, Cichorium intybus)
Gefleckte Gauklerblume (MIMULUS, Mimulus guttatus)
Odermenning (AGRIMONY, Agrimonia eupatoria)
Einjähriger Knäuel (SCLERANTHUS, Scleranthus annuus)
Gemeine Waldrebe (CLEMATIS, Clematis vitalba)
Tausendgüldenkraut (CENTAURY, Centaurium umbellatum)
Bitterer Enzian (GENTIAN, Gentiana amarella)
Eisenkraut (VERVAIN, Verbena officinalis)
Bleiwurz (CERATO, Ceratostigma willmottiana)
Drüsentragendes Springkraut (IMPATIENS, Impatiens glandulifera)
Gemeines Sonnenröschen (ROCK ROSE; Helianthemum nummularium)
Sumpfwasserfeder (WATER VIOLET; Hottonia palustris)

Jede dieser Pflanzen korrespondiert mit einer der Qualitäten, und ihre Bestimmung ist es, diese Qualität zu stärken, auf daß die Persönlichkeit sich über den Fehler erheben kann, der gerade der Stolperstein ist.
Die folgende Liste zeigt die Qualität (Tugend), den Fehler (Schwäche) und das Heilmittel, das der Persönlichkeit hilft, diesen Fehler aufzulösen.

Fehler	*Blüte*	*Tugend*
Zwang	CHICORY	Liebe
Angst	MIMULUS	Mitgefühl
Ruhelosigkeit	AGRIMONY	Friede
Unentschlossenheit	SCLERANTHUS	Standsicherheit
Gleichgültigkeit	CLEMATIS	Freundlichkeit
Schwäche	CENTAURY	Stärke
Zweifel	GENTIAN	Verständnis
Fanatismus	VERVAIN	Toleranz
Ignoranz	CERATO	Weisheit
Ungeduld	IMPATIENS	Vergebung
Schrecken	ROCK ROSE	Mut
Kummer	WATER VIOLET	Freude

Die Heilmittel sind mit einer klaren Heilungskraft gesegnet, die nicht vom Glauben abhängig ist und auch nicht davon, wer die Mittel verabreicht – wie ein Schlafmittel den Patienten einschlafen läßt, ob er es von der Schwester oder vom Arzt erhält.

KAPITEL IX

Das wahre Wesen der Krankheit

Bei der echten Heilung spielen das Wesen und der Name der körperlichen Krankheit überhaupt keine Rolle. Krankheit des Körpers ist an sich nichts anderes als das Ergebnis einer Disharmonie zwischen Seele und Gemüt. Sie ist nur ein Symptom der Ursache, und da die gleiche Ursache sich bei fast jedem Menschen auf eine andere Weise manifestiert, gilt es, die Ursache zu beseitigen, und die Auswirkungen derselben, wie auch immer sie aussehen mögen, werden dann von selbst verschwinden.

Das können wir deutlicher verstehen, wenn wir den Selbstmord als Beispiel nehmen. Nicht jeder Selbstmörder geht ins Wasser. Manche stürzen sich von einem Turm, andere nehmen Gift – aber hinter jedem steht die Verzweiflung. Helft ihnen, ihre verzweifelte Hoffnungslosigkeit zu überwinden, und findet ihnen etwas oder jemanden, wofür es sich zu leben lohnt, und sie werden auf Dauer geheilt sein. Ihnen einfach das Gift wegzunehmen wird sie nur für den Augenblick retten; später könnten sie einen weiteren Versuch anstellen. Auch die Angst wirkt sich auf Menschen verschieden aus: Manche werden bleich, andere werden rot, die einen reagieren hysterisch, die anderen sind sprachlos. Erkläre ihnen die Angst, zeige ihnen, daß sie groß genug sind, um sich jedem zu stellen und alles zu überwinden, dann kann sie nichts mehr verängstigen. Das Kind wird keine Angst mehr vor den Schatten an der Wand haben, wenn du ihm eine Kerze gibst und ihm zeigst, wie es die Schatten auf und ab tanzen lassen kann.

So lange haben wir die Ursachen der Krankheit dem Erreger, dem Wetter und unserer Nahrung zugeschoben – aber viele von uns bleiben während einer Grippewelle immun, viele lieben den kalten Wind, und viele können spätabends noch Käse essen und schwarzen Kaffee trinken, ohne daß es ihnen etwas ausmacht. Nichts in der Natur kann uns schaden, wenn wir glücklich und in Harmonie sind – im Gegenteil: Die ganze Natur ist da, daß wir uns ihrer erfreuen und Gebrauch von ihr machen. Nur wenn wir Zweifel und Niedergeschlagenheit, Unentschlossenheit oder Angst Einlaß gewähren, werden wir äußerlichen Einflüssen gegenüber empfindlich.

Deshalb ist es die wahre Ursache hinter der Krankheit, worauf es vor allem und allein ankommt: der Gemütszustand des Patienten nämlich und nicht der Zustand seines Körpers.
Jede Krankheit, wie ernst sie auch sei und wie lange sie schon währen mag, wird geheilt, wenn es gelingt, dem Patienten sein Glücksgefühl wiederherzustellen und den Wunsch, sein Lebenswerk zu erfüllen. Sehr häufig ist es nur eine geringfügige Veränderung seiner Lebensweise, irgendeine winzige, aber festgefügte Vorstellung, die ihn anderen gegenüber intolerant sein läßt, oder irgendein falsch verstandenes Verantwortlichkeitsgefühl, das ihn knechtet, während er soviel Gutes vollbringen könnte.
Es gibt sieben schöne Stufen bei der Heilung von Krankheit, und diese sind:

FRIEDE	FREUDE	GEWISSHEIT	LIEBE
HOFFNUNG	GLAUBEN	WEISHEIT	

KAPITEL X

Um Freiheit zu gewinnen – gewähre Freiheit.

Das höchste Ziel aller Menschen ist Vollkommenheit, und um dahin zu gelangen, muß der Mensch lernen, unbeeinträchtigt durch alle Erfahrungen zu gehen. Er muß allen Störungen und Versuchungen begegnen, ohne sich von seinem Kurs ablenken zu lassen. Dann ist er frei von allen Schwierigkeiten des Lebens, von aller Drangsal und allem Leiden. Er hat in seiner Seele vollendete Liebe gesammelt, Weisheit, Mut, Toleranz und Verständnis, die die Frucht dessen ist, der alles kennt und sieht, denn der vollendete Meister ist jener, der jeden Aspekt seines Geschäftes kennengelernt hat.

Diese Reise können wir zu einem kurzen, freudvollen Abenteuer machen, wenn wir erkennen, daß Freiheit von Fesseln nur durch Gewähren von Freiheit zu gewinnen ist. Wir werden frei, wenn wir andere freilassen, denn nur durch das Beispiel können wir lehren. Wenn wir jedem Menschen, dem wir begegnen, Freiheit gewährt haben, wenn wir überhaupt jedem Lebewesen, allem in unserer Umgebung Freiheit gewährt haben, dann sind wir selbst frei. Wenn wir sehen, daß wir nicht einmal in der geringsten Nebensächlichkeit versuchen, das Leben eines anderen zu beherrschen, zu kontrollieren oder zu beeinflussen, dann werden wir feststellen, daß es auch in unserem Leben keine störende Einmischung mehr gibt, weil jene, die wir binden, es sind, die uns binden. Es war einmal ein gewisser Jüngling, der so gebunden war durch seinen Besitz, daß er eine göttliche Gabe nicht annehmen konnte.

Wir können uns so leicht von der Dominierung durch andere befreien: erstens, indem wir ihnen absolute Freiheit gewähren, und zweitens, indem wir ganz sanft, ganz liebevoll ablehnen, von ihnen beherrscht zu werden. Lord Nelson war sehr klug, als er bei einer Gelegenheit das Fernrohr an sein blindes Auge hielt. Keine Gewalt, keine Bitterkeit, kein Haß, keine Unfreundlichkeit. Unsere Gegner sind unsere Freunde, ihretwegen lohnt sich das Spiel, und an seinem Ende sollten wir uns alle die Hände schütteln.

Wir dürfen nicht erwarten, daß die anderen tun, was wir wollen; ihre Vorstellungen sind für sie die richtigen Vorstellungen, und auch wenn ihr Weg in eine andere Richtung führen mag als unserer, ist doch das Ziel am Ende der Reise für uns alle dasselbe. Wir stellen fest, daß wir es sind – wenn wir

wollen, daß andere unseren Wünschen entsprechen –, die ihnen nicht mehr nachkommen.
Wir sind wie Frachtschiffe mit Bestimmungshäfen in den verschiedenen Ländern der Welt – einige auf dem Weg nach Afrika, andere nach Kanada, wieder andere nach Australien –, die zum gleichen Heimathafen zurückkehren. Warum sollten wir einem anderen Schiff nach Kanada folgen, wenn unser Bestimmungshafen in Australien ist? Das wäre doch eine große Verzögerung.
Aber vielleicht erkennen wir nicht, welche Kleinigkeiten uns binden, daß genau die Dinge, die wir festhalten wollen, es sind, die uns fesseln: Das kann ein Haus sein, ein Garten, ein Möbelstück – auch sie haben ihr Recht auf Freiheit. Weltliche Besitztümer sind schließlich vergänglich; sie lassen Sorge und Kummer in uns entstehen, weil wir im Innern wissen, daß sie am Ende und unausweichlich verlorengehen. Sie sind da, daß wir uns ihrer erfreuen, sie bewundern und nach besten Möglichkeiten nutzen, aber nicht, um so viel Bedeutung zu gewinnen, daß sie Ketten werden, die uns fesseln. Wenn wir jeden und alle in unserer Umgebung frei lassen, dann werden wir feststellen, daß wir selbst reicher an Liebe und Besitz geworden sind, als wir je zuvor waren, denn die Liebe, die Freiheit schenkt, ist die große Liebe, die um so enger verbindet.

KAPITEL XI

Heilung

Seit unvordenklichen Zeiten hat die Menschheit erkannt, daß unser Schöpfer in seiner Liebe Pflanzen für unsere Hei-

lung auf dem Felde wachsen läßt, wie er auch das Korn und die Früchte zu unserer Ernährung gibt.
Astrologen, die die Sterne studiert haben, und Kräuterkundige, die die Pflanzen studiert haben, suchten schon immer jene Arzneien, die uns helfen, unsere Gesundheit und Freude zu bewahren.
Um das Kraut zu finden, das uns helfen wird, müssen wir zuerst das Ziel unseres Lebens finden, das, was zu tun wir erstreben, und auch die Schwierigkeiten auf unserem Wege verstehen. Die Schwierigkeiten nennen wir Fehler und Versagen, aber wir wollen uns nicht um sie bekümmern, denn sie sind der Beweis dafür, daß wir nach Größerem streben. Unsere Fehler sollten uns ermutigen, denn sie zeigen uns an, daß wir ein hohes Ziel gesetzt haben. Laßt uns für uns selbst herausfinden, in welcher Schlacht wir besonders kämpfen, welchen Feind wir vor allem zu besiegen versuchen, und dann dankbar jene Pflanze nehmen, die uns zum Sieg zu Hilfe gesandt ist. Wir sollten diese schönen Blumen des Feldes als ein Sakrament empfangen, als die Gottesgabe unseres Schöpfers, die uns in unserer Bedrängnis hilft.
Bei der wahren Heilung gilt kein einziger Gedanke der Krankheit. Es ist der Zustand des Denkens, die mentale Schwierigkeit allein zu bedenken. Es kommt darauf an, wo im göttlichen Plan wir einen Fehler machen. Die Disharmonie mit unserem geistigen Selbst kann zu hundert verschiedenen Gebrechen des Körpers führen (denn unser Körper reproduziert schließlich nur den Zustand unseres Gemüts) – aber was zählt dies schon? Wenn wir unser Denken korrigieren, wenn wir unser Gemüt richtigstellen, dann wird der Körper bald geheilt sein. Es ist, wie Christus uns sagte: »Welches ist leichter zu sagen: Dir sind deine Sünden vergeben, oder zu sagen: Stehe auf, nimm dein Bett und wandle?«

So wollen wir also abermals deutlich zu verstehen geben, daß unsere körperliche Krankheit ohne jeglichen Belang ist; es ist der Zustand unseres Gemüts und dieser allein, worauf es ankommt. Deshalb brauchen wir – die Krankheit, an der wir leiden, gänzlich ignorierend – nur zu überlegen, zu welchem der Grundtypen wir gehören.
Sollte sich irgendeine Schwierigkeit bei der Wahl eines Arzneimittels einstellen, dann wird es hilfreich sein, wenn du dich fragst, welche der Tugenden du bei anderen Menschen am meisten bewunderst oder welchem der Fehler du bei anderen Menschen am meisten Abneigung entgegenbringst; denn jener Fehler, von dem in uns noch die geringste Spur geblieben ist und den wir besonders bemüht sind auszumerzen, ist der, den wir bei anderen am meisten verabscheuen zu sehen. Auf diese Weise jedoch werden wir aufgerufen, ihn in uns selbst auszulöschen.
Wir alle sind Heiler, und mit Liebe und Mitgefühl in unserem Wesen vermögen wir auch jedermann zu helfen, der sich wirklich nach Gesundheit sehnt. Suche nach dem herausragenden mentalen Konflikt im Patienten, gib ihm die Arznei, die ihm helfen wird, jenen bestimmten Fehler zu überwinden, und dazu allen Zuspruch und soviel Hoffnung, wie du aufbringen kannst, dann wird die Heilungskraft in ihm den Rest von selbst vollbringen.

TEIL 5

Petra Schweikardt

SYMPTOMENVERZEICHNIS

abergläubisch: ASPEN
abfinden, findet sich mit allem ab, apathisch: WILD ROSE
abhängig, will andere von sich a. machen, gefühlsmäßige Bindungen schaffen: CHICORY
– von den Ratschlägen anderer Personen, starke Unsicherheit: CERATO
Ablehnung, Angst vor: CERATO
– äußert A. teilweise handgreiflich: HOLLY
Ablenkbarkeit, läßt sich gerne und leicht a., durch Gesellschaften usw., um keinen Leerlauf aufkommen zu lassen, wo Probleme auftauchen können: AGRIMONY
– begeistert sich immer wieder schnell für neue Möglichkeiten; hat Probleme, etwas zu Ende zu bringen: SCLERANTHUS
abschalten, kann nur schwer a., da die Gedanken nicht zur Ruhe kommen: WHITE CHESTNUT
Abscheu vor sich selbst; dreht durch, wenn sich ein Pickel zeigt: CRAB APPLE
abschweifen, gedanklich, träumt vor sich hin: CLEMATIS
absichern, möchte sich immer a., läßt keine Spontaneität zu: HORNBEAM
Abstand, braucht A. zu seinen Mitmenschen: WATER VIOLET
ärgerlich, reagiert leicht ä., explosiv: HOLLY
Äußerlichkeiten, werden überbewertet, läßt sich von Ä. beeindrucken und setzt selbst eine Fassade von »fröhlicher Kumpelhaftigkeit« auf: AGRIMONY
– werden be- und verurteilt: BEECH
– achtet sehr auf Ä., benötigt Publikum: HEATHER
Aggressionen, ist aggressiv, um seinen Willen durchzusetzen: VINE
– gerät leicht in Wut, auch handgreiflich: HOLLY
– hat kaum A., da er sich ohnehin in seine Phantasiewelt zurückgezogen hat und die Umwelt kaum wahrnimmt: CLEMATIS

Ahnungen, es könnte etwas geschehen: AGRIMONY
– von drohendem Unheil, unklare Ängste: ASPEN
aktiv, Stimmungskanone, will keinen Leerlauf entstehen lassen, innere Unruhe, eigene Probleme werden überspielt: AGRIMONY
– ungeduldig, gereizt, kann alles besser und schneller: IMPATIENS
– gibt auch unter schwierigsten Bedingungen nicht auf: OAK
akzeptieren, kann nur Dinge und Personen a., die mit der eigenen Meinung (die unfehlbar richtig ist) übereinstimmen: BEECH
Alleinsein, Wunsch nach, einmal um nachzudenken, wird aber auch z. T. von anderen isoliert, da man kühl und unnahbar wirkt: WATER VIOLET
– zieht es vor, alleine zu arbeiten, da das Arbeitstempo der anderen zu langsam ist: IMPATIENS
– lebt in seiner eigenen Phantasiewelt: CLEMATIS
– ist ungern alleine, braucht Geselligkeit, um eigene Ängste zu überspielen: AGRIMONY
– braucht Geselligkeit, um seine Geschichten zu erzählen, will im Mittelpunkt stehen: HEATHER
Alltagsleben, unbeholfen im A., da man sich in Phantasiewelt geflüchtet hat, Alltag erscheint zu grau: CLEMATIS
– ist dem A. körperlich und seelisch nicht gewachsen: HORNBEAM
Alltagsprobleme, werden überbewertet: AGRIMONY
Alpträume: ASPEN
– erwacht daraus und hat panikartige Angst: ROCK ROSE
Altruismus: ELM
analysieren, skeptisch, will alles a. und bezweifeln: GENTIAN
– analysiert ängstlich alles, um sich vor eventuellen Gefahren zu schützen, baut Blockaden auf: MIMULUS
andere, denkt zuerst an a., sehr wenig an sich selbst: CENTAURY

– die Meinung anderer ist (zu) wichtig: CERATO
Anerkennung, hat einen starken Wunsch nach A., lebt richtig auf, wenn Leistungen anerkannt werden: CENTAURY
Angst, vor Ablehnung: CERATO
– Amok zu laufen: CHERRY PLUM
– vor Ansteckung: CRAB APPLE
– vor bekannten Dingen: MIMULUS
– vor Bestrafung: PINE
– vor der Dunkelheit: MIMULUS
vage Ängstlichkeit, es könnte im Dunkel etwas passieren: ASPEN
– durchzudrehen: CHERRY PLUM
– vor Geisteskrankheiten: CHERRY PLUM
– vor greifbaren Dingen: MIMULUS
– vor Kälte und Nässe: MIMULUS
– vor konkreten Dingen: MIMULUS
– die Kontrolle zu verlieren: CHERRY PLUM
– vor Krankheiten, generell überängstlich, auch vor Ansteckung u. K.: MIMULUS
  – überempfindlich, wäscht sich dauernd die Hände: CRAB APPLE
  – »muß stark u. gesund sein«, nimmt sich K. selbst übel: OAK
– vor Kurzschlußhandlungen: CHERRY PLUM
– vor Loslassen
  – bei einer neuen Lebensphase, A. vor dem Unbekannten, z. B. neue Bindung, Berufswahl, Umzug: WALNUT
  – überbeschützend, überbehütend, es könnte etwas geschehen, nicht egoistisch, mehr um das Wohl anderer bedacht als um das eigene: RED CHESTNUT
– vor Mißerfolg wegen mangelndem Selbstbewußtsein: LARCH
– vor dem Tod

- unerklärlich, drohend: ASPEN
- spezifisch, ängstliche Grundhaltung: MIMULUS
- akut, panisch, lebensbedrohliche Situation: ROCK ROSE
- vor der Unreinheit: CRAB APPLE
- vor Verlust
  - Neues reizt, ist aber noch fremd, Altes langweilig, aber vertraut: WALNUT
  - von Geld, Beruf, Vertrautem, generell ängstlich: MIMULUS
- verrückt zu werden: CHERRY PLUM
- den Verstand zu verlieren: CHERRY PLUM
- vor Widerstand: MIMULUS
- Zukunft
  - Angst, alles zu verlieren, vor Geldproblemen: AGRIMONY
  - generell überängstlich: MIMULUS
- vor Zurückweisung: CERATO
- um andere mehr als sich selbst: RED CHESTNUT
- Ausweglosigkeit: SWEET CHESTNUT
- berechtigte, z. B. vor/bei einer Katastrophe: ROCK ROSE
- erzeugt neue Angst, Unsicherheit: ASPEN
- lähmend: ROCK ROSE
- panisch
  - vor drohendem Unheil, keine konkrete Vorstellung: ASPEN
  - in/nach Schock (z. B. Unfall, Brand etc.): ROCK ROSE
- Phobie, übertriebene Angst vor konkreten Dingen (z. B. Platzangst): MIMULUS
- durch religiöse Themen, fühlt sich von Sekten angezogen: ASPEN
- Sprechen über Angst
  - nicht von sich aus, eingehendes Befragen bringt ganze »Angstketten« zum Vorschein: MIMULUS

  – Schwierigkeiten, über eigene Ängste zu sprechen, da sie nicht greifbar sind: ASPEN
– unklar, weiß nicht wovor: ASPEN
– vage, unbestimmt: ASPEN
– wenig
  – starke Persönlichkeit, hat kaum Angst: OAK
  – träumt, gefährliche Situation nicht richtig einschätzen zu können: CLEMATIS
– »Zeitbombe«, Gefühl, jederzeit ›hochzugehen‹: CHERRY PLUM

annehmen, hat Schwierigkeiten, etwas anzunehmen, muß es sich erst verdienen: PINE

Anpassung, verhält sich angepaßt: AGRIMONY
– überangepaßt, will es allen recht machen: CENTAURY
– Schwierigkeiten; nervös, wenn ständiger Wechsel; braucht Kontinuität: AGRIMONY
– wegen starker Stimmungsschwankungen: SCLERANTHUS
– vorübergehend, wegen momentaner Verunsicherung: WALNUT

Ansprüche, an sich selbst, stellt hohe A., hat aber immer Angst, sie nicht zu erfüllen, es nicht gut genug zu machen: PINE
– Mensch mit Prinzipien, tut alles, um seinen A. gerecht zu werden: ROCK WATER
– Führungseigenschaften: VINE
– **an andere,** um Zuneigung zu erkaufen, macht viel für andere, aber verlangt es auch zurück: CHICORY

Anstrengungen, unternimmt viel, nichts ist ihm zuviel, Arbeitstier, die anderen arbeiten zu langsam: IMPATIENS
– überzeugt von einer guten Sache, will andere auch bekehren, Fanatiker: VERVAIN
– **unternimmt wenig,** lebt in seiner Phantasiewelt: CLEMATIS
– ist total erschöpft, überarbeitet (vorübergehend): OLIVE

– gleichgültig, apathisch, hoffnungslos: WILD ROSE

anti, Antialkoholiker, Antiraucher, Anti-Sex, aus Überzeugung, Gesundheitsapostel: ROCK WATER

Antriebsarmut, aus heiterem Himmel »keine Lust auf nichts«, »null Bock«: MUSTARD

apathisch, ohne Hoffnung auf Änderung, resigniert: WILD ROSE

– da mit den Gedanken woanders, kein Interesse an der Umwelt: CLEMATIS

arrogant, aus mangelnder Toleranz, Vorurteile, urteilt schnell und unwiderruflich über andere: BEECH

– versnobt, hält sich für etwas Besseres: WATER VIOLET

– dominierend, »Chefallüren«: VINE

Asket, führt asketisches Leben mit harten, selbst auferlegten Regeln: ROCK WATER

auf und ab, sehr wechselhafte Stimmung, Entscheidungsschwierigkeiten: SCLERANTHUS

– sprunghaft, schnell, verliert aber nie das Ziel vor Augen: IMPATIENS

– überfallartig, wie angeflogen, kommt schlechte Stimmung: MUSTARD

aufdringlich, eindringlich, kann zudringlich werden, um sich Beachtung zu verschaffen, im Mittelpunkt zu sein: HEATHER

Auffassungsvermögen, schnelles: IMPATIENS

aufgeben, schnell, macht erst gar keinen Versuch, aus Angst, Fehler zu machen; wenig Selbstvertrauen: LARCH

– bei kleineren und größeren Schwierigkeiten; wußte vorher schon, daß es nichts wird: GENTIAN

– fängt etwas an und gibt es bald wieder auf, da zu viele verschiedene Möglichkeiten vorhanden sind, und will/kann sich nicht festlegen: WILD OAT

– **sich selbst,** resigniert, völlig apathisch: WILD ROSE

– **nie,** würde auch in schwierigsten Situationen nie aufgeben: OAK

Aufmerksamkeit, will besitzen, um im Mittelpunkt zu stehen, versucht immer, die anderen auf sich aufmerksam zu machen: HEATHER

– **fordern,** von Familienmitgliedern und Freunden, hat eine fordernde Haltung: CHICORY

– **will keine haben,** ist zufrieden, wenn man ihn in seiner Phantasiewelt alleine läßt, wenig Interesse für die Umwelt: CLEMATIS

aufopfernd, aus Egoismus: gibt viel, um noch mehr Zuneigung zu bekommen: CHICORY

– aus Schuldgefühlen heraus: möchte es jedem recht machen: PINE

– aus Gutmütigkeit: läßt sich leicht ausnützen: CENTAURY

aufrecht, ist, geht, denkt: WATER VIOLET

Aufregung, braucht viel Geselligkeit im Leben, um seinen Ängsten und Sorgen zu entfliehen: AGRIMONY

– genießt es als Möglichkeit, im Mittelpunkt zu stehen: HEATHER

Ausdauer, was man sich vorgenommen hat, erreicht man auch, auf Dauerleistung programmiert: OAK

keine, es gibt zuviel Interessantes und Neues, um sich länger mit einer Sache zu beschäftigen: CHESTNUT BUD

Auseinandersetzungen, sucht, mit anderen, möchte andere überzeugen von dem, was ihm selbst wichtig ist: VERVAIN

– mit sich selbst, laufend, kann nicht abschalten: WHITE CHESTNUT

– mit anderen, mischt sich in alles ein: CHICORY

– **meidet,** geht ihnen aus dem Weg, hat resigniert: WILD ROSE

– weiß, daß man sowieso recht hat, ist überheblich: WATER VIOLET

– mit sich selbst, hält eine fröhliche Scheinfassade aufrecht: AGRIMONY
– mit anderen, will es jedem recht machen: CENTAURY
ausgelaugt, überschätzt teilweise die eigene Kraft, da man nicht nein sagen kann: CENTAURY
– vorübergehend total erschöpft, alles ist zuviel, überarbeitet: OLIVE
ausnutzen, läßt sich leicht von anderen ausnutzen, kann nicht nein sagen: CENTAURY
ausweglos, die Situation erscheint, man ist/fühlt sich kurz vor dem Zusammenbruch, hat aber keinen Gedanken an Suizid: SWEET CHESTNUT
autoritär: VINE

Baby, weint beim Aufwachen ohne Grund: MIMULUS
bagatellisieren, Probleme werden heruntergespielt: AGRIMONY
Balance, aus der, keine Ausgeglichenheit, sehr wechselhaft: SCLERANTHUS
Beachtung, möchte B., steht gerne im Mittelpunkt: HEATHER
Bedauern, daß die »gute alte Zeit« nicht mehr da ist: HONEYSUCKLE
– seiner selbst; andere werden immer bevorzugt: WILLOW
Bedürfnisse, unterdrückt B., um sein selbst auferlegtes Programm durchzuziehen, weiß oft nicht, was einem eigentlich guttut: ROCK WATER
– **zu reden,** möchte seine Probleme und Standpunkte mitteilen, um sich interessant zu machen: HEATHER
beeindruckbar, befindet sich in einer Umbruchphase, möchte etwas Neues und ist daher leicht b.: WALNUT
– ist nach allen Seiten offen: SCLERANTHUS

– aus Gutmütigkeit, hat keinen ausgeprägten eigenen Willen: CENTAURY
– aus Autoritätshörigkeit, fragt Leute, »die es besser wissen«, um Rat: CERATO

beeindruckt andere, übt Einfluß auf andere Menschen aus, Chefgehabe, ist von sich überzeugt: VINE
– starke Persönlichkeit, die nie aufgibt, wird oft (ungewollt) zum Vorbild: OAK
– durch ein sicheres Auftreten; man weiß, was man will und was man kann: WATER VIOLET

beeinflußbar, kaum, übt lieber selbst Einfluß aus: VINE
– man weiß, was man »wert« ist: WATER VIOLET
– kennt seinen Lebensweg: OAK
– sehr skeptisch, zweifelt an allem, was andere sagen: GENTIAN

beeinflußbar, wegen mangelndem Selbstwertgefühl, Minderwertigkeitsgefühl, Schuldkomplex: PINE
– neue Lebensphase, hat sich eigentlich schon selbst entschieden, hört aber noch auf andere: WALNUT
– befindet sich in einer hoffnungslosen Lage, läßt sich aber (gegen die eigene Überzeugung) noch überreden: GORSE
– eigener Wille schwach, fragt und hört (zuviel) auf die Meinung anderer: CENTAURY
– traut seiner eigenen Meinung nicht: CERATO
– infolge eines inneren Zwiespalts: SCLERANTHUS
– hat eigentlich mehrere Möglichkeiten, aber Schwierigkeiten, sie zu nutzen: WILD OAT
– **durch Eifersucht:** HOLLY

Befürchtungen, materieller Art, vor Krankheiten, vor beruflichen Schwierigkeiten: AGRIMONY

begabt, in vielerlei Hinsicht begabt: WILD OAT

begeistert, von seinen Idealen, lebt sie strikt und konsequent: ROCK WATER

– möchte andere von seinen Ideen und Idealen begeistern: VERVAIN
– läßt sich leicht von den unterschiedlichsten Dingen b.: SCLERANTHUS

beherrscht, von anderen, ewiger Jasager, gerät leicht unter den Einfluß von »guten Freunden« oder Sekten: CENTAURY
– leichtgläubig, fragt andere ständig um Rat: CERATO
– aus Ängstlichkeit, will alles richtig machen: MIMULUS
– aus Angst vor Strafe bzw. etwas Falsches zu tun, fühlt sich aber nicht wohl dabei: PINE
– aus mangelndem Selbstvertrauen, braucht Anleitung: LARCH
– **andere,** möchte andere beherrschen, »allwissender« Chef, Tyrann, Diktator: VINE
– probiert es »auf die sanfte Tour«, emotionale Erpressung: CHICORY
– **sich selbst,** große Selbstdisziplin: WATER VIOLET
– **nicht,** unbeherrscht, neigt zu Wutausbrüchen: HOLLY

beispielhaft, möchte ein b. Leben führen: ROCK WATER

belastbar, Arbeitstier, ausdauernd, wird nur ungeduldig, wenn man nicht im gleichen Tempo arbeiten kann: IMPATIENS
– stellt sich selbst unter große Belastung, weil er von etwas überzeugt ist, Gesundheitsapostel: ROCK WATER
– Arbeitstier, kraftvoll, unerschütterlich: OAK
– **nicht,** hat Grenzen der Belastbarkeit erreicht: SWEET CHESTNUT
– apathisch, schicksalsergeben: WILD ROSE
– momentan nicht belastbar, da überarbeitet, erschöpft: OLIVE

beleidigt, fühlt sich ständig zurückgesetzt, benachteiligt: WILLOW

– wenn die Erwartungshaltung, Dankbarkeit von anderen, denen man etwas »Gutes« getan hat, nicht erfüllt wird: CHICORY

benachteiligt, fühlt sich ständig: WILLOW

beschmutzt, fühlt sich innerlich und äußerlich beschmutzt, Reinlichkeitsfimmel: CRAB APPLE

beschützend, nimmt eine beschützende Haltung gegenüber anderen ein: RED CHESTNUT

Besessenheit, innere Hochspannung, fixe Ideen, nervös, hat das Gefühl, die Selbstkontrolle zu verlieren: CHERRY PLUM

– andere Menschen von seiner guten Idee zu begeistern, Fanatiker: VERVAIN

– versucht sehr diszipliniert, ein vollkommenes Leben zu leben, möchte »Ideal« sein: ROCK WATER

– von dem Gedanken, unrein, schmutzig, dreckig zu sein: CRAB APPLE

– kommt von bestimmten Ideen, Vorstellungen nicht mehr los, kopforientiert: WHITE CHESTNUT

besitzergreifend, aus falsch verstandener Liebe, möchte den Partner, die Familie besitzen: CHICORY

– hat das Bedürfnis, im Mittelpunkt zu stehen, das Publikum wird »gekrallt«: HEATHER

Besonderes, hält sich für etwas B.; ist feiner, besser, reicher als die anderen: WATER VIOLET

besorgt, um andere, aus egoistischen, besitzergreifenden Motiven: CHICORY

– mehr als um sich selbst, selbstlos: RED CHESTNUT

– **um sich selbst,** er könnte krank werden, sich anstecken: CRAB APPLE

besserwisserisch: BEECH; VINE

Bestätigung, braucht viel B. von anderen: CERATO

Bestrafung, hat Angst vor: PINE

betäubt, wie b. nach einem schrecklichen Erlebnis: STAR OF BETHLEHEM

betroffen, von Kleinigkeiten, läßt sich leicht aus der Fassung bringen (z. B. ein Staubfussel auf der Decke): CRAB APPLE
– **wegen/durch andere,** mitfühlend, kann sich (zu) gut in andere einfühlen: RED CHESTNUT
– und enttäuscht, wenn jemand anders reagiert, als man sich das erhofft hat: CHICORY
Bewegung, immer in, kann kaum stillsitzen: AGRIMONY
– **kaum,** ist wie erstarrt: HONEYSUCKLE
– ist erschöpft, einfach zu müde, noch etwas zu tun: OLIVE
– aus einer Schocksituation heraus verlangsamt: ROCK ROSE
– langsam, zögernd, stockend, depressiv: MUSTARD
Blockaden, baut B. aus Angst, es könnte etwas geschehen: MIMULUS

Chaos, fühlt sich wie im: SWEET CHESTNUT
cool, gibt sich äußerlich, ist aber innerlich sehr angespannt: CHERRY PLUM
– »snobistisches« Auftreten: WATER VIOLET

»Danke, gut«, stereotype Antwort, ganz gleich, wie schlecht es geht: AGRIMONY
davonlaufen, läuft vor sich selbst davon, hat Ängste, Ahnungen, die nicht bewußt werden sollen oder können: ASPEN
Depression, hätte gerne Erfolg, aber aus Angst vor einem Mißerfolg fängt man manche Dinge erst gar nicht an, dann enttäuscht, depressiv, versagt: LARCH
– aus Zweifel, der Grund ist bekannt, oft als Reaktion auf Mißerfolg: GENTIAN
– weil man darunter leidet, daß (zu) hochgesteckte Ziele nicht erreicht wurden: ELM

– man tut eigentlich viel, aber es kommt einem alles sinnlos vor: WILD OAT
– aus Hoffnungslosigkeit, Verzweiflung, Resignation: GORSE
– weil alle anderen besser sind als man selbst: PINE
– unzufrieden, kann sich selbst nicht leiden: WILLOW
– kommt und geht ohne erkennbaren Grund: MUSTARD
– aus tiefster Verzweiflung; Situation erscheint aussichtslos: SWEET CHESTNUT
– kann als Reaktion auftreten, wenn man nicht so arbeiten kann, wie man will: IMPATIENS

destruktiv, verärgert, gereizt, wütend: HOLLY
– sucht alle Schuld bei anderen: WILLOW
– sucht alle Schuld bei sich, hat destruktive Selbstmord- oder Mordgedanken: CHERRY PLUM

Detail, geht extrem ins Detail, »150%ig«: CRAB APPLE

dickeres Fell, bräuchte ein d. F.; ist zu anfällig für Äußerlichkeiten: WALNUT
– sehr sensibel, ängstlich: MIMULUS

dienen, will anderen dienen oder sie bedienen: CENTAURY

diktatorisch: VINE

diplomatisch: CHICORY
– **nicht,** zu explosiv: IMPATIENS

diskussionsunfähig, festgelegte Meinung, will andere überzeugen: ROCK WATER
– zu impulsiv: IMPATIENS
– zu diktatorisch: VINE

Distanz, hält D., da man sich für etwas Besonderes hält: WATER VIOLET

Disziplin, stellt hohe Anforderungen an sich selbst: BEECH
– hat hohe Ideale, die man durch D. zu erreichen sucht: ROCK WATER

dominant, herrschsüchtig: VINE

Druck, übt D. auf andere aus, um seine Meinung durchzuboxen: VERVAIN
– durch Machtposition, unerbittlich, streng: VINE
– durch Ungeduld, treibt andere zu schnellerer Arbeit an: IMPATIENS
– steht unter D., innerlicher Hochspannung: CHERRY PLUM
düstere Stimmung, befindet sich plötzlich in d. S.: MUSTARD
durchdrehen, hat Angst, Spannungsgefühl: CHERRY PLUM
durchhalten, immer, gibt nie auf, egal, wie groß der Druck wird: OAK
– **nicht,** aus angeborenem Pessimismus, es kann ja doch nichts gelingen: GENTIAN
durchsetzen, kann sich gut; ist man von einer guten Sache überzeugt, will man auch andere missionieren: VERVAIN
– verfolgt ohne Rücksicht seine Ziele, beherrscht andere: VINE
– **nicht,** aus Unsicherheit, fragt andere um Rat: CERATO
– läßt sich eher ausnutzen, als sich selbst durchzusetzen: CENTAURY
– aus Ängstlichkeit, schüchtern: MIMULUS
– zu verträumt und weltfremd: CLEMATIS
– aus Schuldgefühlen, man könnte etwas falsch machen: PINE

egoistisch, will andere Menschen besitzen: CHICORY
– möchte im Mittelpunkt stehen: HEATHER
– will seine Ziele durchsetzen: VINE
– läßt nur seine eigene Meinung gelten: BEECH
egozentrisch: HEATHER
ehrgeizig, möchte Großes leisten, weiß aber nicht, was: WILD OAT
– »um jeden Preis«, Siegermentalität, rücksichtslos: VINE

eifersüchtig, sehr e., mißtrauisch: HOLLY
– fühlt sich zurückgesetzt, benachteiligt: WILLOW
eigenwillig, intolerant: BEECH
– ausgeprägte Selbstdisziplin; was man sich vorgenommen hat, führt man auch durch: ROCK WATER
eindringlich, spricht, verhält sich anderen gegenüber e.: HEATHER
einfältig, hat zu sich selbst kein Vertrauen: CERATO
Einflußnahme auf andere, weiß oft besser als der andere, was für ihn gut wäre: CHICORY
– **nicht,** übt keine E. auf andere Menschen aus und läßt sich nicht beeinflussen: WATER VIOLET
Einfühlungsvermögen, stark, oft ausgeprägter für andere als für sich selbst; gutes E. in Personen und Situationen: RED CHESTNUT
– **fehlt:** BEECH
einmischen, in die persönl. Angelegenheiten anderer, weiß es besser: CHICORY
– indem man über sich redet, unterbricht Gespräche: HEATHER
– kann alles schneller und besser: IMPATIENS
– **nicht,** läßt sich selbst nicht hereinreden: IMPATIENS
Einsamkeit, hinter einer fröhlichen Fassade: AGRIMONY
– isoliert, zurückgezogen, verzweifelt: SWEET CHESTNUT
– **zeitweise,** Wunsch nach E., wenn die Stimmung gedrückt ist: MUSTARD
– **ungern,** braucht Publikum; wenn alleine, Einsamkeitsgefühl: HEATHER
Einsatz, ist einsatzfreudig, spontan: WILD OAT
– immer im Einsatz, beruflich und privat: VERVAIN
Einzelheiten, besitzt Sinn für E.: CLEMATIS
Eitelkeit, putzt sich heraus, um Aufmerksamkeit zu erlangen: HEATHER

– hält sich für etwas Besseres, snobistisch: WATER VIOLET
Ekel, vor sich selbst: CRAB APPLE
elend, fühlt sich körperlich und geistig e.: MUSTARD
empfindlich, reagiert sehr e., hat öfter schlechte Erfahrungen gemacht und malt sich jetzt das Schlimmste aus: MIMULUS
– gegen Kritik: LARCH
Ende, fühlt sich am E.: SWEET CHESTNUT
Energie, ist nach außen gerichtet und verpufft: VERVAIN
– energisches Auftreten und Arbeiten: IMPATIENS
engagiert, ist sehr e., wenn es um eine für ihn gute Sache geht: VERVAIN
engstirnig, läßt keine andere Meinung gelten: BEECH
entmutigt, ist schnell e., wenn etwas anders kommt, als erwartet, aber im Grunde hat man schon damit gerechnet: GENTIAN
– die Grundstimmung ist hoffnungslos, der kleinste Rückschlag deprimiert: GORSE
Entscheidungen, schnell, überstürzt, teilweise unüberlegt: IMPATIENS
– **Schwierigkeiten,** zuwenig Selbstvertrauen, fragt andere um Rat: CERATO
– schwacher Eigenwille, will niemand durch »Fehlentscheidungen« verletzen: CENTAURY
– da immer hin- und hergerissen: SCLERANTHUS
Entschuldigung, entschuldigt sich dauernd: PINE
entsetzt, ist in einer fürchterlichen Situation oder danach e.: ROCK ROSE
enttäuscht, wenn Erwartung nicht erfüllt wird: CHICORY
Erfahrungen, möchte viele, unterschiedliche E. sammeln, genußfähig, starker Lebenswille: WILD OAT
– macht viele E. nacheinander, ohne etwas daraus zu lernen: CHESTNUT BUD

Erinnerung, schwelgt in der E. an die »gute alte Zeit«: HONEYSUCKLE
ermüdet, rasch: CENTAURY
Erpressung, übt gefühlsmäßige E. auf andere aus: CHICORY
erschöpft, momentan, vorübergehend: ELM
– kraftlos, Probleme, mit dem Alltag zurechtzukommen: HORNBEAM
– schnell, packt eine Sache sehr kraftvoll an und ermüdet dann rasch: IMPATIENS
– totale Erschöpfung, man kann nicht mehr: OLIVE
– immer aus einer Grundstimmung heraus: PINE
erstarrt, antrainiert, maskenhaft: AGRIMONY
– im Denken und Fühlen; wirkt kalt, intolerant, hat Scheuklappen und Vorurteile: BEECH
– vor Angst wie e.: ROCK ROSE
Erwartungshaltung, groß, an andere Menschen: CHICORY
– **zweifelnd,** bei allem: GENTIAN
– **negativ,** Angst zu versagen, erwartet Fehlschläge: LARCH
– ist immer auf das Schlimmste gefaßt: GENTIAN
– **keine mehr,** hat sich aufgegeben: WILD ROSE
explodiert, schnell aus Ungeduld: IMPATIENS
Extrem, fällt von einem E. ins andere: SCLERANTHUS
– lebt nach seinen Idealen sehr streng in einem Extrem: ROCK WATER
extrovertiert: IMPATIENS
exzentrisch: WATER VIOLET

Fähigkeiten, mangelndes Vertrauen in die eigenen F., Gefühl, alle anderen könnten es besser: LARCH
– aus Ängstlichkeit: MIMULUS
kennt seine F., kann sie nutzen: OAK
– Überlegenheitsgefühl, Snob: WATER VIOLET

fahrig, wirkt f. in Bewegungen: SCLERANTHUS
fanatisch, Gesundheitsapostel, zieht sein selbst auferlegtes Programm konsequent durch: ROCK WATER
– ist von etwas begeistert und möchte auch andere zu ihrem »Glück« zwingen: VERVAIN
Fassade, lebt hinter einer fröhlichen Scheinfassade: AGRIMONY
Fehler, wiederholt ständig den gleichen Fehler, ohne daraus zu lernen: CHESTNUT BUD
– leidet unter seinen Fehlern; man meint, man wäre immer an allem schuld: PINE
– macht keine: VINE
Fehlschläge, werden erwartet: LARCH
fein, hat etwas Feines im Auftreten u. Gebaren: MIMULUS
festhalten, hält innerlich fest aus Angst, die Beherrschung zu verlieren: CHERRY PLUM
– an alten lieben Gewohnheiten, an der Vergangenheit: HONEYSUCKLE
festlegen, nicht, will sich nicht festlegen, es gibt noch soviel Interessantes; unentschlossen: WILD OAT
fixiert auf, die Vergangenheit, »gute alte Zeit«: HONEYSUCKLE
– Gedanken, kann nichts loslassen, kopflastig: WHITE CHESTNUT
– Sauberkeit, Putzfimmel: CRAB APPLE
– die selbstgemachten Schuldgefühle: PINE
– Wunschvorstellungen, Träume: CLEMATIS
– eigene Zweifel, pessimistisch: GENTIAN
flexibel, kann sich auf die unterschiedlichsten Dinge einlassen, das Problem liegt beim Durchhalten: WILD OAT
Flucht, vor sich selbst: CHESTNUT BUD
– hat Ahnungen und Ängste, die nicht bewußt werden können oder sollen: ASPEN

fordern, erwartet zuviel von anderen, vor allem Zuneigung, tut auch einiges dafür: CHICORY
– um seine Meinung durchzuboxen, radikal: VINE
Frage, immer alles in Frage stellen, nichts akzeptieren: GENTIAN
fremdbestimmt, keine eigene Meinung: CENTAURY
fröhlich, aufgesetzte Fröhlichkeit, die gute Stimmung verbreitet: AGRIMONY
frustriert, mißmutig, nörglerisch, ist schnell, leicht und oft f.: HOLLY
– reagiert erst wütend, dann f., wenn etwas zu langsam geht: IMPATIENS
fügsam: CENTAURY
Führungsqualitäten, Chef-, Manager-Typ: VINE
furchtsam: MIMULUS

Gedächtnis, gutes, für länger zurückliegende Begebenheiten, kein Kurzzeitgedächtnis: HONEYSUCKLE
– **schlecht,** unaufmerksam, wiederholt immer wieder die gleichen Fehler: CHESTNUT BUD
– träumt vor sich hin, kein Realitätsbezug: CLEMATIS
gedämpft, als Nachwirkung eines körperlichen oder seelischen Schocks: STAR OF BETHLEHEM
– apathisch; keine Energie, noch etwas zu verändern: WILD ROSE
Gedanken, gedankenverloren, verträumt: CLEMATIS
– **-arbeiter,** analysiert, grübelt, denkt gerne: GENTIAN
– **träge,** hat eine kopflastige Müdigkeit, Computerkopf: HORNBEAM
– **unentschieden,** spielt verschiedene Situationen gedanklich durch: SCLERANTHUS
– **-kreisel,** permanent gehen einem Gedanken durch den Kopf, kann nicht abschalten: WHITE CHESTNUT

– **negative,** über andere: HOLLY
Gefallen, tut gerne anderen Menschen einen G.: CENTAURY
Gefühle, läßt sich mehr vom Gefühl leiten als vom Verstand: ASPEN
– gefühlsbetonter Mensch, lebt Höhen und Tiefen voll aus: MUSTARD
– ist gefühllos (Taubheitsgefühl) nach einem Schock: STAR OF BETHLEHEM
Gegenwart, mangelndes Interesse an der, macht sich zu viele Gedanken, sie lassen nicht los, so daß man teilweise vergißt zu leben: WHITE CHESTNUT
– apathisch, erschöpft, alles erscheint grau in grau: OLIVE
– läßt alles über sich ergehen, kein Interesse an der Gegenwart, »null Bock«: WILD ROSE
– depressiv und zu sehr mit seinen eigenen Stimmungsschwankungsproblemen beschäftigt: MUSTARD
– hat Wunschträume, die sich mehr auf die Zukunft beziehen, »wenn der Märchenprinz kommt«, »wenn ich dick/dünn bin«: CLEMATIS
– lebt in der »guten alten Zeit«, in der alles besser war: HONEYSUCKLE
– läßt sich mehr durch andere leben, als daß man selbst lebt, wenig Eigeninitiative, da Selbstvertrauen sehr schwach: LARCH
gehässig: HOLLY
geistesabwesend, zerstreuter Professor: CLEMATIS
geistig blockiert: HORNBEAM
– **überlegen,** fühlt sich anderen gegenüber: ROCK WATER
– **rege:** SCLERANTHUS
gekränkt, ist leicht, schnell, oft g.: HOLLY
gelähmt, fühlt sich wie, aus einer Depression heraus, handlungsunfähig, niedergeschlagen, plötzlich: MUSTARD
– aus Angst, Schocksituation: ROCK ROSE

gelassen, gibt sich g., ist aber innerlich sehr angespannt: CHERRY PLUM
Geltungsbedürfnis, stark ausgeprägt, möchte im Mittelpunkt stehen: HEATHER
– dominant: VINE
Genauigkeit, liebt, ist korrekt: BEECH
– ordnungsliebend, hypersauber: CRAB APPLE
genußfähig: WILD OAT
gerecht, möchte allen g. werden: SCLERANTHUS
gereizt, reagiert schnell g., wenn nicht alles so klappt, wie man es sich vorstellt: HOLLY
– aus Ungeduld; alles geht zu langsam: IMPATIENS
gesellig: AGRIMONY
Gesellschaft, braucht die G. von anderen: HEATHER
gespannt, äußerlich und innerlich: MIMULUS
Gesundheitsapostel: ROCK WATER
getrennt, fühlt sich wie g., trotz häufigem Kontakt zu anderen: HOLLY
Gewalt, neigt zu G., heftige, unkontrollierbare Reaktionen: IMPATIENS
– hart, unbarmherzig, verfolgt seine Ziele kompromißlos: VINE
gewissenhaft, Genauigkeit, will alles perfekt machen: WATER VIOLET
– aus Angst, etwas falsch zu machen, teilweise übergenau: PINE
gewissenlos, setzt seine Bedürfnisse und Ziele skrupellos durch: VINE
Gewohnheiten, Rückfall in alte G.: WALNUT
gleichgültig, wirkt auf andere g. durch Unaufmerksamkeit: CHESTNUT BUD
– apathisch, resigniert: WILD ROSE
– aus mangelndem Interesse an der Gegenwart: CLEMATIS

Glück, hat das Bedürfnis, andere zu ihrem Glück zu zwingen: VERVAIN
grollen, innerlich mit dem Schicksal, andere werden bevorzugt, andere sind an allem schuld: WILLOW
grübeln: GENTIAN
Grundsätze, Mensch mit festen Grundsätzen, intolerant gegenüber anderen Lebensformen: BEECH
– für sich selbst erstellt, lebt streng nach seinen G.: ROCK WATER
»guter Eindruck«, ist sehr bestrebt, einen g. E. zu machen: AGRIMONY
gutmütig, wird oft ausgenutzt, da es schwerfällt, nein zu sagen: CENTAURY

Haare, sträuben sich vor Angst: ASPEN
– an den H. zupfen aus Nervosität: IMPATIENS
hadern, mit seinem Schicksal: WILLOW
Haltung, bemüht sich um, festes, sicheres, nicht so leicht zu erschütterndes Auftreten: OAK
– hält sich für etwas Besseres, Snob: WATER VIOLET
– eiserne Selbstkontrolle, Asket, Disziplin: ROCK WATER
– fester Wille, Dominanz, Überzeugungskraft: VINE
– **ist um H. bemüht,** um alles richtig zu machen und sich Schuldgefühle zu ersparen: PINE
– spielt die Rolle des netten Kumpels: AGRIMONY
– hat Schwierigkeiten durch ständiges Hinundhergerissensein: SCLERANTHUS
handeln, schnell, teilweise unüberlegt, ohne zu zögern: IMPATIENS
handgreiflich, kann h. werden: HOLLY
harmoniebedürftig, aus Angst, abgelehnt zu werden: CENTAURY

– Gemeinsamkeiten, Gruppengefühl ist wichtig, schließt sich auch gegen eigene Überzeugung einer Gruppe an: CERATO
– probiert alles, um eine gute Stimmung aufkommen zu lassen, bei Mißstimmung fühlt man sich unbehaglich: AGRIMONY

hart, wirkt h. durch den Mangel an Toleranz, vorschnelle Urteile: BEECH
– durch festes, sicheres Auftreten; man weiß, was man will: VINE
– gegen sich selbst: ROCK WATER

Haßgefühle, aggressiv, neidisch, unbeherrscht: HOLLY
– durch das Gefühl, benachteiligt zu sein: WILLOW

Hast, innerliche, kommt nicht zur Ruhe: CHESTNUT BUD

Heimweh: HONEYSUCKLE

Helfersyndrom, Gutmütigkeit, will es allen recht machen, kann nichts abschlagen: CENTAURY
– aus übertriebener Sorge um andere (oft in sozialen Berufen): RED CHESTNUT

herrschsüchtig, um andere an sich zu binden: CHICORY
– um seinen starken Willen durchzusetzen, dominierend: VINE

»hibbelig«, gereizt, nervös, unentschieden: SCLERANTHUS

Hilfe, kann keine H. annehmen: OAK
– es gibt keine H. mehr: SWEET CHESTNUT

hilfsbereit, aufdrängen, ob andere wollen oder nicht: CHICORY
– hilft gerne, hat Schwierigkeiten, etwas abzuschlagen, wird deshalb oft ausgenutzt: CENTAURY
– der ideale Helfer in Krisensituationen, gibt nie auf: OAK

himmelhoch jauchzend, zu Tode betrübt, unterliegt starken Stimmungsschwankungen, innerlich unruhig, unausgeglichen: SCLERANTHUS

Hindernisse werden überbewertet, entmutigen: GENTIAN
hinterfragen, muß alles h.: GENTIAN
hintergangen, fürchtet, h. zu werden: HOLLY
hin und her gerissen, zwischen zwei Möglichkeiten: SCLERANTHUS
hochmütig, ist/wirkt h., zieht sein Programm durch, akzeptiert nicht, wenn jemand nicht so konsequent sein kann oder will: ROCK WATER
– ist/wirkt h., weil man sich für etwas Besseres hält als die anderen: ROCK WATER, WATER VIOLET
Hochspannung, steht immer unter H.: IMPATIENS
höflich, um Vertrauen zu gewinnen und andere nicht zu verletzen: CENTAURY
– um nicht aufzufallen, traut sich selbst nichts zu, ordnet sich lieber einer Führung unter: LARCH
hoffnungslos, nach langen, vergeblichen Versuchen und Fehlschlägen: GORSE
– ist am Ende seiner Kraft ohne Ausweg, gibt aber noch nicht auf: SWEET CHESTNUT
– hat sich aufgegeben, apathisch: WILD ROSE
hoffnungsvoll, unter allen Umständen: OAK
Horror, bei einem Gefühl von H.: ROCK ROSE
humorvoll: AGRIMONY
hypersensibel, gegenüber Bemerkungen anderer: HOLLY
– bezüglich Schmutz, Reinlichkeit: CRAB APPLE
hysterisch, um Aufmerksamkeit zu erlangen: CHICORY
– überschießende Reaktionen, Angst vor dem Verlust der Selbstkontrolle: CHERRY PLUM

ichbezogen, man opfert sich scheinbar für andere, tut es aber nur, um Liebe, Zuneigung zu erkaufen: CHICORY
– möchte im Mittelpunkt stehen, denkt und redet nur von sich selbst: HEATHER

idealistisch, verlangt sich Perfektionismus ab: ROCK WATER
– stark, verlangt viel von sich und anderen: OAK
– überschwenglich, oft zuviel des Guten, missionarisch: VERVAIN
Illusionen, gibt sich seinen I. hin, verträumt: CLEMATIS
impulsiv, schnell begeistert, packt etwas an, Schwierigkeiten beim Durchhalten: WILD OAT
– ungeduldig, kann alles besser und schneller: IMPATIENS
– wenn von etwas begeistert, überschwenglich, missionarisch: VERVAIN
Individualität, wenig, leicht beeindruckbar und beeinflußbar: CENTAURY
– **ausgeprägt,** hartes, dominierendes Auftreten, man weiß, was man will: VINE
– Überlegenheitsgefühl, man fühlt sich als etwas Besseres: WATER VIOLET
– Egozentriker, setzt sich gerne ins rechte Licht: HEATHER
Informationen, hat einen Hunger nach I., konsumiert Wissen: CERATO
inkonsequent, wechselhaft, unbeständig, hat immer mehrere Möglichkeiten: SCLERANTHUS
intensiv, ist eindringlich, um auch die anderen von etwas für ihn Wichtigem zu überzeugen: VERVAIN
– möchte intensiven Kontakt zu anderen, »Privatlebenschnüffler«: CHICORY
– um die Aufmerksamkeit auf sich zu ziehen, rückt dann gerne näher (zu nahe) heran: HEATHER
interessenlos, wirkt i., da er immer die gleichen Fehler wiederholt: CHESTNUT BUD
– apathisch, läßt sich gehen: WILD ROSE
– aus Verträumtheit: CLEMATIS
intolerant, kritisiert, beurteilt, verurteilt: BEECH
– läßt außer der eigenen – richtigen – Meinung keine andere gelten, nicht diskussionsfähig: VINE

– hat für sich selbst so hohe Perfektionsansprüche, daß er nicht nachvollziehen kann, daß andere die Dinge lockerer sehen: ROCK WATER

ironisch: BEECH

isoliert, wird oft von anderen i., da man das Gefühl hat, man sei etwas Besonderes: WATER VIOLET

– ist oft ungerecht und hart, explosiv, wird daher gemieden: HOLLY

– ausweglose Situation, verzweifelt: SWEET CHESTNUT

jähzornig, reagiert: HOLLY

Kampf, gibt nie auf: OAK

Katastrophe, bei/nach einer K., z. B. das Haus brennt: ROCK ROSE

Katergefühl, nach Alkoholmißbrauch: HONEYSUCKLE

»Keep smiling«: AGRIMONY

Kinder, brauchen ständig Zuwendung, anklammernd: CHICORY

– apathisch, vor sich hin träumend: CLEMATIS

– altklug, unterbrechen gerne und häufig Erwachsene: HEATHER

– quengelig bis jähzornig, wenn sie nicht bekommen, was sie wollen: IMPATIENS

– Schulschwierigkeiten, schicken gerne jemand anderen vor: LARCH

– sind ängstlich, klammern sich an die Bezugsperson, wenn ein dunkler Flur kommt oder ein Hund: MIMULUS

– kraftlos, der Sündenbock der Klasse: PINE

– überaktiv, sind nicht ins Bett zu bekommen: VERVAIN

– fröhlich, gesellig: AGRIMONY

– Angst im Dunkeln, Licht muß brennen: ASPEN
– gutwillig, gefügsam, gefällig: CENTAURY
– Bettnässer: CHERRY PLUM
– plötzliche unerwartete Wutausbrüche, schlagen mit dem Kopf auf die Erde: CHERRY PLUM
– langsam, oft Lernblockaden in der Schule: CHESTNUT BUD
– verprügeln ihre Klassenkameraden: VINE
– Einzelgänger, gehören selten einer festen Clique an: WILD OAT
– zahnende Kinder: WALNUT
– zur Umgewöhnung bei Umzug, Einschulung usw.: WALNUT
kindlich, ängstliche Grundhaltung: PINE
– wirkt wie ein Kleinkind durch ständige Fragerei: CERATO
Kleinigkeiten, irritieren mehr als gewöhnlich: BEECH
– läßt sich von K. tyrannisieren, z. B. ein kleines Fleckchen Staub stört: CRAB APPLE
kleinlich: BEECH
kleinmütig: GENTIAN
konsequent, in seiner Lebensführung, was man einmal als richtig befunden hat, zieht man auch durch: ROCK WATER
– **nicht,** wechselhaft, unbeständig, hat immer mehrere Möglichkeiten: SCLERANTHUS
kontaktfreudig, Partymensch, es muß immer etwas los sein, um möglichst nicht zum Nachdenken zu kommen: AGRIMONY
– um die Möglichkeit für »einen Auftritt« zu bekommen: HEATHER
– stark, möchte andere Menschen von einer guten Sache überzeugen, Prediger in der Wüste: VERVAIN
Kontaktschwierigkeiten, hält sich für etwas Besonderes: WATER VIOLET
Kontrolle, Angst, die K. zu verlieren: CHERRY PLUM

– verloren, z. B. bei Bewußtlosigkeit: ROCK ROSE
Konventionen, liebt K. aus Angst und Unfähigkeit, sich an etwas Neues zu wagen, Unsicherheit: CERATO
– lebt mit, befindet sich in einer Umbruchphase, Tendenz mehr zur Vergangenheit: WALNUT
Konzentrationsschwierigkeiten, träumt vor sich hin: CLEMATIS
– von eigenen Gedanken/Vorstellungen so befangen, daß Konzentration unmöglich: WHITE CHESTNUT
– unsicher, ob das, was man sich merkt, auch richtig ist, mangelndes Selbstvertrauen: CERATO
Koordinationsschwierigkeiten, zwischen Traum/Phantasie und Realität: CHESTNUT BUD
Kopf, kratzen, nervös: AGRIMONY
– **-schmerzen:** CLEMATIS
– leeres Gefühl im K.: CLEMATIS
– lähmende Müdigkeit im Kopf: HORNBEAM
– kopflastige Müdigkeit, körperlich und geistig erschöpft: HONEYSUCKLE
– ist kopforientiert, kann Gedanken nicht abschalten: WHITE CHESTNUT
Kopfarbeiter, analysiert, grübelt, denkt gerne: GENTIAN
kraftlos, erschöpft, die letzten Reserven sind vorübergehend verbraucht: OLIVE
– verzweifelt, befindet sich in einer ausweglosen Situation: SWEET CHESTNUT
– Gefühl der Hoffnungslosigkeit, ist aber bereit, noch etwas zu tun: GORSE
– kaum Interesse an der Gegenwart, lebt in der »guten alten Zeit«: HONEYSUCKLE
– im Alltag, kommt etwas außer der Reihe, wenn man fit ist: HORNBEAM
kraftvoll: OAK

krank, plötzlich, aus einer Notsituation heraus: ROCK ROSE
– **anfällig für Krankheit,** unerwartet, aus heiterem Himmel: MUSTARD
– **regelmäßig,** »bei der nächsten Grippe bin ich dabei«: CHESTNUT BUD
– **vorgeschoben,** um etwas Unangenehmem aus dem Weg zu gehen: LARCH
– **nicht,** wird nicht akzeptiert, wenn man einmal krank wird: OAK
– **bei Druck,** kommt zuviel Druck auf einen zu, reagiert man mit Krankheit: MIMULUS
Krise, nichts geht mehr: ROCK ROSE
Kritik, verträgt keine: IMPATIENS
– kritisiert gerne andere, ungerecht, keine Selbstkritik: BEECH
– erteilt gerne »gute Ratschläge«, als versteckte Kritik: CHICORY
– steht allem kritisch gegenüber, mehr den anderen als sich selbst: WILLOW
– übt ständig Selbstkritik, sucht die Schuld immer bei sich: PINE
kümmern, sich kümmern um andere, ob diese es wollen oder nicht: CHICORY
künstlerisch, begabt: CLEMATIS
künstlich, wirkt unecht, da permanent gut gelaunt, nie Sorgen: AGRIMONY
– gibt sich aufgesetzt, mondän, um Beachtung zu finden: HEATHER
Kummer, Nachwirkung eines bewußten oder unbewußten Schocks, läßt sich nicht trösten: STAR OF BETHLEHEM
– überspielt den Kummer mit einer fröhlichen, aufgesetzten Fassade: AGRIMONY
Kurzschlußhandlung, ist fähig zu/hat Angst vor einer K.: CHERRY PLUM

labil, Angst vor neuen Situationen, schwankend: WALNUT
– unentschieden, kann sich nur äußerst schwer definitiv für etwas entscheiden: SCLERANTHUS
lähmend, müde, meist ist Kopfbereich betroffen, lustlos: HORNBEAM
– fühlt sich wie gelähmt nach einer Schocksituation: STAR OF BETHLEHEM
Langeweile, eigene, fängt zuviel an, aber nichts befriedigt auf Dauer: WILD OAT
– **anderer,** man langweilt die anderen durch interesseloses, apathisches Herumsitzen: WILD ROSE
langsam, gemächlich: CHESTNUT BUD
– Zustand nach einem Schock: STAR OF BETHLEHEM
– es geht einem alles zu langsam: IMPATIENS
Laster, hat kleine geheime Laster: AGRIMONY
launisch, oft schlechte Laune: HOLLY
Lebensfreude, viel Lebensfreude, teilweise aber plötzliche depressive Stimmung: MUSTARD
– **keine,** alles ist trostlos: WILD ROSE
leichtgläubig, sehr: CERATO
Leistung, bringt konstante Dauerleistung: OAK
logisch, argumentiert l.: LARCH
loslassen, nicht, kann seine Gedanken nicht abschalten: WHITE CHESTNUT
– aus Angst, die Kontrolle zu verlieren: CHERRY PLUM
– kann seine Schuldgefühle nicht loslassen: PINE
– von Gedanken, Ideen, Menschen, Gefühlen; muß seine Familie, Freunde um sich haben, um besser kontrollieren zu können, manipuliert, hat – oft unbewußte – egoistische Hintergedanken: CHICORY

Macht, will M.; oft in Führungspositionen zu finden: VINE

machtlos, fühlt sich: ROCK ROSE
Märtyrerhaltung: CENTAURY
Magie, fühlt sich hingezogen zur M.: STAR OF BETHLEHEM
manipulieren, möchte m., probiert so, andere für sich einzunehmen: CHICORY
– läßt sich leicht m., da der eigene Wille nur schwach ausgeprägt ist: CENTAURY
Maske, stellt eine oberflächliche Fröhlichkeit zur Schau: AGRIMONY
materiell: AGRIMONY, ROCK WATER
medial veranlagt, sensibel, feinfühlig: CENTAURY
– schöpferisch veranlagt, träumt und schwebt: CLEMATIS
Meditationsschaden, d. h., man hat durch zu langes oder falsches Meditieren den Boden unter den Füßen verloren: ELM
Meinung, ist von der eigenen M. als der einzig richtigen überzeugt, intolerant gegenüber anderen: BEECH
– festgelegt, nicht variabel: MIMULUS
– traut der eigenen M. nicht, fragt ständig um Rat: CERATO
Melancholie, vergangenheitsbezogen, träumt von der alten Zeit: HONEYSUCKLE
– aus Verträumtheit, realitätsfremd: CLEMATIS
– plötzliche Weltuntergangsstimmung, glaubt nicht, daß es noch einmal besser werden könnte: MUSTARD
militärisch, im Auftreten: VINE
Minderwertigkeitskomplex, traut sich selbst nichts zu, die anderen machen alles besser: LARCH
– sucht alle Schuld bei sich selbst: PINE
Mißerfolg, wartet auf M.: GENTIAN
– hat Angst zu versagen: LARCH
– hat keinen M.: VINE
– resigniert bei M.: OAK
– ist ängstlich vor, bei M.: MIMULUS

missionieren, will andere m.: ROCK WATER
– Fanatiker, will gegebenenfalls durch Druck seine Ideen u. Meinungen überstülpen: VERVAIN
Mißtrauen, mißtrauisch gegenüber allem und jedem: HOLLY
– mißtraut der eigenen Meinung: CERATO
Mißverständnisse, beklagt sich über M.: HOLLY
mitfühlend, ist sehr m., vergißt dabei manchmal sich selbst: RED CHESTNUT
Mitleid, kein: VINE
– **Selbst-,** wenn etwas nicht nach dem eigenen Kopf geht: CHICORY
mitteilsam, Erlebnisse müssen mitgeteilt werden: HEATHER
Mittelpunkt, allgemein, möchte im M. stehen: HEATHER
– **Familie,** möchte innerhalb des engeren Freundeskreises, der Familie im M. stehen: CHICORY
Moral, hohe moralische Vorstellungen stehen dem Leben oft im Wege: PINE
– hohe Moralbegriffe mehr für sich selbst, aber auch für andere: ROCK WATER
müde, unausgeschlafen, da nachts Probleme gewälzt werden: WHITE CHESTNUT
– schnell körperlich und geistig erschöpft, konstitutionsbedingt: PINE
– total überarbeitet, restlos erschöpft, die kleinste Aufgabe ist zuviel: OLIVE
– gegenüber der Alltagsroutine; kommt etwas außer der Reihe, ist man hellwach: HORNBEAM
– trostlos, hat Lebensfreude verloren: WILD ROSE
Mühe, gibt sich wenig, da alles, was man tut, angeblich doch nichts taugt: LARCH
muffelig, alles ist schlecht, doof, blöd: WILLOW
Mund halten, unfähig, den M. zu halten, muß überall einen Kommentar dazugeben: VERVAIN

Mut, viel, Grundeinstellung, mutige Persönlichkeit: OAK
– wenn es um eine wichtige Sache geht, werden auch Risiken in Kauf genommen: VERVAIN
– **mutlos,** vorübergehend: ELM
– traut sich nichts zu, da doch alle anderen besser sind: LARCH

Mystik, fühlt sich hingezogen zur M.: STAR OF BETHLEHEM

Nachahmen, von Verhaltensweisen: CERATO

nachgiebig, besitzt wenig Durchsetzungskraft: CENTAURY

nachtragend, wenn es sein muß, jahrelang, sucht nie eine offene Aussprache: WILLOW

Nebensächlichkeiten, N. wird zuviel Bedeutung beigemessen: CHESTNUT BUD

negativ, gegen sich selbst, traut sich nichts zu, da es alle anderen besser können: LARCH
– **gegen andere,** ist verbittert, alle anderen sind schuld am eigenen Unglück: WILLOW
– **vorübergehend,** hitzig, explosiv, wütend: HOLLY
– als Grundhaltung, erwartet immer das Schlechteste und scheint befriedigt, wenn es eintrifft: GENTIAN

neidisch, schnell n. auf andere: HOLLY
– da es offensichtlich anderen Menschen bessergeht als einem selbst: WILLOW

»nein«, größte Schwierigkeiten, nein zu sagen: CENTAURY

Nerven, nervös, es geht einem zuviel im Kopf herum, »hibbelig«: WHITE CHESTNUT
– kurz vor dem Nervenzusammenbruch: CHERRY PLUM
– die Nerven sind zum Zerreißen gespannt: CHERRY PLUM
– nervöses Gerede, fühlt sich kurz vor dem Platzen: CHERRY PLUM
– nervt andere durch ständiges Durchkauen der eigenen Probleme: CERATO

– reagiert nervös auf Störungen der Umwelt: AGRIMONY
– nervöse Gesten wie Fingerschnippen, Nägelkauen: AGRIMONY
– wenn etwas zu langsam geht, wird man nervös: IMPATIENS

niedergeschlagen, aus Perspektivelosigkeit, viele gute Ideen, aber keine klare Richtung: WILD OAT
– wenn etwas anders läuft, als erwartet: GORSE

nostalgisch, hängt sehr an der Vergangenheit: HONEYSUCKLE

Notsituationen, bei oder nach einer N.: ROCK ROSE

nüchtern, betrachtet die Situation n. und sachlich: OAK

nutzlos, fühlt sich n.: LARCH

oberflächlich, denkt nur an sich, hat keine Lust, sich auf tiefere Gespräche oder Probleme anderer Menschen einzulassen: HEATHER
– aus Hast, Schnelligkeit: IMPATIENS
– Schauspieler, zeigt nie die wahren Gefühle, immer gut gelaunt: AGRIMONY

Ohnmacht, plötzliche: ASPEN
– oft: CLEMATIS

Opfer, fühlt sich leicht als O.: WILLOW

opferbereit, um Ärger zu vermeiden, möchte anderen gefallen, wird oft ausgenutzt: CENTAURY
– um seine Ziele zu verwirklichen, bringt man auch Opfer: VERVAIN

Ordnung, muß das Privatleben von anderen, besonders nahestehenden Menschen in Ordnung bringen: CHICORY
– pedantisch, kleinlich: BEECH
– im häuslichen Bereich, Putzfimmel: CRAB APPLE

organisiert gerne: CHICORY

orientierungslos, hat zu viele Möglichkeiten, kann sich nicht entscheiden: SCLERANTHUS

Panik, in Panik (z. B. das Haus brennt ab): ROCK ROSE
– gerät vor etwas Drohendem, nicht Erklärbarem in P.: ASPEN

passiv, reagiert gutmütig, vermeidet Streit, »Seelchen«: CENTAURY

pedantisch, sehr ordnungsliebend; verurteilt Menschen, die nicht zu einer starren Ordnung neigen: BEECH
– übertriebene Reinlichkeit, Putzfimmel: CRAB APPLE

pendelt hin und her, unentschlossen: SCLERANTHUS

Perfektionist, macht alles genau, verliert sich in Einzelheiten: CRAB APPLE
– große Selbstdisziplin; was man sich vorgenommen hat, wird »korrektest« durchgeführt: ROCK WATER
– Arbeitstier, Perfektheitsanspruch, arbeitet hart daran: VERVAIN

pessimistisch, fehlende Toleranz, negativ: BEECH
– der geborene Pessimist, normalerweise kennt man den Grund der Niedergeschlagenheit: GENTIAN

pflichtbewußt: OAK

phantasievoll, künstlerisch begabt: CLEMATIS

Phobien: MIMULUS

Prinzipien, starke P., versucht auch andere davon zu überzeugen: VERVAIN
– ist geistig nicht flexibel, »Prinzipienreiter«: ROCK WATER
– kann hart und ungerecht reagieren, »prinzipientreu«: BEECH

Probleme, löst sie selbst: AGRIMONY
– flüchtet sich vor P. ins Träumen: CLEMATIS
– hilft anderen zur Problemlösung, bearbeitet eigene aber selbst: WATER VIOLET
– unbewältigte P., können in Träumen auftauchen: STAR OF BETHLEHEM
– löst eigene P. selbst, wie lange es auch dauert, da er Ratschläge anderer anzweifelt: SCLERANTHUS

– redet über seine Probleme, bauscht sie teilweise auf, um sich interessant zu machen: HEATHER
– werden bagatellisiert, überspielt: AGRIMONY
– kümmert sich mehr um die P. anderer als um die eigenen: RED CHESTNUT
– läuft vor eigenen P. davon: WILD ROSE
– P. gehen einem dauernd im Kopf herum: WHITE CHESTNUT

projektionsfähig, kann sich gut in andere Personen, Situationen hineinversetzen: RED CHESTNUT

Prügelknabe, dient oft als P., da man sich nicht wehrt, überangepaßt: CENTAURY

psychischer Ausnahmezustand, ist in einem p. A., ohne Suizidgefahr: SWEET CHESTNUT
– Hysterie mit Suizidgefahr: CHERRY PLUM
– äußerliche Situationen sind Auslöser, z. B. das Haus brennt ab: ROCK ROSE

Publikum, braucht für seine »Auftritte« ein P.: HEATHER

Putzteufel: CRAB APPLE

Rache, stark ausgeprägte Rachegefühle möglich: HOLLY

räuspern, nervös: CRAB APPLE

Rat, um Rat fragen, mangelndes Selbstbewußtsein: CERATO

Reaktionen, überschießend, temperamentvoll, unüberlegt: IMPATIENS

Realitätsbezug, realitätsfremd, lebt in seiner Phantasiewelt: CLEMATIS
– **realistisch:** OAK

recht haben, weiß alles besser: VINE

redet gerne und viel über seine Probleme, fragt ständig um Rat: CERATO
– aus Unsicherheit: MIMULUS
– erschlägt andere mit seinem Gerede: HEATHER

– um andere zu überzeugen: VERVAIN
rege, ist körperlich und geistig r.: SCLERANTHUS
regelmäßig, hat periodisch wiederkehrende Krankheiten: CHESTNUT BUD
– führt regelmäßiges, geordnetes Leben: ROCK WATER
Reinlichkeit, Reinlichkeitsbedürfnis z. T. übertrieben stark ausgeprägt: CRAB APPLE
reizbar, reagiert gereizt, wenn etwas zu langsam geht: IMPATIENS
reserviert, kühl, unnahbar: WATER VIOLET
Resignation, Gefühl von Hoffnungslosigkeit, läßt sich aber trotz negativer Grundeinstellung noch zu etwas überreden: GORSE
– hat sich völlig aufgegeben und geht allem aus dem Weg: WILD ROSE
– **steht kurz davor,** fühlt sich sehr erschöpft, man denkt, daß man seine Leistungsfähigkeit erreicht hat, gibt aber noch nicht auf: SWEET CHESTNUT
risikofreudig: VERVAIN
romantisch: CLEMATIS
Rückschläge, werden nicht verkraftet, man gibt schnell auf: GENTIAN
– fängt aus Angst vor R. eine Sache erst gar nicht an: LARCH
rücksichtslos: VINE

Sadismus, Hang zum S.: HOLLY
Sauberkeit, liebt S., Putzteufel: CRAB APPLE
schadenfroh: HOLLY
Schauspieler, spielt immer die gutgelaunte Stimmungskanone: AGRIMONY
Schicksal, hadert mit seinem S.: WILLOW
Schlafbedürfnis, viel, gerne, oft, leicht: CLEMATIS

– aus der totalen Erschöpfung heraus: OLIVE
– **Probleme mit dem Schlaf,** Ein- und Durchschlafschwierigkeiten, da einem ständig Probleme im Kopf herumgehen: WHITE CHESTNUT
– Weltschmerz, ist zu traurig zum Schlafen: MUSTARD
– Probleme rauben einem den Schlaf: AGRIMONY
– **sprechen im S.:** ASPEN
Schlafwandeln: ASPEN
schlecht, macht alle und alles schlecht: WILLOW
schlechtes Gewissen, hat wegen jeder Kleinigkeit ein s. G.: PINE
schmerzempfindlich: ASPEN
– qualvolle, fast unerträgliche Schmerzen: AGRIMONY
schnell, denkt, handelt, arbeitet s., teilweise unüberlegt: IMPATIENS
– ist s. von etwas begeistert und versucht auch andere davon zu begeistern: VERVAIN
Schock, nach einem S., den man noch nicht verkraftet hat, z. B. eine zurückliegende Schocksituation in der Kindheit: STAR OF BETHLEHEM
– schockiert: STAR OF BETHLEHEM
– befindet sich in akuter Schocksituation, z. B. brennendes Haus; die Angst steht im Vordergrund: ROCK ROSE
schöpferisch, künstlerisch begabt: CLEMATIS
schüchtern, aus Ängstlichkeit, bleibt lieber im Hintergrund: MIMULUS
– aus Angst anzuecken, etwas falsch zu machen: PINE
Schuldgefühle, stark ausgeprägt: PINE
schulmeistert, gerne seine Umgebung: VINE
Schwächeanfall, bei ansonsten starker Persönlichkeit: ELM
– fühlt sich von der täglich anfallenden Arbeit erschöpft: HORNBEAM
– bis hin zum totalen Erschöpfungszustand: OLIVE

– **keine,** kann keine Schwäche zeigen: OAK
schwärmen, begeisterungsfähig, kommt ins S.: VERVAIN
schwarz, sieht alles s.: GORSE
schwermütig, plötzlich, unerwartet, grundlos: MUSTARD
Schwierigkeiten, geht S. aus dem Weg, überspielt sie: AGRIMONY
– beachtet S. nicht genügend und wiederholt immer wieder den gleichen Fehler: CHESTNUT BUD
– gibt bei S. schnell auf: GENTIAN
– fängt etwas erst gar nicht an, aus der Befürchtung heraus, es könnten S. auftauchen: LARCH
Selbstaufgabe, neigt zur, hat das Gefühl, den Verstand zu verlieren, durchzudrehen: CHERRY PLUM
– macht sich mehr Sorgen um andere als um sich selbst: RED CHESTNUT
Selbstbewußtsein, starkes, Führungsqualitäten, Chef: VINE
– wirkt vornehm, »Snob«: WATER VIOLET
– ist von etwas überzeugt und möchte auch andere überzeugen: VERVAIN
– **schwaches,** fühlt sich wertlos, die anderen können alles besser: LARCH
– hält mehr von der Meinung anderer als von der eigenen: CERATO
– wird hilflos gegenüber Autoritätspersonen: CENTAURY
selbstbezogen, äußerst: HEATHER
– nach außen hin kümmert man sich sehr um das Wohl des anderen, dies dient aber dem Selbstzweck: CHICORY
Selbstdisziplin, ausgeprägte, eiserne: ROCK WATER
Selbsterhaltungswille, gering: CLEMATIS
Selbstkontrolle, hat Angst, die S. zu verlieren: CHERRY PLUM
Selbstkritik, keine, beurteilt oder verurteilt lieber andere als sich selbst: BEECH
– **zuviel,** alles, was man tut, wird hinterfragt, analysiert; fühlt sich wertlos: PINE

selbstlos, kümmert sich mehr um andere als um sich selbst: RED CHESTNUT

Selbstmitleid, zerfließt vor S., wenn gestellte Erwartungen von anderen nicht erfüllt werden: CHICORY

– »andere werden immer bevorzugt«: WILLOW

Selbstmordgedanken, man hat Angst, verrückt zu werden, hysterisch, Selbstmordgefahr: CHERRY PLUM

– man steht kurz vor dem Zusammenbruch, hat aber keine Selbstmordgedanken: SWEET CHESTNUT

selbstsicher, im Auftreten: VINE

Selbstvertrauen, starkes, man weiß, was man kann, teilweise eingebildet, »Snob«: WATER VIOLET

– schier unerschütterlich, gibt nie auf: OAK

– will sich durchsetzen, Führermentalität: VINE

– **wenig,** läßt sich leicht ausnutzen, gutmütig, autoritätsgläubig: CENTAURY

– aus Ängstlichkeit: MIMULUS

– traut sich nichts zu, Versagensängste: LARCH

– besitzt normalerweise ein ausgeprägtes S., welches verschwindet, wenn eine Aufgabe zu groß erscheint: ELM

Selbstvorwürfe, macht sich S., wenn etwas nicht klappt, stellt sich oft zu große Aufgaben: ROCK WATER

– bei allen Unternehmungen die Frage: »Hätte ich es nicht besser gekonnt?«: PINE

Selbstwertgefühl, ist vorübergehenden Schwankungen unterworfen: ELM

sensibel, reagiert sehr s. auf die Umgebung: ASPEN

– ängstlich, empfindlich, empfindsam: MIMULUS

Sexualität, wird aus moralisch-ethischen Gründen unterdrückt: CHERRY PLUM

– hat Probleme mit der S., Schuldgefühle: PINE

– läßt sich »gebrauchen«, kann nicht nein sagen, denkt mehr an den Partner als an sich selbst: RED CHESTNUT

- hat Probleme, die Sexualität zu leben, aus einem unverarbeiteten Schock heraus, z. B. sexueller Mißbrauch als Kind: STAR OF BETHLEHEM

Siegermentalität, muß um jeden Preis gewinnen: OAK

Situationen, die sich verändern, z. B. Scheidung, Berufswechsel, Wohnungswechsel: WALNUT

skeptisch, ist äußerst s., alles wird hinterfragt: GENTIAN

Sklave, arbeitet, ohne nachzufragen, für andere, wird oft ausgenutzt: CENTAURY

skrupellos, ist ohne Skrupel, wenn er seine Ziele erreichen will: VINE

Snob, hat ein oft übertrieben wirkend »feines« Auftreten: WATER VIOLET

Sorgen, macht sich S. um andere: RED CHESTNUT
- verhält sich sorglos: CHESTNUT BUD
- braucht Sorgen zum Leben, sonst ist er nicht glücklich: GENTIAN

Spannung, steht unter Hochspannung, schnell, fix, Arbeitstier: IMPATIENS
- wenn man von einer Sache überzeugt ist, gerät man in S.: VERVAIN

spontan, teilweise unüberlegt: SCLERANTHUS

sprechen, um im Mittelpunkt zu stehen: HEATHER
- im Schlaf: ASPEN
- gerne und viel, über seine Probleme, fragt ständig um Rat: CERATO
- aus Unsicherheit: MIMULUS
- erschlägt andere mit seinem Gerede: HEATHER
- um andere zu überzeugen: VERVAIN

sprunghaft, unbeständig: SCLERANTHUS

stark, wirkt s., auch dann noch, wenn alles zusammenbricht, gibt nicht auf: OAK

starr, lebt streng nach seinen Regeln, keine Flexibilität: ROCK WATER

– starre Ansichten, zweifelt an allem, außer daran, daß man selbst recht hat: GENTIAN
– hält an starrer Meinung fest, läßt nicht mit sich reden, »Chefallüren«: VINE
Stehaufmännchen: OAK
still, macht alles mit sich selbst aus: SCLERANTHUS
– kennt den eigenen Wert, gibt sich kühl und distanziert: WATER VIOLET
Stillstand, alles ist zu einem S. gekommen: SWEET CHESTNUT
Stimme, leise, depressiv, erschöpft: MUSTARD
– unter Wirkung eines Schocks hat es einem »die Stimme verschlagen«: ROCK ROSE
– **laut,** will auffallen: HEATHER
– Befehlston: VINE
– cholerisch: IMPATIENS
Stimmung, gedrückt, verneinend: PINE
– **fröhliche S.** wird verbreitet: AGRIMONY
– **schwankend,** unterliegt Extremen: SCLERANTHUS
– kann plötzlich in eine schlechte Stimmung verfallen: MUSTARD
stolz, auf sich selbst, fühlt sich den anderen überlegen: WATER VIOLET
– auf erbrachte Leistungen, die man durch harte Arbeit an sich selbst errungen hat: ROCK WATER
Strafe, Angst vor S.: CENTAURY
strebsam, arbeitet hart und unerbittlich an sich selbst, um bestimmte Ziele zu erreichen: ROCK WATER
– geht konsequent den eigenen Weg ohne Rücksicht auf Verluste: ROCK WATER
Streicheleinheiten, braucht S.; kann es nicht ertragen, wenn jemand böse ist: CENTAURY
streng, zu sich selbst, befolgt selbst aufgestellte Regeln: ROCK WATER

– **innerlich,** feste Prinzipien, läßt keine andere Meinung gelten: BEECH
– **zu sich und anderen:** VINE
subjektiv, Beurteilung oder Verurteilung, hat viele Vorurteile: BEECH
Sündenbock, macht sich selbst zum S.: PINE
sündig, fühlt sich innerlich und äußerlich beschmutzt: CRAB APPLE
Suizid, keine Gefahr, obwohl man kurz vor dem Zusammenbruch steht: SWEET CHESTNUT
– **gefährdet,** befindet sich in akutem Angstzustand, Gefahr einer Kurzschlußhandlung: CHERRY PLUM
(siehe auch: **Selbstmordgedanken**)

tadellos, möchte ein t. Leben führen: ROCK WATER
Tagträume, lebt in T., um Ängste u. Befürchtungen nicht hochkommen zu lassen: ASPEN
– lebt in der Phantasie, realitätsfremd: CLEMATIS
– träumt von der schönen Vergangenheit: HONEYSUCKLE
tapfer, gibt nie auf: OAK
temperamentvoll, reagiert: HOLLY
Terror, bei T.gefühlen: ROCK ROSE
Tod, Todessehnsucht, um dem grauen Alltag zu entfliehen: CLEMATIS
– bei Todesangst: ROCK ROSE
tolerant, mischt sich nicht ein, distanziert: WATER VIOLET
– **nicht,** Vorurteile, alles wird kritisch unter die Lupe genommen: BEECH
träge: HONEYSUCKLE
träumt, mit offenen Augen, nicht ansprechbar für Alltagsgeschehen: CLEMATIS
trauern, trauert alten vergangenen Zeiten, Dingen und Menschen nach: HONEYSUCKLE

– untröstlich: STAR OF BETHLEHEM
Trost, läßt sich trösten: ROCK ROSE
– läßt sich **nicht** trösten: STAR OF BETHLEHEM
trotzig, neigt zu unbeherrschten Trotzanfällen: HOLLY
Tyrann, ist von der eigenen Meinung als einzig richtiger überzeugt, will sie anderen aufzwingen: BEECH
– Führungsqualitäten, die man um jeden Preis durchsetzen will: VINE
– übt Druck aus, um die Familienmitglieder an sich zu binden: CHICORY

überarbeitet, verausgabt, ausgepowert: OLIVE
überbeschäftigt, wirkt und mischt überall mit, aus der Unfähigkeit heraus, nein zu sagen: CERATO
Übereinsatz, zuviel des Guten: VERVAIN
überempfindlich, reagiert auf alles ü., z. B. Kinderlärm, schlechte Gerüche: MIMULUS
– reagiert ü. auf Kritik, tut alles, um andere zufriedenzustellen: CENTAURY
überfordert, fühlt sich von der Alltagsroutine ü.: HORNBEAM
– hat sich vorübergehend übernommen: OLIVE
– momentan ü. bei einem sonst starken, gefestigten Menschen: ELM
übergangen, fühlt sich schnell von anderen ü.: CHICORY
Überlegenheitsgefühl, gegenüber anderen, fühlt sich als etwas Besseres: WATER VIOLET
überreden, läßt sich leicht von anderen ü., Eigenwille nur schwach ausgeprägt: CENTAURY
überspielen, ist es gewohnt, die eigenen Probleme zu überspielen: AGRIMONY
– **nicht,** die traurige Stimmung, in der man sich befindet, kann nicht überspielt werden: MUSTARD

übertreiben, möchte die Liebe der Umgebung gewinnen und spielt oder übertreibt bei Schmerzen: CHICORY
– um im Mittelpunkt zu stehen, interessant zu sein: HEATHER
übervorsichtig: MIMULUS
überzeugen, überzeugt, will andere um jeden Preis ü.: ROCK WATER
– ist von einer »guten Sache« überzeugt und möchte auch andere missionieren: VERVAIN
– ist von sich selbst ü.: VINE
Umbruchstimmung, steckt in einer U., ist dabei, etwas Neues anzufangen, fühlt sich aber noch der Vergangenheit verbunden: WALNUT
Unabhängigkeit, stark ausgeprägt: IMPATIENS
unangreifbar, bietet keine Schwachstellen oder Angriffspunkte: WATER VIOLET
unaufmerksam, wiederholt ständig die gleichen Fehler: CHESTNUT BUD
– verträumt: CLEMATIS
unausgeglichen, ist/wirkt u. durch starke Stimmungsschwankungen: SCLERANTHUS
unbarmherzig: VINE
unbeherrscht: HOLLY
unbeholfen, linkisch, wiederholt oft die gleichen Fehler: CHESTNUT BUD
unbeschwert, wirkt und zeigt nicht die wahren Gefühle, spielt immer eine glatte, fröhliche Oberfläche: AGRIMONY
unbeständig, das Gewohnte wird mit der Zeit zu monoton: WILD OAT
– wankelmütig, ständig wechselnde Stimmung: SCLERANTHUS
unbestimmt, wird von unbestimmten, unerklärlichen Ahnungen und Befürchtungen verfolgt: ASPEN

– unsicher, kein Vertrauen in sich selbst: CERATO

unentschieden/unentschlossen, hat Schwierigkeiten, zwischen zwei (oft extremen) Möglichkeiten zu entscheiden: SCLERANTHUS

– hat viele interessante Möglichkeiten, sucht den Lebensweg: WILD OAT

– oft berufliche Schwierigkeiten; man überlegt, ob man am richtigen Platz eingesetzt ist: WILD OAT

unfähig, hat immer das Gefühl, alle anderen könnten es besser, schneller: LARCH

Unfallfolgen, die körperlich oder seelisch noch nicht verkraftet sind: STAR OF BETHLEHEM

– Schock bei oder nach einem Unfall: ROCK ROSE

Unfallgefahr, gerät leicht in eine Unfallsituation, aus Unachtsamkeit, Verträumtheit; Situationen werden nicht richtig eingeschätzt: CLEMATIS

unfehlbar, es ist unmöglich, daß einem ein Fehler unterläuft: VINE

unfreundlich, ist zu seiner Umgebung u.: HOLLY

ungeduldig, steht immer unter Hochspannung, alles geht zu langsam: IMPATIENS

– schnell, fix, möchte andere von den eigenen Ideen überzeugen: VERVAIN

– wenn sich andere nicht überzeugen lassen wollen: VERVAIN

ungerecht, ist zu allen und jedem u.: HOLLY

– fühlt sich ungerecht behandelt: WILLOW

unglücklich, trauert der Vergangenheit nach, glaubt nicht, daß eine glückliche Zeit auch jetzt möglich wäre: HONEYSUCKLE

– aus Neid, Haß und Mißgunst: HOLLY

unkonzentriert, Gedanken kreisen um alles mögliche, nur nicht um die eigentliche Sache: WHITE CHESTNUT

– sprunghaft, wechselt immer das Thema im Gespräch: SCLERANTHUS

unnachgiebig, nur die eigene Meinung zählt und sonst nichts: BEECH
– hohes Selbstwertgefühl, tyrannisch: VINE
unnahbar, wirkt kalt und u.: WATER VIOLET
unnatürlich, gibt sich u., immer lachend: AGRIMONY
unrein, fühlt sich äußerlich und innerlich beschmutzt: CRAB APPLE
Unruhe, unkonzentriert, wiederholt immer wieder den gleichen Fehler: CHESTNUT BUD
– arbeitet schnell, treibt andere zum eigenen, schnellen Tempo an: IMPATIENS
– unentschlossen, immer in der Angst, etwas verpaßt zu haben: SCLERANTHUS
unschlüssig, man unternimmt sehr viel, ist trotzdem unzufrieden, weil man eigentlich nicht weiß, was man tun soll: WILD OAT
– fängt etwas an und gibt es schnell wieder auf: GENTIAN
– immer hin und her gerissen zwischen zwei Entscheidungsmöglichkeiten: SCLERANTHUS
– hat eine klare Meinung, aber Schwierigkeiten, sie in die Tat umzusetzen: LARCH
unsicher, kein Vertrauen in die eigene Meinung: CERATO
– momentane Probleme mit der sich verändernden Situation: WALNUT
Unsicherheit, bei allem, was man tut: LARCH
– durch mangelndes Vertrauen, Fatalismus; Glauben, es müßte ja so kommen: GENTIAN
– zuwenig Selbstvertrauen und Schwierigkeiten, ohne den Rat anderer eine Entscheidung zu fällen: CERATO
– Schwierigkeiten, zwischen zwei guten Möglichkeiten zu entscheiden: SCLERANTHUS
unsympathisch, befindet sich oft in einer Machtposition, Antreiber, Tyrann: VINE

unterdrückt, fühlt sich von anderen unterdrückt: CHERRY PLUM
unterlegen, fühlt sich schnell körperlich und geistig u., gibt auf: LARCH
unternehmungslustig: WILD OAT
unterwürfig, aus Gutmütigkeit, möchte dienen: CENTAURY
Unverständnis, gegenüber Problemen anderer: BEECH
unzufrieden, fühlt sich immer benachteiligt: WILLOW
– man weiß nicht, wo man hingehört, fühlt sich fehl am Platz (arbeitsmäßig, beruflich), Wunsch nach Höherem: WILD OAT
– neidisch, frustriert: HOLLY
– ist unzufrieden mit sich selbst, macht viel zuviel, hat aber letzten Endes das Gefühl, nichts zu tun: WHITE CHESTNUT
unzuverlässig, unfähig, nein zu sagen, verzettelt sich deshalb oft: CENTAURY
– ist schnell für etwas entflammt und hat es genauso schnell wieder vergessen: SCLERANTHUS
Urteilsfähigkeit, wenig, läßt andere für sich entscheiden, da man von der eigenen Meinung nichts hält: CERATO
urteilt vorschnell, Vorurteile: BEECH

vegetiert nur noch vor sich hin: WILD ROSE
Veränderungen, bei Situationen, die sich verändern: WALNUT
– ist nicht konstant in der Meinungsäußerung, dreht sich nach dem Wind: CERATO
– **keine,** Veränderungen werden schwer oder gar nicht verkraftet: HONEYSUCKLE
Verantwortung, ist es gewöhnt, V. alleine zu tragen: OAK
– ist der V. vorübergehend nicht gewachsen: ELM
verantwortungsbewußt: ELM

verbergen, wie schlecht es einem in Wirklichkeit geht: SWEET CHESTNUT
– Probleme vor anderen hinter einer fröhlichen Fassade: AGRIMONY
verbissen, hält an seiner Meinung fest: VERVAIN
– zieht seine Programme durch, Asket: ROCK WATER
verbittert, fühlt sich verkannt, benachteiligt: WILLOW
Verbundenheit, starke innere V. mit geliebten Personen: RED CHESTNUT
verdrängt unangenehme Dinge, Konflikte: CHESTNUT BUD
– Gefühle: BEECH
Verfolgungsangst, leidet unter V.: ASPEN
Vergangenheit, lebt in der guten alten Zeit: HONEYSUCKLE
vergessen, leicht und schnell: CHESTNUT BUD
vergiftet, fühlt sich wie v.: CRAB APPLE
verhärtet, sehr kopforientiert: BEECH
verkrampft, Probleme werden immer mit einem fröhlichen Lächeln überspielt: AGRIMONY
verletzt, reagiert v., wenn jemand die Bemühungen nicht gebührend honoriert: CHICORY
– wird oft körperlich v., da man aus Verträumtheit leicht in eine Unfallgefahr gerät: CLEMATIS
verloren, fühlt sich v.: SWEET CHESTNUT
Vermittlungsgeschick: AGRIMONY
vernünftig, wirkt v.: LARCH
versagen, nie v.: OAK
Versagensangst, bei der Tagesroutine: HORNBEAM
– momentanes, vorübergehendes Gefühl, der großen Aufgabe, die vor einem steht, nicht gewachsen zu sein: ELM
– durch mangelndes Selbstvertrauen: LARCH
verspannt, gibt sich, ist v.: BEECH
Verstand, Angst, den V. zu verlieren: CHERRY PLUM
verträumt: CLEMATIS

verunreinigt, körperlich oder geistig beschmutzt: CRAB APPLE
verunsichert, bei allem, was man tut: LARCH
verwirrt, wirkt oft geistesabwesend: CLEMATIS
Verzeihung, sagt immer: »V.«, übergroße Schuldkomplexe: PINE
verzichtet aus mangelndem Selbstvertrauen von vornherein: LARCH
verzweifelt, Angst durchzudrehen, man sitzt auf einer innerlich tickenden Zeitbombe: CHERRY PLUM
– hat die Hoffnung aufgegeben, läßt sich aber gegen die eigene Überzeugung noch mal zu etwas überreden: GORSE
– erwartet Fehlschläge; treffen sie ein, reagiert man mit Verzweiflung: LARCH
– nach einem Schock, einer Hiobsbotschaft: STAR OF BETHLEHEM
– v. und verbittert, fühlt sich ungerecht behandelt: WILLOW
– verzagt, verschmutzt, unrein: CRAB APPLE
– zeitweise, plötzlich, unerwartet und ohne erkennbaren Grund: MUSTARD
– **nie,** ist immer hoffnungsvoll, selbst in auswegloser Situation: OAK
vielseitig: SCLERANTHUS
vitalitätsarm, lebt in der geistigen Welt zurückgezogen, schenkt der realen, körperlichen Welt keine Beachtung: CLEMATIS
– vergangenheitsgebunden, interesselos, langsam: HONEYSUCKLE
Vogel-Strauß-Politik, steckt den Kopf in den Sand: CHESTNUT BUD
Vollkommenheit, besitzt den Wunsch nach V.: PINE
Vorahnungen, hat V., daß etwas geschieht: ASPEN
Vorbild, möchte ein V. sein für andere, tut auch einiges dafür: ROCK WATER

vorsichtig, ist übervorsichtig: MIMULUS
Vorstellungen, hat eine starke Vorstellungskraft, malt sich oft das Schlimmste für sich selbst aus: MIMULUS
– malt sich oft das Schlimmste für andere Menschen aus: RED CHESTNUT
– besitzt ein großes Vorstellungsvermögen, phantasiebegabt: CLEMATIS
Vorurteile, besitzt viele nicht beeinflußbare V.: BEECH
Vorwürfe, macht sich selbst V.: »Ich bin an allem schuld«: PINE

Wahnvorstellungen, von W. heimgesucht: ASPEN
wankelmütig, aus Unsicherheit über eigene Meinung, will es jedem recht machen: CERATO
– aus Unentschlossenheit, man will sich nicht festlegen: SCLERANTHUS
Waschzwang: CRAB APPLE
wechselhaft, ist ungeduldig, temperamentvoll: IMPATIENS
– will keine Möglichkeit außer acht lassen: SCLERANTHUS
wechselhafte Stimmung, neigt zu plötzlichem Stimmungsumschwung: MUSTARD
– aus Unsicherheit, muß sich immer erst die Meinung anderer einholen: CERATO
weggetreten, verträumt: CLEMATIS
wehmütig, sehnt sich nach der Vergangenheit (Heimweh): HONEYSUCKLE
– hätte gerne Erfolg, traut sich aber nichts zu: LARCH
Weigerung, sich mit dem Leben auseinanderzusetzen: CHESTNUT BUD
weint selten: WATER VIOLET, VINE, OAK
Weltschmerz, aus heiterem Himmel: MUSTARD
wertlos, fühlt sich w.: PINE

Widerstandskraft, sehr ausgeprägt: OAK
Wille, stark, ausgeprägt, verlangt von sich selbst viel, ausgeprägte Selbstdisziplin: ROCK WATER
– fest, tyrannisch, stülpt anderen die eigene Meinung über: VINE
– man weiß, was man will, und möchte andere zu ihrem Glück überreden: VERVAIN
– man kennt seinen Weg, geht ihn, gibt nicht auf: OAK
– **schwach, unsicher,** fragt immer andere um Rat, da man der eigenen Meinung mißtraut: CERATO
– gutmütig, läßt sich oft ausnützen: CENTAURY
– hat keinen Lebenswillen mehr, hat sich aufgegeben: WILD ROSE
Wissen, häuft W. an, um zu glänzen: CERATO
Wut, gerät leicht in W., aufbrausend, schnell verraucht: HOLLY
– temperamentvoll: IMPATIENS
– lange anhaltend, nachtragend, schwelend: WILLOW

Zeitbombe, fühlt sich, als ob innerlich eine Z. tickt: CHERRY PLUM
zerstreut, aus Verträumtheit: CLEMATIS
– aus Unentschlossenheit: SCLERANTHUS
– aus Unaufmerksamkeit: CHESTNUT BUD
Zielvorstellungen, hat ein neues Ziel vor Augen, aber noch Angst, das langweilig gewordene alte loszulassen: WALNUT
– hochgesteckte, große Ziele; Probleme, wenn sie nicht erreicht werden: ELM
Zittern, aus Angst: ASPEN
zögern, traut sich nichts zu tun, bevor es nicht von Freunden abgesegnet ist: CERATO

– **nicht,** impulsiv, kurz entschlossen: IMPATIENS
Zorn, explosiv, nach außen oder innen gerichtet: HOLLY
zuhören, kann nicht z., spricht lieber selbst: HEATHER
Zukunft, hofft auf eine bessere Z., »Märchenprinz«, »dick oder dünn werden«: CLEMATIS
zurückgesetzt, fühlt sich zurückgesetzt, wenn Menschen nicht so dankbar reagieren, wie man es erwartet: CHICORY
– fühlt sich übergangen, gibt sich aber eher unscheinbar: MIMULUS
zurückhaltend, aus Stolz, weiß, was er wert ist: WATER VIOLET
– aus Ängstlichkeit: MIMULUS
Zusammenbruch, körperlicher, seelischer Z., alles ist zuviel: OLIVE
– hat keinen Lebenswillen mehr: SWEET CHESTNUT
– nach Arbeitsüberlastung, schuftet wie ein Tier: OAK
zuverlässig: OAK
Zuwendung, braucht das Gefühl, permanent geliebt zu werden: CHICORY
zwanghaft, auf sich selbst fixiert, Wahnvorstellungen: CHERRY PLUM
– Fanatiker: ROCK WATER
– besitzt den zwanghaften Drang, Fragen zu stellen: CERATO
Zwangsjacke, preßt sich selbst in eine, Asket: ROCK WATER
Zweifel, an sich selbst, an den eigenen Fähigkeiten, an der eigenen Meinung: CERATO
– ob die zu hohen Ziele erreicht werden: ELM
– unfähig, mit den alltäglichen Dingen umzugehen: HORNBEAM
– leicht entmutigt, depressiv: GENTIAN
– aus Unsicherheit, oft Probleme mit der Berufswahl: WILD OAT
– **an anderen,** an allem; Nörgler, Zweifler: GENTIAN

– **hat keine,** fester Wille, ausgeprägtes Selbstbewußtsein: VINE
– hält sich für etwas Besonderes: WATER VIOLET

Zwischenfragen, unterbricht oft und gerne durch Z.: CERATO

zwischen zwei Stühlen, permanent hin und her gerissen: SCLERANTHUS

ANHANG

DIE DEUTSCHEN, ENGLISCHEN UND BOTANISCHEN NAMEN DER 38 BACH-BLÜTENMITTEL

Die Reihenfolge entspricht der alphabetischen Einordnung der englischen Namen.

Odermenning
AGRIMONY
Agrimonia eupatoria

Espe
ASPEN
Populus tremula

Buche
BEECH
Fagus silvatica

Tausendgüldenkraut
CENTAURY
Centaurium umbellatum

Bleiwurz
CERATO
Ceratostigma willmottiana

Kirschpflaume
CHERRY PLUM
Prunus cerasifera

Kastanienknospe
CHESTNUT BUD
Aesculus hippocastanum

Wegwarte
CHICORY
Cichorium intybus

Gemeine Waldrebe
CLEMATIS
Clematis vitalba

Holzapfel
CRAB APPLE
Malus pumila

Ulme
ELM
Ulmus procera

Bitterer Enzian
GENTIAN
Gentiana amarella

Stechginster
GORSE
Ulex europaeus

Heidekraut
HEATHER
Calluna vulgaris

Stechpalme
HOLLY
Ilex aquifolium

Geißblatt
HONEYSUCKLE
Lonicera caprifolium

Hainbuche
HORNBEAM
Carpinus betulus

Drüsentragendes Springkraut
IMPATIENS
Impatiens glandulifera

Lärche
LARCH
Larix decidua

Gefleckte Gauklerblume
MIMULUS
Mimulus guttatus

Ackersenf
MUSTARD
Sinapis arvensis

Eiche
OAK
Quercus robur

Olive
OLIVE
Olea europaea

Kiefer
PINE
Pinus silvestris

Rote Kastanie
RED CHESTNUT
Aesculus carnea

Gemeines Sonnenröschen
ROCK ROSE
Helianthemum nummularium

Quellwasser
ROCK WATER
(Aqua petra)

Einjähriger Knäuel
SCLERANTHUS
Scleranthus annuus

Goldiger Milchstern
STAR OF BETHLEHEM
Ornithogalum umbellatum

Edelkastanie
SWEET CHESTNUT
Castanea sativa

Eisenkraut
VERVAIN
Verbena officinalis

Weinrebe
VINE
Vitis vinifera

Walnuß
WALNUT
Juglans regia

Sumpfwasserfeder
WATER VIOLET
Hottonia palustris

Weiße Kastanie
WHITE CHESTNUT
Aesculus hippocastanum

Waldtrespe
WILD OAT
Bromus ramosus

Heckenrose
WILD ROSE
Rosa canina

Weide
WILLOW
Salix vitellina

BEZUGSQUELLEN DER BACH-BLÜTENMITTEL

Auskünfte und Beratung über den Bezug und die Anwendung der Bach-Blütenessenzen, die »Dr.-Bach-Blüten-Seminare« und sämtliche Angelegenheiten der Bach-Blütentherapie in Deutschland, Österreich und der Schweiz erhalten Sie vom

Dr. Edward Bach Centre
German Office
Eppendorfer Landstraße 32
D-20249 Hamburg
Tel. 040/46 10 41

Die Bach-Blütenessenzen sind in Deutschland (Rezeptpflicht), Österreich und der Schweiz bei jeder Apotheke zu bestellen und von dieser beim Alleinimporteur für die deutschsprachigen Länder, dem Dr. Edward Bach Centre, German Office, in Hamburg zu beziehen.

ENGLISCHSPRACHIGE LITERATUR

1. Edward Bach: *Heal Thyself* (1931), C. W. Daniel
2. Edward Bach: *The Twelve Healers and Other Remedies* (1933), C. W. Daniel
3. Edward Bach: *Collected Writings,* Bach Educational Programme 1987
4. Julian Barnard: *A Guide To The Bach Flower Remedies,* C. W. Daniel 1979
5. Julian Barnard: *Patterns of Life Force,* Bach Educational Programme 1987
6. Philip M. Chancellor: *Handbook of the Bach Flower Remedies,* C. W. Daniel 1971
7. Jane Evans: *Introduction to the Benefits of the Bach Flower Remedies,* C. W. Daniel 1973
8. T. W. Hyne Jones: *Dictionary of the Bach Flower Remedies,* Selbstverlag 1976
9. Gregory Vlamis: *Flowers to the Rescue – The Healing Vision of Dr. Edward Bach,* Thorsons 1986
10. Nora Weeks: *The Medical Discoveries of Edward Bach, Physician,* C. W. Daniel 1940
11. Frances J. Wheeler; N. Weeks/V. Bullen (Hrsg.): *The Bach Flower Remedies,* C. W. Daniel 1931/1964 (enthält: *Heal Thyself* und *The Twelve Healers and Other Remedies* von Edward Bach sowie *The Bach Remedies Repertory* von Frances Wheeler)
12. Frances Wheeler: *The Bach Remedies Repertory,* C. W. Daniel 1952

DEUTSCHSPRACHIGE LITERATUR

1. Edward BACH: *Blumen, die durch die Seele heilen* (enthält die drei Werke *Die achtunddreißig Heiler,* das *Blüten-Essenzen-Repertorium* und *Heile dich selbst,* entspricht also inhaltlich Position 11 der englischen Literatur-Liste), Hugendubel Verlag, München 1979
2. Edward BACH: *Von der Homöopathie zu den Bach-Blüten – Die gesammelten Werke,* Aquamarin Verlag, Grafing 1988
3. Julian BARNARD: *Blüten für die Seele,* Integral Verlag, Wessobrunn 1987
4. Götz BLOME: *Mit Blumen heilen,* Bauer Verlag, Freiburg 1985
5. Philip M. CHANCELLOR: *Handbuch der Bach-Blüten,* Aquamarin Verlag, Grafing 1988
6. Peter DAMIAN: *Astrologie und Bach-Blütentherapie,* Aquamarin Verlag, Grafing 1986
7. Mechthild SCHEFFER: *Bach-Blütentherapie – Theorie und Praxis,* Hugendubel Verlag, München 1981
8. Mechthild SCHEFFER: *Erfahrungen mit der Bach-Blütentherapie,* Hugendubel Verlag, München 1984
9. Gregory VLAMIS: *Die heilenden Energien der Bach-Blüten,* Aquamarin Verlag, Grafing 1987